Jaroslav Pelikan

Historia de la Biblia

editorial Kairós

Título original: WHOSE BIBLE IS IT?
A History of the Scriptures Through the Ages

© Jaroslav Pelikan, 2005. All rights reserved including the right of reproduction
in whole or in part in any form. This edition is published by arrangement with
Viking, a member of Penguin Group (USA) Inc.

© de la presente edición en lengua española:
2008 by Editorial Kairós, S. A.

Editorial Kairós, S.A.
Numancia 117-121, 08029 Barcelona, Spain
www.editorialkairos.com

Nirvana Libros S.A. de C.V.
3ª Cerrada de Minas 501-8, Col. Arvide, 01280 México, D.F.
www.nirvanalibros.com.mx

© de la traducción del inglés: Elsa Gómez
Revisión: Joaquim Martínez Piles

Fotocomposición: Grafime. Mallorca 1. 08014 Barcelona
Tipografía: Minion Pro, cuerpo 10,5, interlineado 12,8
Impresión y encuadernación: Romanyà-Valls. Verdaguer, 1. 08786 Capellades

Primera edición: Febrero 2008
I.S.B.N.: 978-84-7245-668-6
Depósito legal: B-12.095/2008

A todos mis honrosos alma máter cristianos
–protestantes, católicos y ortodoxos–

y al Seminario de Teología Judía de América,
que el 16 de mayo de 1991 / 3 de Siván de 5751
me nombró Doctor Honoris Causa en Derecho.

Sumario

Prólogo

La idea de escribir este libro nació en el Carnegie Hall en la Navidad de 1990 con ocasión de la representación anual del Mesías de Georg Friedrich Händel, interpretado por Musica Sacra de Nueva York bajo la batuta de Richard Westenburg.

Como amigo y colega de tantos años, el director me había animado a que preparara un artículo a fin de incluirlo en los comentarios del programa del *Mesías*. Aunque llevaba toda mi vida escuchando el *Mesías*, la atmósfera del Carnegie Hall despertó en mí toda una serie de nuevas preguntas acerca de esta obra, y avivó algunas de las que existían desde hacía mucho tiempo. Debido a todo ello, el artículo que apareció en los comentarios del programa llevaba por título: "Whose Bible is it?" [¿De quién es la Biblia?], título original que adopté para este libro. Pues en el Carnegie Hall, asistiendo a una representación donde el público, el coro y la orquesta estaban compuestos no sólo por cristianos, sino por judíos y no creyentes, el texto bíblico del *Mesías* (del que sólo una tercera parte está tomada del Nuevo Testamento) presuponía –o parecía presumir– una realidad que no podía darse automáticamente por hecha; en cualquier caso, no en aquella sala. El *Mesías* parece dar a entender, como la mayoría de los cristianos han sostenido en la mayoría de los siglos, que cuando el profeta Isaías anuncia en el capítulo siete (según la versión de la Biblia del rey Jaime) que «una virgen concebirá y dará a luz un hijo, al que pondrá por nombre Emmanuel», o proclama en el capítulo nueve «que un Niño nos ha nacido, un Hijo se nos ha dado», o cuando describe en el capítulo cincuenta y tres: «eran nuestros sufrimientos los que llevaba, nuestros dolores los que le pesaban», se refiere, no sólo explícitamente sino quizá incluso exclusivamente, al nacimiento virginal y la expiatoria crucifixión de Jesús de Nazaret, el «Mesías», y por ello se ha considerado que estos textos de la Biblia hebrea tienen significado propio y validez sólo en el contexto cristiano, no en el judío. Como un autor cristiano del siglo II, dirigiéndose a los judíos, calificó estos textos, son «nuestras Escrituras, no las vuestras».

Mientras tanto, al igual que gran parte de mis contemporáneos, llevaba yo mucho tiempo tratando de encontrar una respuesta a los catastróficos acontecimientos de los años 1930 y 1940, y, en mi caso particular, esa búsqueda se concretaba en intentar averiguar si las clasificaciones y maneras de pensar cristianas sobre el judaísmo y los judíos habían desempeñado algún papel –y de ser así, cuál era ese papel– en la creación de una atmósfera que desembocaría en el Holocausto. Como miembro del consejo de la Conferencia Nacional de Cristianos y Judíos, y de otras asociaciones similares, pero sobre todo como historiador de la doctrina cristiana, esta pregunta –o, más bien, este cúmulo de preguntas– me resultaba sencillamente ineludible. Los revisores de mi obra histórica en cinco volúmenes *The Christian Tradition: A History of the Development of Doctrine*, que se publicó entre 1971 y 1989, han destacado dos rasgos característicos de la obra en conjunto que la diferencian de otras obras anteriores sobre la doctrina y el pensamiento cristianos: por un lado, el interés primordial en identificar los pasajes bíblicos clave de ambos Testamentos que han servido a la iglesia de fundamento y de prueba verificadora de doctrinas diversas, siendo el desarrollo de éstas en los distintos períodos el tema del libro; por otro, el reconocimiento de que la postura del cristianismo con respecto al judaísmo era básica, no simplemente para «la aparición de la tradición católica», sino para toda la historia de la doctrina cristiana y para cada doctrina y cada período de esa historia, y por tanto para cada uno de los cinco volúmenes. El 16 de mayo de 1991 / 3 de Siván de 5751, el Seminario Teológico Judío de América, en señal de su reconocimiento por estas dos dimensiones de mi obra, me distinguió con un nombramiento de honor (honroso en especial para un estudioso cristiano de la historia cristiana), y a él dedico en parte este libro. La notificación, particularmente generosa, de la concesión de este título honorífico dice en un apartado:

> Nos ha enseñado usted a todos que las grandes tradiciones religiosas se renuevan continuamente a sí mismas a través de los tiempos, generando interpretaciones siempre nuevas del texto sagrado de las Escrituras, que es siempre el mismo [...] Ha prestado usted cuidadosa atención al diálogo constante entre cristianos y judíos que ha dado forma a la Iglesia hasta el día de hoy. Con este título queremos expresar nuestro reconocimiento, y rendir homenaje a [...] su compromiso con la propuesta de que judíos y cristianos constituyen dos comunidades religiosas distintas que comparten un mismo compromiso con las Escrituras y sus interpretaciones.

Ni el Seminario ni yo mismo hubiéramos podido imaginar en aquel momento que aquella notificación sería una especie de prólogo de esta obra, que sale a la luz casi quince años después.

He dicho al principio que este libro tuvo su origen en el Carnegie Hall, en la Navidad de 1990, y así fue. Pero sería igual de verdadero atribuir el mérito a mi difunta tía Vanda Olga Brazlova, con quien mi tío John M. (Jack) Pelikan contrajo matrimonio durante su estancia en la Unión Soviética durante los años 1920 y 1930, cuando trabajaba allí como ingeniero eléctrico. Tras una azarosa huida, que más tarde formaría parte de nuestra atesorada leyenda familiar, la tía Vanda llegó a los Estados Unidos a principios de la década de 1930, procedente de un país donde el ateísmo constituía el credo oficial y donde la lectura de la Biblia era, en el mejor de los casos, "no apta para menores". Pero una vez se encontró en el mundo libre, Vanda Olga Brazlova leyó con avidez la Biblia –y todo lo demás que encontró– con su mirada nueva y directa, que resultaba unas veces fascinante, otras devastadora, y que le daba una apariencia ingenua en algunos momentos, aunque tras ella se escondía en realidad una mujer profunda y compleja. Un día me preguntó de forma bastante casual, en ese lenguaje al que Patrick O'Brian llama en su cuarta novela de Aubrey y Maturin «un fluido aunque curioso inglés exento de artículos» (problema típico de los eslavos, que, si he de ser sincero, a mí todavía me crea dificultades), en un inglés que conservó su marcado acento a pesar de los largos años de hablarlo: «Dime, ¿qué piensas tú de Biblia?». Me quedé helado; no recuerdo qué respondí, en caso de que respondiera algo. Pero ahora finalmente, al cabo de varias décadas, he intentado responder a la inolvidable pregunta de la querida tía Vanda.

INTRODUCCIÓN

¿La Biblia, toda la Biblia y nada más que la Biblia?

omo variante del típico chiste en el que un rabino, un sacerdote y un pastor protestante entran juntos en un bar, esta vez se trata de tres mujeres, que salen de su oficina y aprovechan la hora del almuerzo para entrar en una librería que hay al otro lado de la calle. Una de ellas es judía, y las otras dos, cristianas –una católica, y la otra protestante–. Como se acercan la Pascua judía y la Semana Santa (festividades muy similares en esencia, a pesar de celebrarse en fechas distintas), las tres quieren comprar una Biblia para regalar a sus hijas. Sin embargo, cada una necesita una Biblia diferente, y, por lo tanto, un librero entendido debería preguntarles a cada una de ellas: «Y ¿qué Biblia quiere usted?». Pues no sólo es tan inmenso el número de traducciones como para dejar perplejo a cualquier comprador o lector de cualquier filiación religiosa (la Versión del Rey Jaime, la Versión Clásica Revisada, la Nueva Versión Clásica Revisada, la Biblia de las Buenas Nuevas, la Versión de la Sociedad Judía de Publicaciones, la Nueva Biblia Inglesa, la Biblia Inglesa Revisada, la Biblia de Jerusalén, la Nueva Biblia de Jerusalén, etcétera), sino que el comprador tiene además derecho a exigir «la Biblia, toda la Biblia y nada más que la Biblia»; y el problema es que, en las distintas Biblias, el índice de contenidos –técnicamente llamado canon, o sea, "norma" (ver los Apéndices)– varía de una a otra de un modo sustancial.

La mayor de esas diferencias es la que vemos entre la Biblia judía y las diversas Biblias cristianas, ya que en la primera no aparece el Nuevo Testamento; y, sin embargo, la compradora judía debería poder exigir «nada más que la verdad», sobre todo si durante su último viaje de negocios hojeó en la habitación del hotel la Biblia de Gedeón, en la que el Nuevo Testamento sí estaba incluido. Ahora bien, la Biblia protestante es a su vez muy distinta de la Biblia católica, pues no contiene los textos apócrifos, de modo que la clienta católica podría igualmente preguntar: «¿Es ésta toda la Biblia?». A veces se ha dicho que «sólo los eruditos eclesiásticos son capaces de percibir estas diferencias», pero, en realidad, a cualquier comprador habituado a comparar un producto con otro le bastan cinco o diez minutos para apreciar la disparidad.

Hay dos términos frecuentemente asociados con la Biblia, tomados, uno del derecho, y el otro de la medicina, que ayudarán a comprender la importancia de la sentencia «la Biblia, toda la Biblia, y nada más que la Biblia» a todo aquel para quien la Biblia tenga carácter de autoridad; dichos términos son: *testamento* y *prescripción*. Estamos tan acostumbrados a manejar las palabras "Antiguo Testamento" y "Nuevo Testamento" que quizá hayamos olvidado su procedencia originaria, que es el título legal "testamento y últimas voluntades", es decir, un contrato legal entre los vivos y los muertos que ofrece tanto al testador como a sus herederos el derecho a confiar en que ese documento representa con autoridad «todo el testamento y nada más que el testamento» de aquel que lo ha hecho y ha dictado sus términos. De manera análoga, cuando un médico extiende una prescripción, tanto el médico como el paciente pueden legítimamente exigir que el farmacéutico respete la "intención del autor" del documento y facilite «la prescripción y nada más que la prescripción». Tanto el testamento como la prescripción pueden ser cuestión de vida o muerte, y también puede serlo la Biblia; por eso hablamos de "salvación", que significa salud, y de «lo que prescribe la Palabra de Dios».

De algún modo, podría decirse que *Historia de la Biblia* se sirve de «la historia de las Sagradas Escrituras a través de los siglos» para exponer la cualidad idéntica de las diversas Biblias, pero también en qué y por qué son todas distintas –no sola y fundamentalmente atendiendo a su contenido, sino también a cómo se ha interpretado y entendido cada una de ellas–, y para explicar, además, por qué esto sigue siendo importante.

La historia de las relaciones entre judíos y cristianos, y después la historia de las divisiones dentro de la cristiandad, es en cierto sentido la historia de la interpretación bíblica. Las partes se han encontrado frente a frente, inclinadas ante una página sagrada que veneran en común pero que sólo ha servido para acentuar su separación. En cada una de las Biblias, ya sea judía o cristiana, dice Dios a Moisés: «Un profeta como tú levantaré de entre sus hermanos, y pondré mis palabras en su boca, y él les hablará todo lo que yo le mande. Y sucederá que a cualquiera que no oiga mis palabras que él ha de hablar en mi nombre, yo mismo le pediré cuenta». ¿Es ésta, tal como se menciona en el Nuevo Testamento, una profecía de la decisiva transferencia de autoridad de Moisés a Jesús? Y, en todas las Biblias, Jesús declara: «Yo te digo que tú eres Pedro, y sobre esta piedra edificaré mi iglesia, y las puertas del reino de la muerte no prevalecerán contra ella. Te daré las llaves del reino de los cielos; todo lo que ates en la tierra quedará atado en el cielo, y todo lo que desates en la tierra quedará desatado en el cielo». ¿Representa esta cita, grabada alrededor de la cúpula de la Basílica de San Pedro del Vaticano, la carta de privilegios del papado? Es fundamental reconocer la importancia –pero también el carácter limitado– de estas cuestiones de interpretación doctrinal y bíblica para comprender la visión que cristianos y judíos han tenido unos de otros, así como la que han tenido una de otra las dos partes de la cristiandad.

Debido a la primordial preocupación por ubicar la Biblia, tanto en el judaísmo como en el cristianismo, la nomenclatura de los libros y partes que la componen es más que una mera cuestión de nombres. Los cristianos acostumbran a hablar de «el Antiguo Testamento» y «el Nuevo Testamento», y ese contraste entre "lo viejo" y "lo nuevo" sugiere inevitablemente que ha tenido lugar una "sustitución", o una "actualización" al menos. En estas páginas se ha conservado el nombre «Nuevo Testamento» porque así es como se refieren a él los cristianos, pero, en vez de «Antiguo Testamento» o de cualquiera de los eufemismos políticamente correctos con los que recientemente se ha intentado remplazar este nombre (tales como «*Primer* Testamento» o «Escrituras Hebreas»), se le ha llamado como se le llama en el ámbito del judaísmo, *Tanaj* –que es el acrónimo de los títulos hebreos de sus tres partes: *Torá*, los Cinco Libros de Moisés; *Nebi'im*, los Profetas, y *Ketubim*, los Escritos–, y se ha empleado «Antiguo Testamento» sólo para hacer referencia al lugar que ocupa esta colección de libros en la Biblia cristiana. Siguiendo el exaltado precedente del salmo 119, el título de cada uno de los doce capítulos –doce, por ser doce las tribus de Israel o doce los apóstoles de Cristo– incluye el nombre "Biblia" o algún sinónimo de esta palabra.

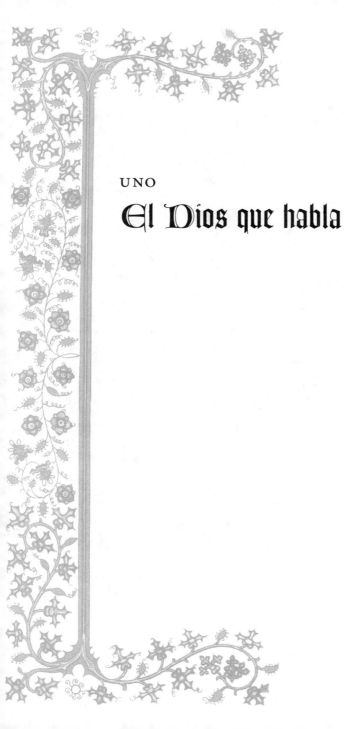

UNO

El Dios que habla

Dios habla a Moisés desde la zarza ardiente: decoración de la Sinagoga de Dura-Europos, alrededor del año 200 de nuestra era: tomado de la obra de Carl H. Kraeling *The Synagogue*, con prólogo de Jaroslav Pelikan (Nueva York: Ktav Publishing House, 1979), lámina 76. (Por gentileza de la Yale University Press)

odos sabíamos hablar antes de empezar siquiera a leer y a escribir, y esto es algo que puede aplicarse no sólo a las personas individuales, sino a naciones enteras, que, cuando han adquirido o desarrollado el alfabeto y la escritura, lo han hecho para plasmar una lengua que se hablaba desde hacía ya mucho tiempo; y con el debido respeto, en presencia del misterio último e insondable, puede aplicarse incluso a la Deidad, pues «En el principio […] *dijo* Dios: "Que haya luz."»; «En el principio ya existía el Verbo [hablado]». En esto al menos están de acuerdo judíos y cristianos, y también sus respectivas Biblias; concuerdan en que la Palabra de Dios fue anterior a cualquier clase de Biblia escrita, o sea, en que el Dios de la Biblia es un Dios que habla. «Tienen boca y no hablan», dice el salmo refiriéndose a los ídolos que la mano del hombre ha creado, en rotundo contraste con el Dios vivo, que habla y no tiene boca. Once veces emplea el capítulo inicial de la *Torá* el verbo "decir" asociado con Dios, sin contar otros verbos relacionados con él, como "llamar" y "bendecir". Pero el Dios que habla no escribe nada en la *Torá* a lo largo de ochenta capítulos, hasta que entrega las Tablas de la Ley a Moisés en el monte Sinaí en la segunda mitad del Segundo Libro. Para comprender la Biblia escrita, por otra parte, es esencial tener en cuenta que la mayoría de las palabras que ahora están escritas en ella habían sido pronunciadas y, por tanto, oídas mucho antes de que pudieran escribirse.

Ahora que estas palabras llegan a nosotros principalmente de forma escrita, tenemos que tantearlas, dejarlas que suenen, a veces incluso hacerlas sonar en voz alta, para poder captar su pleno significado. Un curioso ejemplo de cómo ayuda un pasaje presumiblemente oral en sus orígenes a explicar el texto escrito son las palabras de Juan el Bautista en los Evangelios: «No os contentéis con decir: "Tenemos por padre a Abraham", porque yo os digo que Dios puede hacer surgir *hijos* para Abraham de estas mismas *piedras*». Ante este pasaje, los intérpretes se sintieron con frecuencia desconcertados, sin entender cuál podía ser la conexión, en caso de que la hubiera, entre «niños» y «piedras», hasta que, en el proceso de traducir (o retraducir) esta sentencia del griego al arameo (o hebreo) original, se hizo evidente que *ben*, tal como aparece en el título de uno de los evangelios apócrifos: "Ben Sirac", significa "hijo" o "niño", y su plural es *banim*; y *eben*, como en "Eben-Ezer", significa "piedra", siendo su plural *ebanim*; lo que Juan el Bautista decía, así pues, era que Dios podía hacer surgir *banim* de *ebanim*, juego de palabras que se perdió, no sólo en la traducción del arameo al griego y de éste al inglés, sino en la transcripción de la tradición oral al texto escrito.

LA VOZ DE DIOS

Por lo tanto, el Moisés que (según la tradición) es autor de los cinco primeros libros de la Biblia, recibe por primera vez el Nombre y la Palabra de Dios a través de una voz que desde una «zarza ardiente» lo llama: «¡Moisés, Moisés! Soy el Dios de tu padre, el Dios de Abraham, el Dios de Isaac y el Dios de Jacob» –a través de una voz, no de un libro–, y cuando Moisés le pregunta su nombre, la voz enigmáticamente responde: «Ehyeh-

Asher-Ehyeh, Yo soy el que soy». A este Dios-que-es se le conoce por el misterioso nombre de YHWH, las cuatro consonantes
o "Tetragrámaton" cuya pronunciación, y en ello coinciden los
estudiosos modernos, debió de ser "Yahweh", pese a que los judíos piadosos no lo pronunciaban –ni lo pronuncian–, sino que
lo sustituyeron por «el Señor» (práctica seguida igualmente por
los traductores cristianos del hebreo). Así pues, el Ser de Dios
permanece como misterio trascendente, y lo único que puede
conocerse son la Voz y la Palabra de Dios; de ahí que la identificación de Dios ante Moisés sea: «el Dios de Abraham, el Dios
de Isaac y el Dios de Jacob», ya que, como relata el Génesis, a
cada uno de estos patriarcas Dios le habla, y actúa luego en consecuencia. «Dijo el Señor a Abram: "Vete de tu tierra y de tu parentela, y de la casa de tu padre, a la tierra que te mostraré"», y
así empieza la historia de los patriarcas de Israel. Más tarde, «el
Señor se apareció a Isaac y *dijo*: "Y en gran manera multiplicaré
tu descendencia como las estrellas del cielo"»; después, de nuevo, en un sueño, «el Señor estaba de pie junto a Jacob [cuyo otro
nombre era Israel], y le *dijo*: "Yo soy el Señor, el Dios de tu padre
Abraham y el Dios de Isaac"». Hablar y hacer son inseparables,
pues YHWH, el Dios de Abraham, es el Dios que habla.

EL PROFETA

El papel clave de la palabra hablada es lo que da un significado
preciso al familiar título de "profeta", que, pese a la presencia de
videntes y sabios tales como Confucio o Gautama Buda en muchas religiones del mundo, es en este particular sentido la herencia común y la peculiar tradición del judaísmo, el cristianismo y
el islamismo, los tres "pueblos monoteístas del Libro". Por eso, la
segunda de las tres secciones principales del *Tanaj* judío se titula
Nebi'im, "Los Profetas"; por eso, también, uno de los apelativos

de Jesucristo que los evangelios atribuyen a la predilección popular es «el profeta Jesús, de Nazaret de Galilea»; y, por eso, en la tradición del Corán –donde «Alá, el más clemente, todo misericordioso» declara: «Jamás os enviamos un mensaje salvo a través del hombre, a quien inspiramos»–, ésta es la manera por excelencia de hablar sobre Mahoma, a quien incluso en la actualidad los musulmanes a menudo se refieren sencillamente como «el Profeta», y el *Shah-dah*, credo principal del islamismo, afirma: «No hay otro Dios que Dios, y Mahoma es su profeta».

A pesar de que a veces hablemos del "profeta del tiempo" que sale en la radio o en la televisión, o de las "profecías" más o menos fiables sobre el mercado bursátil que hace un corredor de Bolsa, la palabra *profeta* (derivada del término griego cuyo significado era "orador") no significa, en principio, alguien que predice el futuro, sino alguien que habla en nombre de Dios; o sea, no alguien que dice *de antemano*, sino alguien que dice *más allá* (lo cual, por supuesto, con frecuencia incluye también predecir el futuro). La característica fundamental y definitoria del profeta bíblico radica, por tanto, en la vocación y misión divinas de decir y hablar en el nombre, y por designación expresa, de la autoridad de Otro.

Ya en los libros históricos del *Tanaj*, la fórmula típicamente empleada para reproducir una revelación clave de Dios al profeta es: «Entonces la palabra del Señor vino a Samuel»; «Pero esa misma noche la palabra del Señor vino a Natán»; «Por la mañana, antes de que David se levantara, la palabra del Señor vino a Gad, vidente de David»; «Entonces la palabra del Señor vino a Salomón»; «Y antes de que Isaías saliera del patio central, vino a él la palabra del Señor»; «La palabra del Señor vino a Semaías, varón de Dios». En el texto de los escritos de los Profetas, esta misma fórmula provee las credenciales y la autoridad para transcribir la palabra de Dios «al profeta» y, por consiguiente, a través del profeta: «Entonces la palabra del Señor vino a Isaías», que escribe los sesenta y seis capítulos de su libro. En las profecías de Ezequiel, su forma de introducir un párrafo tras otro es: «Entonces la palabra del Señor vino a mí». Jeremías inicia su libro con: «Las palabras de Jeremías. [...] La palabra del Señor vino a él», y de hecho la mayoría de los Doce Profetas Menores lo invocan ya en el primer verso de sus libros proféticos.

Para enfatizar la continuidad de Juan el Bautista con los profetas, pero también el cambio que Cristo ha suscitado, el Nuevo Testamento invoca asimismo la profética fórmula: pero para Juan y nadie más, ni siquiera para los apóstoles de Cristo, puesto que, en realidad, la palabra de Dios no vino a Jesús, ya que él mismo era la palabra de Dios en persona y hecha carne: «La palabra de Dios vino sobre Juan, el hijo de Zacarías, en el desierto». Como emisarios de la palabra de Dios en persona y testigos de su vida, muerte y resurrección, los discípulos y apóstoles de Jesús se presentan a sus oyentes como aquellos a quienes la palabra definitiva de Dios ha venido: «Lo que ha sido desde el principio, lo que hemos oído, lo que hemos visto con nuestros propios ojos, lo que hemos contemplado, lo que hemos tocado con las manos, esto os anunciamos respecto al Verbo que es vida».

Sólo de un modo secundario, en caso de hacerlo, llega el profeta a escribir; y así leemos: «La palabra que llegó a Jeremías del Señor: Así *dijo* el Señor, el Dios de Israel: *Escribe* en un pergamino todas las palabras que te he *hablado*. [...] Y estas son las palabras que el Señor *habló* con respecto a Israel y a Judá». En la visión inaugural del profeta Isaías, son los labios del profeta, y no su mano, los que el serafín toca con un carbón encendido para purificarlos:

> He aquí que esto tocó tus labios,
> y es quitada tu culpa,
> y limpio tu pecado.

Los veintiún libros escritos por los profetas mayores y menores de Israel, que están contenidos en el *Tanaj* bajo la denominación de *"Nebi'im*, los Profetas", no pretenden en modo alguno dar a entender que contienen todo lo que todos los profetas hablaron en todo momento durante la larga historia del profetismo de Israel. Es más, como uno de los evangelios del Nuevo Testamento diría en uno de sus capítulos finales, en palabras expresamente referidas a los libros sobre Jesús pero que pueden aplicarse igualmente a los demás, incluidos los primeros profetas de Israel: «Hizo además Jesús muchas otras señales en presencia de sus discípulos, las cuales no están escritas en este libro [...]. Si se escribieran una por una, pienso que ni aun en el mundo cabrían los libros que se habrían de escribir».

TRADICIÓN ORAL
EN LAS LITERATURAS DEL MUNDO

Esta primacía de la palabra hablada no se limita a las tradiciones de la Biblia, el *Tanaj* y el Nuevo Testamento. Una de las revoluciones más emocionantes en el estudio de la literatura griega durante el siglo xx fue descubrir que las obras de Homero (quienquiera o quienesquiera que fuera o fuesen, con ceguera o sin ella) se compusieron y transmitieron de forma oral durante siglos antes de ser escritas. Esta hipótesis, propuesta por el joven clasicista Milman Parry, interpreta la *Ilíada* y la *Odisea* basándose en la consideración de que la poesía épica griega fue en sus orígenes obra de bardos analfabetos, músicos-poetas profesionales que cantaban ante el público e instruían a sus pupilos a base de repetir sus canciones una y otra vez. El que estos cantores se atuvieran a frases hechas y epítetos típicos, que todavía son fáciles de detectar en la épica homérica, así como la complejidad misma de los recursos poéticos utilizados, de la métrica y del lenguaje, apunta Parry, pueden considerarse técnicas mnemotécnicas para proteger los poemas de los sutiles cambios y corrupciones que pueden ir afectándolos al ser repetidos una y otra vez de esa forma fluida y cambiante que inevitablemente adopta la palabra hablada. En la actualidad sigue siendo uno de los juegos preferidos en las fiestas el pasar de una persona a otra un mensaje de cierta complejidad susurrado al oído, y descubrir luego cómo se ha distorsionado durante su transmisión al cabo de diez o quince "repeticiones", que demuestran no haber sido repeticiones literales y ni tan siquiera haber conservado la esencia del mensaje original. Hubo reacciones de escepticismo a la audaz hipótesis de Parry por parte de muchas figuras consagradas del mundo académico, a quienes, lo mismo antes que ahora, el haber dedicado sus vidas a escribir y publicar libros hacía que les resultara imposible imaginar cómo una serie de campesinos griegos analfabetos podían haber memorizado una obra tan compleja como la que constituyen dos poemas épicos enteros, compuestos por más de veintisiete mil versos, y cómo, sin haberle dado un formato escrito permanente, habían logrado conservarla relativamente inalterada a lo largo de numerosas generaciones. No obstante, Parry encontró en Yugoslavia a pastores analfabetos que llevaban haciendo precisamente esto durante siglos; y, con algunas pequeñas modificaciones, su teoría, o en cualquier caso este aspecto de ella al que actualmente suele dársele el nombre de "oralidad" (para distinguirlo del "alfabetismo"), ha encontrado gran aceptación entre los estudiantes, no sólo de la literatura griega arcaica, sino también de la literatura de otros países.

Entre tanto, en el otro extremo de Europa, la literatura primitiva de Escandinavia y de la Gran Bretaña se había rastreado hasta sus orígenes orales ya en el siglo XIX, y resultaba obvio que las poéticas *eddas* medievales de Islandia y las *Old Norse*, sagas en prosa, se habían recitado o cantado durante siglos antes de ser escritas, lo cual, en el caso de estas últimas, probablemente no ocurrió hasta el siglo XIII. Un excéntrico anticuario danés del siglo XIX, compositor de himnos y obispo, Nikolai F. S. Grundtvig, estableció las bases para el estudio moderno del poema épico en inglés antiguo *Beowulf* haciendo una reconstrucción especulativa de las primitivas fuentes orales escandinavas que podían subyacer al poema escrito en su forma actual, que, suele decirse, data del siglo XVIII. Grundtvig anticipó asimismo buena parte del estudio moderno del Nuevo Testamento al plantear, análogamente, la existencia de una primitiva confesión y proclamación orales en la primera generación de creyentes cristianos, e incluso en las enseñanzas del mismo Jesús, y de la que puede decirse que emergieron los evangelios y también, en cierto modo, las Cartas de Pablo. Los estudios *in situ* de los antropólogos sobre las fórmulas empleadas en la tradición de la narrativa oral de distintos pueblos "primitivos" y previos al alfabetismo, de procedencia considerablemente dispar y localizados en muy diversas partes del planeta, han revelado un asombroso nivel de perfección, lo cual confirma la teoría de que una cultura no necesita poseer un evolucionado alfabeto y un lenguaje escrito consolidado para ser capaz de desarrollar una profunda creatividad "literaria".

El floreciente estudio de la saga, la épica y la tradición oral en los siglos XIX y XX se extendió a culturas que datan del período y región a los que también debemos los elementos iniciales que más adelante formarían parte sustancial de la Biblia. Dicho estudio fue posible como consecuencia de que la arqueología empezara a considerarse una ciencia por derecho propio, lo cual permitió refinar la investigación lingüística y "desentrañar" varios alfabetos antiquísimos; el más celebrado de estos descubrimientos fue el de la piedra de Rosetta, hallazgo de Jean-François Champollion, pues descifrarla haría posible el desciframiento de los jeroglíficos egipcios. Destacaban entre estas culturas las del antiguo Oriente Próximo, Babilonia, Sumeria y Mesopotamia, que habían dado origen a narraciones poéticas sobre la creación y el diluvio cuyo parecido con las narraciones orales que finalmente se incorporarían a la *Torá* hebrea era en algunos aspectos asombroso. Así, el poema épico de Gilgamesh, escrito (y presumiblemente recitado) en lengua acadia, contiene, además de otro material, relatos acerca de un hombre primitivo y un diluvio devastador en los que muchos lectores judeocristianos vieron una formidable (y a veces inquietante) semejanza con las historias bíblicas de Adán y de Noé; por su parte, el poema babilónico conocido como *Enuma Elish*, que al parecer se recitaba una vez al año, o incluso más a menudo, guardaba suficientes paralelismos con los dos primeros capítulos de la *Torá* como para que llegara a ser popularmente conocido como "el Génesis babilónico". Estos dos antiguos poemas épicos, junto con otras tablillas y material escrito que se descubrieron en las excavaciones arqueológicas, aportaron un caudal de información sobre la forma en que dichas narraciones, incluidas las de la Biblia, debieron de surgir y de ser transmitidas en el mundo antiguo.

Los profesores de literatura inglesa necesitan recordar a sus alumnos que Shakespeare no escribió sus obras de teatro para que los textos fueran objeto de seminarios de estudio, sino para ser representadas en el Globe: no el *escrito* sino la *escena*, era –y es– su verdadero marco. A veces da la impresión de que los dos Shakespeare (uno, terreno de juego de los eruditos, y el otro, punzante guión de actores y directores) hubieran viajado desde hace mucho por raíles separados y con muy escaso contacto entre sí; ahora bien, cuando ese contacto se ha dado, los estudiosos han descubierto que el lenguaje de esas obras, para poder leerlo, es necesario oírlo. Y es que, a diferencia de la mayoría de los lectores de la antigüedad, que leían los libros en voz alta, nosotros hemos desarrollado la convención de leer en silencio, lo cual, si bien es cierto que nos permite leer más, también lo es que, a menudo, nos hace leer peor, sobre todo cuando lo que leemos –como en el caso de las piezas de Shakespeare y las Sagradas Escrituras– es un cuerpo de material hablado que, casi pero no completamente por accidente, ha acabado preso en un libro, igual que la mosca en el ámbar.

SÓCRATES Y JESÚS

Los ejemplos más sorprendentes que nos ofrece la Antigüedad de su dependencia de la transmisión oral, y no de la palabra escrita, no salieron a la luz, sin embargo, gracias a la arqueología moderna o a las recientes teorías literarias, sino que, de hecho, la tradición occidental tenía noticia de ellos desde mucho tiempo atrás. En palabras de John Stuart Mill: «Nunca está de más recordar a la humanidad que hubo una vez un hombre llamado Sócrates [...], reconocido maestro de todos los pensadores eminentes que han vivido desde entonces». No obstante, a esto debe añadirse algo que tampoco está de más recordar a la humanidad, y es que todo cuanto sabemos sobre Sócrates, cada palabra de sabiduría que puede atribuírsele, es de segunda mano, puesto que ha llegado a nosotros, no de él directamente, sino a través de sus discípulos y oyentes: el filósofo Platón, el historiador Jenofonte o el comediógrafo Aristófanes. Su enorme influencia en cada una de las generaciones que se han sucedido a lo largo de los siglos que median entre su época y la nuestra –«San Sócrates, ruega por nosotros», se dice que exclamó Erasmo de Rotterdam– es resultado de esas fuentes mediadoras, y ha dependido de la credibilidad que se les ha concedido. Pues, pese a haber vivido en la excepcionalmente culta Atenas de Pericles, donde el peso de la influencia y la autoridad residía por excelencia en los libros, Sócrates no escribió libro alguno, ni una anotación siquiera, que le sobreviviese: sus ideas fueron transmitidas siempre de forma oral, sus palabras fueron palabras habladas, y, sin embargo, por esas palabras habladas e ideas que nunca escribió fue oficialmente condenado y obligado a poner fin a su vida.

Y lo mismo puede decirse de Jesús de Nazaret. Prácticamente todo lo que se explica en el párrafo anterior podría aplicarse a Jesús tanto como a Sócrates, ya que tampoco él escribió nada. En determinado momento, tras leer del pergamino de los Profetas, anuncia a quienes lo han escuchado: «Hoy se ha cumplido esta Sagrada Escritura que habéis oído», y mediante estas palabras da una vez más primacía al oír sobre el leer. La mención que hacen los evangelios del Jesús que escribe, cuando «se inclinó y escribió con el dedo en la tierra», es de dudosa autenticidad en los manuscritos griegos, y, por otra parte, aun en el caso de ser auténtica, no dice nada sobre lo que fuera que escribió; sabemos, en cambio, que Jesús criticó a sus oponentes por «estudiar las Sagradas Escrituras con diligencia» pero sin comprenderlas, como probaba su negativa a escuchar las palabras vivas que él, que era la palabra de Dios hecha carne, les hablaba allí y ahora. Por lo demás, es en sus enseñanzas habladas en lo debemos basarnos, y presentadas exclusivamente en la forma (o formas) en que sus discípulos las escribieron después del hecho. «Nadie *habló* jamás como *habla* este hombre», se cuenta que, aunque de mala gana, incluso sus enemigos admitían, pues, «a diferencia de sus *escribas* [personas que se ocupaban de la palabra escrita], él *enseñaba* [es decir, hablaba] con carácter de autoridad».

Ahora bien, aparte de las grandes disparidades de contenido, una de las mayores diferencias entre Sócrates y Jesús es el intervalo transcurrido entre sus palabras habladas y el relato escrito de dichas palabras. Un convincente argumento que algunos historiadores han esgrimido sobre la veracidad esencial del discurso que Sócrates pronunció en legítima defensa en su juicio ante los ciudadanos de Atenas, tal como Platón lo escribió en su *Apología de Sócrates*, es que el libro apareció tan inmediatamente a continuación del hecho real que cualquier distorsión substancial habría llamado la atención y provocado nefastas críticas por parte de los numerosos lectores potenciales de la *Apología* que estuvieron presentes y emitieron su voto cuando Sócrates habló en su juicio. Por el contrario, las primeras palabras de Jesús jamás escritas son una serie de fórmulas de la tradición litúrgica oral: «Esto es mi cuerpo, que se entrega por vosotros; haced esto en memoria mía», y «Éste es el cáliz de mi sangre, que sella la alianza nueva y eterna; cada vez que lo bebáis, hacedlo en memoria mía». Con estas palabras instituyó Jesús la Cena del Señor, cita el apóstol Pablo, tomándolas de la tradición litúrgica oral, en su carta a la congregación cristiana de Corinto aproximadamente veinte años después de que fueran pronunciadas. Después de eso, el primer relato escrito del mensaje de Jesús que ha llegado hasta nosotros, y que la mayoría de los estudiosos de hoy identificaría con el evangelio de Marcos, suele fecharse alrededor del año 70 de nuestra era (año de la destrucción de Jerusalén por los ejércitos romanos bajo el mando de Tito). Los otros tres evangelios fueron obras aún más tardías, aunque en ellos hay pruebas de que al mismo tiempo «muchos [otros] han intentado componer la narración de los acontecimientos acaecidos entre nosotros, siguiendo las tradiciones que nos han legado los originales testigos y servidores del Evangelio», tradiciones que presumiblemente serían también orales; y en cuanto a los «muchos [otros]», no se da de ellos ninguna identificación más específica. En cualquier caso, hubo al menos tres o cuatro décadas durante las cuales seguía vivo el recuerdo de los hechos de Jesús y se recitaban sus palabras, pero sólo de forma verbal, y aun cuando estas tradiciones verbales están incluidas en los textos, hasta la mitad del siglo IV perduró la renuencia a ponerlo todo por escrito. Citando el credo cristiano que se usaba para el bautismo en la iglesia de Jerusalén, el obispo Cirilo dijo a sus fieles: «Quiero que cuando recite este resumen, lo aprendáis de memoria, y quiero que además lo ensayéis con diligencia entre voso-

tros: *no que lo escribáis en un papel,* sino que grabéis el recuerdo
de él en vuestro corazón», por miedo a que, si se escribían, los
secretos del divino misterio pudieran caer en manos indebidas.
El Nuevo Testamento contiene una deliciosa observación sobre este proceso en el discurso de despedida del apóstol Pablo a
los ancianos de la iglesia de Éfeso, recogido en los Hechos de los
Apóstoles, que concluye con la advertencia de que «deberíamos
tener presentes las palabras de Jesús nuestro Señor, que dijo: "Hay
más dicha en dar que en recibir"». Tal como fue traducido en la
versión Reina-Valera de la Biblia en castellano,* «Más bienaventurado es dar que recibir», es uno de los más citados –aunque no
uno de los más fielmente seguidos– dichos de Jesús; sin embargo,
no hay constancia de él en ninguno de los Evangelios, ni siquiera en el que escribió Lucas, autor de los Hechos, donde Pablo lo
cita. Esto suscita una pregunta en cuanto a la relación entre las
formas escritas de la Biblia y la tradición oral que las precedió.
Es una pregunta sobre la que los más insignes intérpretes de los
Evangelios llevan siglos debatiendo, pero es también una pregunta que ha de hacerse sobre cualquier transcripción de una antigua tradición oral al texto escrito. Una de las diferencias básicas
entre los fariseos y los saduceos, las dos sectas del judaísmo que
más notoriamente aparecen en los relatos del Nuevo Testamento,
era que, según se decía, los fariseos aceptaban la autoridad de las
tradiciones a la vez que la autoridad del texto bíblico, mientras
que los saduceos, en principio al menos, negaban dicha autoridad; el concepto de una *"Torá* oral" paralela a la *Torá* escrita está
en la base de las tradiciones que más tarde recopilaría el *Talmud.*
Y en cuanto a la historia cristiana, éste sería el tema fundamental de los debates que desembocarían en la Reforma del siglo XVI,
motivada por la negativa de Lutero y de Calvino a aceptar las in-

---

* Versión de la Biblia inglesa King James, en el original. (*N. de la T.*)

terpretaciones que la iglesia tradicionalmente había hecho de la Biblia, e incluso sus tradiciones no bíblicas, como fuentes legítimas de revelación divina junto con, o como complemento de, la Biblia escrita. «La Biblia sola es la religión de los protestantes», afirmó con rotundidad William Chillingworth. En respuesta a esta elevación de la autoridad de la Biblia, la Iglesia Católica Romana decretó en 1546 que «esa verdad y ley están contenidas en los libros escritos y en las tradiciones no escritas que los apóstoles recibieron directamente del propio Cristo, o bien han llegado a nosotros, podría decirse, de mano de los apóstoles mismos inspirados por el Espíritu Santo». Según este decreto, todas las fuentes –la Biblia, las tradiciones escritas y las tradiciones orales no escritas– debían acogerse con «un mismo sentimiento de piedad y reverencia», independientemente de la modalidad en la que se hubieran conservado.

LAS SAGRADAS ESCRITURAS
Y LA TRADICIÓN

Incluso en los casos en que el propio texto escrito se considera resultado directo de una especial inspiración de Dios –como lo son el *Tanaj* y el Nuevo Testamento para sus respectivos fieles, y lo es, suprema y trascendentalmente, el Corán para los creyentes musulmanes–, esta cuestión no está, ni mucho menos, resuelta. Desde los primeros tiempos, los escribas judíos, que como fieles custodios del texto escrito de la sagrada *Torá* lo transcribían palabra por palabra y letra por letra, transmitían al mismo tiempo de maestro a discípulo, y de forma oral, diversas tradiciones tanto sobre costumbres o sobre la enseñanza como sobre el significado del texto escrito en sí, que no formaban parte de la *Torá* sino de la tradición; y la recopilación de dichas tradiciones fue la base del *Talmud*. Cuando los cristianos aceptaron la *Torá* y el resto del *Tanaj* pero le añadieron su Nuevo Testamento y crearon así la Biblia cristiana, tampoco eso puso fin a este proceso. En el siglo IV, el teólogo cristiano Basilio de Cesarea subrayaba en sus escritos que acciones piadosas tales como hacer la señal de la cruz o encarar el Este durante la oración, a las que, en ninguno de los dos casos, instaba la Biblia, más que simples y difundidas costumbres que los creyentes tenían la posibilidad de obedecer o ignorar a voluntad, eran tradiciones no escritas heredadas directamente de los comienzos apostólicos de la cristiandad, y no tenían, por tanto, menos autoridad que las tradiciones apostólicas escritas que consagraba la Biblia. Una y otra formaban parte de la tradicional normativa cristiana y tenían carácter vinculante, sin importar el medio, escrito o no escrito, por el que se hubieran transmitido.

El contexto litúrgico de estas tradiciones que enumera Basilio es un recordatorio de que, en la base del texto escrito del *Tanaj* tal como ha llegado a nosotros, estaban no sólo los dichos de los profetas y sabios de Israel, sino los tradicionales rituales de culto, hablados, o con mayor frecuencia cantados. Ninguna otra parte de las Sagradas Escrituras ha sido objeto de mayor estima a través de los siglos, igual para cristianos que para judíos, que el libro de los Salmos. De hecho, el Salterio fue el primer libro jamás producido en América: *The Whole Book of Psalms Faithfully Translated into English Metre*, (*The Bay Psalm Book*), publicado en 1640; y pese a que los teólogos lo han inspeccionado, también, en busca de pasajes verificables que poder citar, los salmos contienen casi en cada página de su texto el recordatorio de que lo importante no es el libro como tal, sino los cánticos de oración y alabanza. Los salmos ya se cantaban antes de ser escritos, y, después de escritos, siguieron estando primordialmente destinados a ser cantados una y otra vez: «Al director del coro; con acompañamiento instrumental»; «*Shiggaion* de David, que David cantó al Señor», y así continúa el texto hasta llegar al salmo final, que se abre con una exhortación: «Aleluya. Cantad al Señor una canción nueva» –una «canción nueva» que, por supuesto, a menudo ha resultado ser de hecho una canción muy antigua–. Su codificación escrita no debía entenderse, por tanto, como un fin en sí misma, sino como el único medio posible de preservar la continuidad y de garantizar que lo que las generaciones anteriores cantaron en su tiempo podían cantarlo de nuevo las generaciones venideras, como efectivamente lo han hecho durante siglos y, ya en este momento, milenios enteros, tanto judíos como cristianos. El salmo que reproduce la mano del escriba está al servicio del salmo que cantan los labios del cantor, del coro o de la congregación de devotos; y «cantado por los labios» es la prioridad absoluta, en cuanto a tiempo y también a importancia.

Pero esa prioridad de «los labios» no es menos aplicable a los libros de la Biblia de carácter menos poético; pues no sólo es la palabra hablada del profeta, y en ultima instancia la palabra que Dios habló al profeta y a través del profeta, anterior al libro que el profeta escribe, como indicábamos sobre el profeta Jeremías, sino que el profeta escribe las palabras en el libro precisamente con el propósito de que vuelvan a ser palabras habladas en cualquier tiempo futuro. Lo mismo puede decirse del Nuevo Testamento. Como Martín Lutero observó en una ocasión, en ningún lugar del Nuevo Testamento pide Jesús a sus discípulos que salgan al mundo y escriban libros; ni siquiera en los evangelios, y tampoco en ninguno de los libros restantes; por el contrario, como el Nuevo Testamento mismo se afana en atestiguar, «les dijo: "Id a todas las partes del mundo, y *proclamad* el Evangelio a toda la creación"». Así pues, Lutero entiende que las "Sagradas Escrituras" era el nombre de las Escrituras que Jesús leyó y citó, es decir, el *Tanaj* o Antiguo Testamento, luego, a su parecer, el nombre más apropiado para el Nuevo Testamento no era el de "Escrituras" sino el de "proclamación" o "mensaje". En la historia del pueblo de Dios ha habido más de una vez siglos y países enteros en los que el número de creyentes analfabetos superaba con creces al de los fieles cultos. Pero el mensaje de los profetas y el mensaje de los evangelios no fue en sus orígenes un texto, ni se ha perpetuado sólo a través del texto: «Dios *dijo*: "Que haya luz."»; «En el principio ya existía la Palabra [hablada]».

LA PALABRA ESCRITA
Y LA PALABRA HABLADA

La supremacía de lo que «Dios dijo» sobre la palabra hablada, incluso si ésta es la palabra escrita de Dios, tiene sus fundamentos en la psique humana y en la propia naturaleza del lenguaje humano. En *Fedro*, de Platón, Sócrates critica –sin escribir su crítica sobre el papel– la excesiva dependencia de la palabra escrita que distingue a sus contemporáneos griegos, a expensas de «la palabra viva del conocimiento, dotada de alma, y de la que la palabra escrita no es en realidad más que una imagen». Con igual sentimiento, el más influyente escritor epistolar que ha conocido la historia, el apóstol Pablo, cuando se ve obligado a depender de la palabra escrita en su carta a los gálatas expresa así su disgusto: «Quisiera estar ahora con vosotros y cambiar el tono de mi voz, [...]». Modular el tono de voz; elevar la voz o susurrar; hacer una pausa, acelerar las palabras o ralentizarlas; los gestos, las muecas y las sonrisas son siempre dimensiones de la comunicación verbal y herramientas de persuasión que ningún sistema de puntuación o tipo de letra cursiva, negrita o capitular puede soñar siquiera con ser capaz de reproducir. Platón cita a Sócrates, que en el mismo contexto anterior sigue diciendo: «Éste es el inconveniente así de la escritura como de la pintura [...]. Al oír o leer los discursos escritos, creeríais que piensan; pero pedidles alguna explicación sobre el objeto que contienen y os responden siempre lo mismo. Lo que una vez está escrito rueda de mano en mano, y llega igual a los que entienden su contenido que a aquellos para quienes no ha sido escrita la obra, no sabiendo ella, por consiguiente, con quién debe hablar ni con quién debe callarse. Si un escrito se ve insultado o despreciado injustamente, tiene siempre necesidad del socorro de su padre, ya que por sí mismo es incapaz de rechazar los ataques y defenderse».

Para tener una perspectiva quizá más justa, lo que se pierde cuando la palabra hablada (como a menudo decimos, con más solemnidad tal vez de lo que imaginamos) queda *reducida a la escritura* ha de sopesarse con lo que, en ese y por ese mismo proceso, se consigue conservar. Constatamos cada día que no hay nada más efímero y evanescente que el lenguaje. Como Keats decía (erróneamente) de sí mismo en su epitafio: «escrito en el agua», es decir, en un momento, vivo, y muerto el siguiente; algo resuena por un instante, y luego desaparece para siempre. La misma espontaneidad de la palabra hablada, que puede ser su encanto y su gloria, puede ser también su fatal flaqueza. ¿Quién no ha dicho alguna vez espontáneamente, llevado por la intensidad o la insensibilidad del momento, algo de lo que desearía retractarse o que desearía revisar al menos, o, como a veces lo expresamos, que desearía «no haber dicho»?; y eso es exactamente lo que nos permiten hacer, al menos justo después de escribirlo, una pluma, una máquina de escribir o un procesador de textos. Y aunque para frustración nuestra seguimos sin conocer detalles individualizados sobre los hábitos de escritura de los escritores bíblicos, ocasionalmente se nos permite acceder intuitivamente a su realidad: «Dado que Qohélet era un sabio, escuchaba, y verificaba la solidez de muchas máximas. Qohélet anhelaba descubrir dichos útiles [presumiblemente verbales] *y grabó* los dichos genuinamente veraces»; «Las escrituras redactadas hace mucho tiempo se escribieron todas para nuestra instrucción, para que a través de su aliento pudiéramos mantener la esperanza con perseverancia». La experiencia de los creyentes devotos, tanto judíos como cristianos, a lo largo de los siglos confirma esta función de la palabra escrita de Dios en horas de aflicción y tentaciones; en tales momentos ha demostrado al lector piadoso, como dice el Nuevo Testamento sobre el *Tanaj* judío, que «toda escritura inspirada es útil para enseñar la verdad y refutar el error, o para reformar las costumbres y la disciplina y establecer el modo de vida correcto, a fin de que el hombre [o la mujer] de Dios cuente con la capacidad y los medios para realizar toda clase de buenas obras».

En algunas ocasiones, ciertos fervorosos creyentes han valorado ese poder de la Palabra escrita de Dios y de las Sagradas Escrituras por él inspiradas hasta el punto de atribuir directamente a éstas su propia conversión. Así, san Agustín nos cuenta cómo, estando al parecer irremediablemente perdido en la lujuria y en los más execrables excesos, se encontró a sí mismo –y encontró a Dios– al leer las primeras palabras de la Biblia que de un modo espontáneo captaron sus ojos: «Andemos decentemente, como de día, no en orgías y borracheras, no en promiscuidad sexual y lujurias, no en pleitos y envidias». De hecho, la Sociedad Bíblica Británica y Extranjera, la Sociedad Bíblica Americana y los Gedeones Internacionales se constituyeron, en parte al menos, con el propósito de distribuir Biblias y folletos que despertaran a sus lectores a la fe; y sería burlarse de la evidencia histórica suponer que la táctica nunca ha funcionado. Ahora bien, si profundizamos en esas pruebas que la historia nos ofrece, a menudo encontraremos una voz humana rondando en las proximidades de la página escrita o impresa. Cuando insospechadamente Agustín se encontró ante aquel pasaje concreto de la Biblia, fue en respuesta a la misteriosa voz de un niño, o una niña –no lo sabía a ciencia cierta–, que le gritó: «¡Tómala en tus manos y lee!», y, por su parte, las Biblias y folletos de las sociedades bíblicas no se distribuían por correo ni se depositaban simplemente en los buzones, sino que solía entregarlos en mano un ser humano vivo y con voz. Aunque ningún libro del *Tanaj* o del Nuevo Testamento está expresamente dirigido a los no creyentes, es indudable que éstos están presentes y ocupan un lugar importante en ambos.

Así pues, por cada párrafo de una carta o cada capítulo de una autobiografía espiritual que narran la conversión de una persona al leer las palabras del Libro, hay cientos de casos en los que es la voz de un padre, de un amigo o de un extraño –quizá, a veces, hasta de un maestro o predicador– la que actuó como fuerza atrayente, desafiante y emplazadora. Es cierto que el mensaje que la voz comunicaba era, entrecomillado o no, el mensaje del Libro (o, en cualquier caso, eso era todo cuanto casi siempre pretendía ser), y que el portador del mensaje normalmente había leído el Libro e incluso había memorizado largos pasajes, pero la entidad que hacía entrega de la invitación o distribuía el Libro no era una biblioteca o un centro académico, sino una comunidad de fe y de devoción. Incluso la palabra que en yiddish significa "sinagoga", *shul*, derivada del alemán y, originariamente, de la palabra latina que significaba "escuela", no habla sólo de un lugar donde los estudiantes de todas las edades se reúnen para memorizar y recitar la *Torá* (aunque sin duda tienen la ocasión de memorizarla y recitarla abundantemente estando allí), sino un lugar donde la voz humana, a través de la predicación, llega a los demás, y llega a Dios a través de la oración. De modo que, al menos en este sentido, Pablo hablaba tanto para el judaísmo como para el cristianismo cuando formuló la sentencia: «La fe es por el oír».

Toda esta dependencia de la palabra hablada, y toda la celebración que de ella se hizo, fue acumulándose hasta el punto de que, en un momento dado, llegó a atribuírsele a "la Palabra de Dios" una autoridad que trascendía su cualidad gramatical o comunicativa y entraba en el ámbito de la metafísica y el misterio: «En el principio ya existía la Palabra [hablada], y la Palabra estaba con Dios, y la Palabra era Dios. Aquel que era la Palabra estaba con Dios en el principio, y a través de él todas las cosas fueron creadas; sin él, nada de lo creado pudo existir. Y la Palabra se hizo carne, y habitó entre nosotros». Estas palabras con las que se inicia el primer capítulo del evangelio de Juan son una declaración de la fe que el cristianismo y el judaísmo comparten, y palabras que simultáneamente definen el abismo que los separa. El término "palabra" es aquí traducción del nombre griego *logos*, que proviene del verbo *legein*, "decir" o "hablar"; pero *logos* puede significar también "razón" o "mente", y en la teología filosófica, tanto cristiana como judía, el término adoptó vida propia. Ahora bien, sean cuales fueren los demás significados que podrían, o no, atribuirse a este término, «En el principio ya existía la Palabra» puede leerse como resumen y paráfrasis del enunciado once veces repetido en el primer capítulo del Génesis: «En el principio, dijo Dios». Antes de que hubiera luz y orden, antes de que hubiera estrellas y animales, antes de que existiera la raza humana, «Dios dijo»; y por lo tanto, «En el principio, ya existía la Palabra». Aunque esta declaración de fe en el Dios que habla es común a judíos y cristianos, ofrece por otra parte el marco para "delimitar" –que significa "señalar los límites"– el credo característico de la cristiandad de que la Palabra de Dios se «hizo carne», tomó forma humana en Jesús, y «habitó entre nosotros».

DOS

La verdad en hebreo

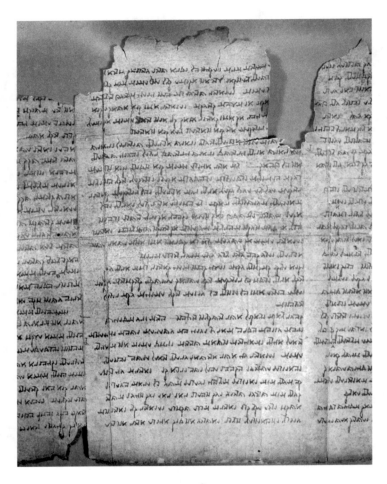

Fragmento hebreo de Isaías 6.7–7.15, Rollos del Mar Muerto, alrededor de los siglos I y II a.C. © The Dead Sea Scrolls Foundation, Inc./ Corbis

n el principio Dios» son las primeras palabras de la Biblia; sin embargo, en realidad puede decirse que la historia de la Biblia no empieza con Adán y Eva, sino con Abraham y Sara, pues la Biblia no pretende ser una historia universal de la totalidad de la raza humana, y mucho menos una cosmogonía que explique la estructura y las leyes del universo físico y biológico –¿cómo podría una cosmogonía incluso mínima, teniendo como base la minuciosa y docta astronomía del antiguo Oriente Próximo, contentarse con incluir la frase «y las estrellas» como explicación de lo que otro capítulo posterior del mismo Génesis reconoce como estrellas innumerables, y dejarlo así?–; muy al contrario, la Biblia aparta constantemente nuestra atención de la cosmogonía, ya sea mitológica o científica, y la dirige hacia la especial relación entre Dios y la raza humana:

Cuando contemplo tus cielos,
obra de tus dedos,
la luna y las estrellas que allí fijaste,
me pregunto:
¿Qué es el hombre, para que en él pienses?
¿Qué es el ser humano, para que lo tomes en cuenta?
Pues lo hiciste poco menos que un dios,
y lo coronaste de gloria y de honra.

Así pues, las narraciones bíblicas de Adán y de Noé, y la alianza con Noé simbolizada en el arco iris, preceden a la alianza de Dios con su pueblo, una alianza que empieza con la llamada a Abraham y con la promesa de Dios a Abraham y a Sara de que sus descendientes participarán siempre de esa relación de alianza: a través de ella «serán benditas en ti todas las familias de la tierra». Eso es lo que hace a Abraham «el padre de todos los que tienen fe» –judíos, cristianos y musulmanes–, y en el relato del Génesis, él es el prototipo de peregrino religioso, que responde en su fe y obediencia al mandato divino: «Vete de tu tierra y de tu parentela, y de la casa de tu padre, a la tierra que te mostraré».

El título de este capítulo, «La verdad en hebreo», es la traducción del *Hebraica veritas* latino, título que Jerónimo, el traductor cristiano de la Biblia al latín en el siglo IV, dio al *Tanaj*, que constituye al menos tres cuartas partes de la Biblia cristiana y que tradicionalmente se ha dividido en tres partes: *Torá*, los Cinco Libros de Moisés o Pentateuco; *Nebi'im*, los Profetas; y *Ketubim*, los Escritos o Hagiografía. Los Evangelios Apócrifos, aunque son producto del judaísmo, no forman parte del canon judío de la Biblia, pero están incluidos en el canon cristiano del Antiguo Testamento de la Iglesia Católica Romana y de las iglesias ortodoxas. La *Torá*, o sea el Pentateuco, junto con el libro de Josué puede considerarse el relato de cómo llegó Israel a constituirse en nación y de cómo poseyó la tierra prometida; el *Nebi'im*, los Profetas, continúa con la historia de Israel en la tierra prometida: describe cómo se estableció y desarrolló la monarquía y presenta los mensajes de los profetas al pueblo, y el *Ketubim*, los Escritos o Hagiografía, incluye especulaciones sobre el lugar que ocupan el mal y la muerte en el esquema general de las cosas (en Job y el Eclesiastés), la obra poética (el Salterio, sobre todo) y algunos libros históricos adicionales.

El período de tiempo que abarca la historia del pueblo de Israel en el cuerpo principal del *Tanaj* es de aproximadamente mil años. Comienza con su éxodo de Egipto, que, según la mayoría de los arqueólogos e historiadores actuales, debió de producirse en una fecha posterior al año -1300 (parece imposible datarlo con mayor precisión), y concluye con el retorno de Esdras, «un escriba experto en la enseñanza de Moisés que el Señor Dios de Israel había dado», que «vino de Babilonia» a Jerusalén poco antes de -400. Existen muy pocos datos cronológicos de los relatos precedentes al éxodo, y aquéllos de los que disponemos son enormemente difíciles de sincronizar de un modo satisfactorio con otra información sobre la historia antigua. En el otro extremo de la historia del *Tanaj*, los libros de los Macabeos nos ofrecen algunas fechas adicionales sobre el período que se extiende entre Esdras y el Nuevo Testamento, pero la historia que comprende el *Tanaj* trata principalmente de los nueve o diez siglos que comienzan con el éxodo de Egipto. Algunos hechos y personajes concretos de esa historia coinciden con lo que se conoce de la historia antigua a través de otras fuentes; por ejemplo, es fácil reconocer en Ciro, Darío y Nabucodonosor, que desempeñan los tres un papel importante en la narrativa bíblica, a los históricos monarcas cuyas vidas conocemos por la historia antigua y otras fuentes, incluidas las tablillas e inscripciones cuneiformes. Así y todo, la realidad es que la mayoría de los sucesos que el *Tanaj* asigna a fechas correspondientes de los calendarios egipcio, babilónico, persa, sirio y griego son arbitrarias e hipotéticas, y muchas de estas tentativas resultan, de hecho, teológicamente tendenciosas y están destinadas a probar o desmentir alguna observación sobre la infalibilidad y autoridad de la Biblia (un procedimiento siempre peligroso, ya que los resultados supuestamente seguros de la arqueología pueden ser igual de inestables que las cambiantes arenas en las que los arqueólogos han excavado). Esto nos hace llegar a una conclusión fundamental con respecto a dicho material escrito: su fin primordial no es ser crónica, sino testimonio de fe en Aquel que, desde una zarza en llamas, se identificó ante Moisés como «el Dios de Abraham, el Dios de Isaac y el Dios de Jacob»: el Dios de la alianza eterna. Ésta es la intención que domina tanto la forma como el contenido del *Tanaj* y que está incorporada en la estructura misma de sus diversas partes, y que dicta, además, la manera apropiada de interpretar y entender las Sagradas Escrituras judías (así como, por supuesto, las Escrituras cristianas) a las generaciones futuras, como demuestra la historia de dicha interpretación a través de los siglos.

LA *TORÁ*, EL PENTATEUCO

En la *Torá* ("Ley", "Instrucción") o Pentateuco, la Biblia presenta el registro de la acción y legislación divinas que subyacen en todo el relato que sigue. Al terminar los acontecimientos narrados en la *Torá*, el pueblo de Israel había visto el fin de su cautiverio en Egipto y de su vida errante, y estaba preparado para entrar en la tierra prometida; por eso la *Torá* es, en un sentido muy real, el libro de los comienzos de Israel.

El Génesis, como su nombre indica, es un libro sobre los comienzos. Trata, en primer lugar, sobre el principio del universo y de la raza humana, esbozado en la teatral forma de mandamientos y acciones de origen divino que se suceden durante los seis días «en que Dios empezó a crear el cielo y la tierra». Le sigue la historia de cómo la humanidad (que es lo que el nombre de "Adán" significa) cayó en pecado, a lo que a su vez le sigue una secuencia de acontecimientos que preceden al diluvio. Tras el diluvio se inicia una segunda serie de comienzos, y son éstos los que de verdad merecen la atención del Génesis. La llamada a Abraham inaugura la especial alianza que Dios establece con él y con sus descendientes a perpetuidad, pues, aunque en sentido propiamente histórico Abraham es un personaje impreciso, en la narrativa bíblica se le considera el padre fundador de la comunidad de la fe. El resto del libro del Génesis está dedicado a la historia de la alianza a medida que ésta pasa de Abraham a Isaac, de él a Jacob y, finalmente, a las tribus de Israel. En las narraciones sobre cada uno de los patriarcas, los sucesos que marcan su trayectoria están entrelazados con reflexiones que presagian las posteriores experiencias que vivirá este pueblo; son patriarcas precisamente porque su historia no es la historia de una extraordinaria serie de individuos humanos considerados como tales, sino una historia de «Dios en busca del hombre». Una característica de estos relatos que vale la pena destacar es el continuo énfasis que ponen en las debilidades humanas de los patriarcas, debilidades que predicen también la historia de Israel. A lo largo de todo el libro, el tema central es la promesa de Dios a Abraham y, a través de él, al pueblo favorecido con la alianza, promesa ésta que, a su vez, sienta las bases para los mandamientos y advertencias de los libros posteriores. El Génesis es, por tanto, el "principio" de la Biblia no meramente en sentido cronológico: el esquema de la Biblia y de su mensaje empieza por el Génesis, y, sin él, el resto de la narración bíblica, ya se trate del *Tanaj* o del Nuevo Testamento, no tendría sentido; y en cuanto al credo cristiano y los testimonios de fe, éstos también han comenzado tradicionalmente con una declaración de la creencia en Dios «Creador del cielo y de la tierra», que es una cita literal del solemne primer verso del primer capítulo del libro del Génesis.

Sin embargo, el fundamento del *Tanaj* está contenido, no en el Génesis, sino en el Éxodo, que relata la liberación de Egipto en la que se basa la relación de alianza entre Dios e Israel. El drama de la liberación se abre con el relato (o relatos) de la súplica de Moisés para que Israel sea salvado de la esclavitud egipcia y el de la autorrevelación de Dios a través de la voz que sale de la zarza en llamas con el misterioso e inescrutable «nombre de El que no tiene nombre», Ehyeh-Asher-Ehyeh, «Soy el que soy», y continúa luego con los milagros mediante los cuales Dios da a conocer su poder y su deseo de liberar al pueblo. Repetidamente da Dios al faraón la oportunidad de salvarse dejando libres a los israelitas, y repetidamente el faraón desdeña el ofrecimiento. Por fin, con la institución de la Pascua y la muerte de los primogénitos de Egipto, el éxodo comienza, y el paso a través del mar Rojo lo lleva a buen fin, como celebra el cántico que entona «Miriam la profetisa, hermana de Aarón [y de Moisés], tomando un pandero en la mano»:

> Cantad al Señor, porque en extremo se ha engrandecido;
> Ha echado en el mar al caballo y al jinete.

En todas las posteriores celebraciones de la Pascua se formula la pregunta: «¿Por qué es esta noche diferente de todas las demás noches del año?». Y la respuesta es que ésta fue la noche en que Dios *nos* sacó de la tierra de Egipto, y la observancia de ahora da vida a la historia de entonces. A continuación, el libro del Éxodo hace una transición de la historia del éxodo propiamente dicha a la historia del Sinaí, que es la segunda y más extensa parte del libro. La entrega de las dos tablas de la Ley, hechas de piedra, en el monte Sinaí –de qué montaña de la península de Sinaí se trataba no es algo que pueda precisarse con rigor geográfico–, es un recordatorio de que Dios sacó a Israel de Egipto, y ratifica ahora su alianza con el pueblo: «Yo soy el Señor vuestro Dios que os sacó de la tierra de Egipto, casa de esclavitud: [por lo tanto] no tendréis otros dioses que Yo». Entre las debilidades humanas de los patriarcas está la idolatría del pueblo, que, mientras Moisés se halla en la montaña recibiendo la Ley, rinde culto al becerro de oro que ha creado en su ausencia; por eso, las palabras: «¡Éste es tu Dios, oh, Israel, que te sacó de la tierra de Egipto!». Pero Dios, en su misericordia, escucha la intercesión de Moisés y renueva la alianza que los israelitas han quebrantado. Los capítulos finales del Éxodo describen detalladamente la promulgación de las prescripciones relativas al culto dadas en el Sinaí, la fundación del sacerdocio levítico y la presentación ante Dios del tabernáculo.

Otra serie de detalles y prescripciones relativos al culto constituyen el grueso del Levítico y serían, a la vez, la base para gran parte del análisis y la exposición del *Halaká* y del *Talmud*. Son explicaciones que tratan sobre los diversos tipos de sacrificio y los actos apropiados para acompañarlos, sobre el aparato ceremonial y moral del sacerdocio levítico, el significado de la pureza ceremonial y las innumerables circunstancias que pueden ponerla en peligro, así como sobre el esquema básico del calendario litúrgico de fiestas sagradas, ayunos y festivales –sobre todo, el festival de Pascua– , actividades por medio de las cuales el recuerdo de las acciones salvadoras de Dios se mantendrá vivo a través de las generaciones. El Levítico es, por consiguiente, una extensión del relato del Éxodo, y algunas de sus secciones, especialmente las «leyes de la santidad», representan una ampliación, también, de la legislación que el Éxodo describe (con algunas incongruencias ocasionales que tendrían ocupados a escribas y eruditos durante siglos). Tomados juntos, el Éxodo y el Levítico resumen la fundación de Israel como el pueblo de la alianza con Dios y la promulgación de leyes de culto y de otro tipo, y, entre éstas, especialmente la que especificaba «qué criaturas se pueden comer» de la tierra, el mar y el aire, así como las incontables especies de mamíferos, aves y reptiles prohibidos. Todos los posteriores intentos de dar una explicación racional de estas leyes fundamentándolas en una supuesta higiene han resultado muy poco convincentes; por otra parte, esta sobriedad en cuanto al *kosher* [alimentos considerados aptos por la ley judía], al ser transplantada con el tiempo a épocas y climas en los que ni siquiera se conocían muchas de estas criaturas, habría de marcar la vida de Israel como el pueblo de la alianza.

Números y el Deuteronomio van juntos. El libro de los Números recupera la narración en el Sinaí, y añade el relato del «censo de toda la congregación de los hijos de Israel [...] de veinte años para arriba» por mandato divino, y cierta legislación adicional. Desde el Sinaí, el libro sigue el caminar errante de Israel por el desierto durante cuarenta años y describe algunos sucesos que ocurren durante este tiempo. Finalmente, lleva a las tribus de Israel a las llanuras de Moab y prepara el terreno para la lucha con las diversas naciones y tribus asentadas en la tierra de Canaán –los cananeos, hititas, amorreos, perezeos, jiveos y jebuseos– que será narrada en los libros de Josué y Jueces. Al igual que el Éxodo, el libro de los Números describe repetidamente la ingratitud y desobediencia del pueblo, la ira de Dios y su perdón, y el ciclo de pecado y arrepentimiento que caracterizará la historia de la relación de Dios con su pueblo a través de todo el *Tanaj* y hasta mucho después.

El marco en el que se desarrollan los últimos capítulos de Números, las campiñas de Moab, es también el escenario de los discursos de Moisés en el Deuteronomio. Este último libro de la *Torá* es una repetición de los acontecimientos que han llevado a Israel a avistar la tierra prometida, no tanto una crónica como un recordatorio o una celebración: recuerda al pueblo de la prerrogativa que Dios les ha concedido en la especial alianza que ha hecho con él a través de Moisés en el Sinaí: «Bienaventurado tú, ¡oh, Israel! ¿Quién como tú, pueblo salvo por Jehová, escudo de tu socorro y espada de tu triunfo?». Sobre la base de esta alianza, Moisés aparece representado como aquel que repite e interpreta (y a veces reinterpreta) las leyes morales, ceremoniales y civiles resumidas en los libros anteriores de la *Torá*, con sus correspondientes recompensas y castigos. El Deuteronomio termina con la despedida de Moisés –en la que dirige una última acusación al pueblo, en los dos largos poemas del Deuteronomio 32 y 33– y con su muerte; si ésta le fue revelada estando aún vivo o si fue escrita por Dios a través de la mano de otro, quizá Josué, es algo que ningún piadoso estudiante de la *Torá*, judío o cristiano, ha sido capaz de decidir.

Aunque la mayoría de los estudiosos modernos concuerdan en que el Deuteronomio no es obra de puño y letra de Moisés sino que fue compuesto en una época más bien tardía de la historia de Israel, han hecho gran hincapié en que este libro es un resumen de la *Torá*, y por tanto un punto de enlace entre la *Torá* y otras secciones del *Tanaj*. La creencia, subyacente en el *Talmud*, de que existía una "*Torá* oral" adicional y simultánea a la *Torá* escrita suaviza en cierto modo la polémica en torno a la "mosaica autoría del Pentateuco", tema cuya investigación sería después punto de partida para gran parte del enfoque crítico desde el que, en épocas modernas, se ha abordado el estudio de la Biblia. Tomados en conjunto, los libros de la *Torá* urden la trama del resto del *Tanaj*. Así pues, entre los judíos la *Torá* ha ocupado siempre un puesto singular dentro de la literatura bíblica, un puesto que no ha cambiado pese a la adopción de otros libros sagrados; y la reverencia de la que son objeto los Libros Sagrados, como un todo indisoluble, es en calidad de "pergaminos de la *Torá*".

NEBI'IM, LOS PROFETAS

Bajo este título, las Escrituras judías incluyen una colección de ocho libros según los cálculos judíos; en las Biblias cristianas, sin embargo, estos ocho libros aparecen listados por separado, y el número total asciende a veintiuno. La colección consta de los libros que tradicionalmente se han atribuido a los profetas y, además, varios otros libros "históricos" que proporcionan base y contexto a los libros de los Profetas.

Los libros históricos incluidos en los *Nebi'im*, y llamados "profetas anteriores", son Josué, Jueces, Samuel I y II, y Reyes I y II. El

libro de Josué relata en su primer capítulo cómo Dios eligió a
Josué para que fuera el sucesor de Moisés, prometiéndole: «Yo es-
taré contigo igual que estuve con Moisés», y cómo, bajo su dirección, el pueblo de Israel entró, conquistó y dividió la tierra prometida. En estrecha relación con el Pentateuco, pues representa
el cumplimiento de sus promesas y el final de la historia que allí
comienza, el libro de Josué trata repetida y enfáticamente de establecer la diferencia entre esta conquista y las luchas militares y
políticas comunes, con objetivos meramente territoriales y hege-
mónicos, y se basa para ello en que ésta era «la tierra prometida»,
prometida por Dios a Abraham, a Isaac y a Jacob, así como «para
siempre a sus descendientes»; y el sionismo moderno puede entenderse como el controvertido esfuerzo por rehabilitar esta promesa divina. Poco antes de morir Moisés, Dios le había anunciado: «Sólo de lejos verás la tierra, pero allí no entrarás, a la tierra
que doy a los hijos de Israel»; la "entrada" propiamente dicha sería la vocación divina de Josué. El libro de los Jueces es una historia fronteriza con rudos héroes fronterizos, como Gedeón y,
sobre todo, Sansón, hombre pendenciero que logra, no obstante, llevar a cabo la voluntad de Dios. Jueces es una transición del
relato de Josué, y describe la situación de Israel después de que
hubiera tomado posesión de Palestina pero antes de que su vida
política y religiosa se hubiera estabilizado.

La estabilización llegó una vez establecida la monarquía judía, cuyo desarrollo retratan los libros de Samuel y Reyes. El
Primer Libro de Samuel empieza con la trayectoria personal de
Samuel como preludio a la historia de la monarquía. Aun cuando Samuel llama repetidamente la atención del pueblo sobre la
bendición que supone estar bajo la tutela directa de Dios, y no
a las órdenes de un monarca humano, el pueblo insiste: «Danos
un rey para que nos gobierne, como tienen todas las naciones»,
contra las que batallaban, y a las que simultáneamente imitaban;
y Samuel, a su pesar, unge a Saúl como primer rey de Israel. El

resto del libro es una crónica de su reinado, de sus triunfos y de su caída final. Dedica especial atención a la lucha entre Saúl y el joven David, que había sido elegido como su sucesor, e incluye el conmovedor relato de la amistad entre David y Jonatán, hijo de Saúl. En Samuel II aparece un retrato biográfico y caracterológico de David (que será ampliado y revisado en Crónicas I) y que constituye una de las biografías más completas y candorosas que contiene la Biblia. El libro parece una versión oficial de su vida, pero de ningún modo una versión idealizada, como demuestran gráficamente el relato íntegro de su adulterio con Betsabé y el asesinato del marido de ésta, Urías. Los libros de Reyes, primero y segundo, siguen paso a paso la gradual, y a menudo vergonzosa, decadencia de la monarquía después de David. La gloria del reinado del hijo de David, Salomón, a quien «dio el Señor sabiduría, y prudencia muy grande, y anchura de corazón como la arena que está a la orilla del mar», culmina en la construcción e inauguración del gran Templo de Salomón, que a David no se le había autorizado a construir porque, habiendo sido principalmente un guerrero, tenía las manos demasiado manchadas de sangre. A este punto álgido del reinado de Salomón le sigue, sin embargo, su gradual apostasía, y, después de su muerte, la nación queda dividida en dos reinos: Judá e Israel. Los libros concluyen con la historia de Elías y Eliseo, cuya labor como "guerreros-profetas" es al parecer una de las razones por las que se ha clasificado estos libros en la sección de los libros de los Profetas, aunque, en aras de la claridad, el término debería quizá reservarse para los profetas "mayores" y "menores", como es generalmente la costumbre inglesa.

Los libros de los profetas mayores son Isaías, Jeremías y Ezequiel. Isaías es probablemente el más importante de ellos y uno de los libros más influyentes de toda la Biblia, como demuestra, por ejemplo, el hecho de que las citas del libro de Isaías (y del libro de los Salmos) en el Antiguo Testamento superan con mucho a todas las demás. El estudio literario del libro la llevado a la mayoría de los eruditos a la conclusión de que, tal como aparece ante nosotros hoy día, Isaías es la obra de al menos dos profetas. La base del libro entero es la visión inaugural del profeta: la visión de «mi Señor sentado en un trono elevado y excelso», cuya voz dirigida a él exclamó : «¿A quién enviaré? ¿Quién irá por nosotros?», y a la que Isaías respondió: «Aquí estoy yo; mándame a mí». A raíz de esta visión, los capítulos 1 al 39 son un comentario sobre la relación entre Judá y otras naciones, principalmente Asiria. El profeta interpreta las invasiones asirias del reino del norte, Israel, en los siglos VII y VIII anteriores a nuestra era, como una señal del juicio divino y de la «vara de Mi ira»; pero promete, también, que un día Dios traerá la salvación a su pueblo y, a través de él, a toda la humanidad. En los siguientes capítulos, del 40 al 66, Jerusalén ha sido saqueada y el pueblo se ha dispersado por Babilonia (año -597). Estos capítulos explican con mayor detalle las promesas de la sección anterior, y hablan de la salvación que llega a través de la fidelidad del sufriente servidor de Dios (a quien no se identifica, pero que los rabinos interpretaron a veces como una alusión al pueblo de Israel, y los cristianos como una descripción del Cristo sufriente: «Por sus sufrimientos mi siervo justificará a muchos y cargará sobre sí las iniquidades de ellos») y no a través de la fuerza militar o política de la nación.

Temas parecidos, incluida la visión inaugural, aparecen en las profecías de Jeremías, a quien Dios llama con las palabras:

> Antes de formarte en el vientre de tu madre, te conocí;
> antes que salieras del seno, te consagré,
> y te constituí profeta entre las naciones.

Pero la desolación política de Judá domina estas profecías más aún que las de Isaías. Jeremías es la voz del destino fatal del reino de Judá; ve la llegada de los babilonios como una indicación del deseo de Dios de borrar a Judá del mapa, al igual que había hecho con Israel. Jeremías presagia también el advenimiento de «una nueva alianza con la casa de Israel y la casa de Judá», que «no será como la alianza que hice con sus padres, cuando los tomé de la mano y los saqué del país de Egipto», sino una nueva alianza por medio de la cual «pondré mi ley en su interior, la escribiré en su corazón», y no en tablas de piedra, como había hecho su alianza y la Ley en el monte Sinaí. Por eso exhorta al pueblo a que se arrepienta, y a que sepa ver que su derrota forma parte del misericordioso propósito de Dios.

Ezequiel interpreta, asimismo, las relaciones exteriores de Israel desde la perspectiva del plan divino, haciendo uso de visiones, más que de discursos proféticos, como vehículo para su interpretación. Sus dos visiones más memorables, que luego serían celebradas en los espirituales de los esclavos afroamericanos, son la visión de las ruedas que «se desplazan vertiginosamente hacia lo alto» y la del valle lleno de huesos secos, a los que por mandato divino Ezequiel anuncia: «Huesos resecos, escuchad la palabra del Señor», y los huesos se juntaron unos a otros y formaron seres que volvieron a la vida. En la primera mitad del libro, el profeta advierte a su nación de la fatalidad inminente y le pide que reconozca su pecado, mientras que en la segunda mitad consuela al pueblo en su aflicción y le promete la nueva ciudad y la nueva tierra que Dios creará para él; una vez más, juicio y esperanza son inseparables. Así pues, para los tres profetas mayores, el propósito de Dios al permitir la dispersión y el cautiverio de su pueblo es el tema básico y la cuestión fundamental.

Los doce profetas "menores" reciben este calificativo no por ser menos importantes sino porque el volumen de sus libros es mucho menor. Aunque en el *Tanaj* figuran juntos como un solo libro, en las traducciones aparecen separados y así es como, incluso entre los estudiosos hebreos, habitualmente se les cita. Oseas es una cruda denuncia de la apostasía de Israel, a través de la metáfora de un adulterio, ilustrado por la infidelidad de la esposa del profeta, «una mujer que es una prostituta y engendra hijos de la prostitución». Joel utiliza una plaga de langostas –«en este día de oscuridad y tinieblas, como el alba se derrama sobre los montes; así avanza un pueblo numeroso y fuerte»– y una sequía como fundamentos de su profecía de que Dios castigará a su pueblo pero finalmente lo liberará. La profecía de Amós está dirigida contra la injusticia social y económica que practicaba el pueblo de Israel en su engreída confianza de que la corrección del culto garantizaba su futuro. «Sólo a vosotros escogí entre todas las familias de la tierra; *por eso* os pediré cuentas de todas vuestras iniquidades», grita denunciando dicho engreimiento dondequiera y cuandoquiera que éste se manifestara. Abdías es una exculpación de la causa de Israel en su rivalidad con los edomitas, que habían colaborado en la destrucción del reino de Judá: «Esto dice el Señor sobre Edom: "Mira, te voy a hacer la más pequeña y despreciable de las naciones"». Jonás es más una narración que una profecía, y tiene como fin mostrar, a través de la historia en la que Jonás es tragado por «un gran pez» y después vomitado para poder continuar con su predicación profética, que la misericordia de Dios se extiende no sólo al pueblo de la alianza sino también a otras naciones, incluso a Nínive.

Miqueas se hace eco de las profecías de Amós contra la vana pero recurrente idea de que el culto correcto, estrictamente en consonancia con las normas, aun cuando no hubiera ninguna justicia social, garantizaría al pueblo el favor de Dios:

> Se te dado a conocer ¡oh, hombre!,
> lo que es bueno,
> lo que el Señor exige de ti:
> *sólo* practicar la justicia,
> amar la misericordia
> y caminar humildemente con tu Dios.

Con razón se ha llamado a ese "sólo" «la más grande palabrita de la Biblia». Nahum, como Jonás, habla a la ciudad de Nínive, capital de Asiria y lugar donde se concretó la opresión a la que fue sometido Israel; pero le habla de ruina y no de arrepentimiento, e interpreta la caída de Nínive como el castigo de Dios por los pecados cometidos en el pasado:

> Haré de tu sepulcro
> un lugar de ignominia.

Habacuc utiliza la intrusión de las bandas merodeadoras de los babilonios no para denunciar los pecados del pueblo sino para reflexionar sobre la providencia de Dios en relación con el mal en la historia humana. Sofonías ve el colapso de los enemigos de Israel como la señal de que el terrible día del juicio divino, «el día de la ira del Señor», es inminente. Ageo es una llamada a reconstruir el templo de Jerusalén: «Vinieron y reanudaron la obra en la casa del Señor de los ejércitos, su Dios», tras la cautividad en Babilonia. Zacarías es asimismo un llamamiento a la restauración del templo, pero proyectado en forma de ocho visiones del futuro, de caballos, de tronos, de carros y de pergaminos que vuelan. Malaquías denuncia tanto a los sacerdotes como al pueblo por su desobediencia a Dios y su traición a la alianza entre Dios e Israel, pero promete: «Mirad, yo enviaré a mi mensajero a preparar el camino delante de mí».

Por lo tanto los *Nebi'im*, los libros de los Profetas, mayores y menores, constituyen un comentario de la historia de Judá y de Israel, historia que aquéllos interpretan como señal del juicio de Dios y de su misericordia, por lo que exhortan a la nación a arrepentirse y a renovar su fidelidad. Así pues, el papel que estos libros desempeñan en el corpus de la literatura del *Tanaj* es muy importante, ya que sientan las bases narrativas y legislativas de la *Torá*.

KETUBIM, LOS ESCRITOS

Esta sección del *Tanaj* comprende una variada colección de escritos sagrados (identificados con frecuencia por su nombre en griego, "Hagiografía", o "Escritos Sagrados") que no puede incluirse ni en la *Torá* ni en los *Nebi'im*. Los Salmos, los Proverbios y Job constituyen la principal literatura poética del *Tanaj*, pese a que también existan secciones poéticas en otros de sus libros, incluso en algunos de los más prosaicos libros históricos. En muchos sentidos, se puede decir que los Escritos representan el punto literario culminante del *Tanaj*, y que no es una mera casualidad que a través de los siglos hayan acudido a ellos lectores que, por lo demás, no tenían un particular interés por el mensaje estrictamente religioso de la Biblia. En los Salmos se encuentran poemas e himnos que datan de diversos períodos de la historia de Israel, reunidos para su uso en el culto público en el Templo de Jerusalén. La tradición sostiene que su compilación en un salterio fue obra de David, y que, después de él, fueron incluidos salmos adicionales. Los salmos expresan la devoción del individuo y del pueblo al reflexionar sobre la grandeza de las obras de Dios, y algunos de ellos, tales como el Salmo 23, «el Señor es mi pastor», y el Salmo 90, «Señor, tú has sido nuestro refugio de generación en generación», se han fijado a través de los tiempos en la memoria colectiva de «cada generación», judía, cristiana o secular.

Es un tipo de reflexión distinto el que yace tras el Libro de los Proverbios. Como los Salmos, éste tiene su complejo origen en los dichos de una diversidad de sabios de Israel e incluso en la proverbial sabiduría de otros pueblos del Oriente Próximo (muchos de los cuales ya sabían, por ejemplo, que «el vino es pendenciero, los licores insolentes» sin haber necesitado para ello de revelación divina). El libro de los Proverbios difiere de la mayor parte del *Tanaj* en muchos sentidos, pero la diferencia más significativa es la ausencia de alusiones a la historia de Israel durante o desde la alianza del éxodo, así como a la esperanza de Israel en su futuro, ya fuera ésta mesiánica o no. En lugar de ello, el libro está dedicado en su mayor parte a máximas generales acerca de la vida que parecen tener validez incluso al margen de la historia y la esperanza de Israel, exceptuando quizá la voz de la Sabiduría personificada, que habla en el capítulo ocho sobre su especial relación con Dios desde antes de la creación del mundo, y que los judíos, y más tarde los cristianos, acabarían convirtiendo en fundamento de un sistema metafísico.

El libro de Job, una de las creaciones literarias más difíciles y profundas de toda la Biblia (y de la literatura en general), describe la tragedia de un buen hombre que ha terminado siendo víctima de una serie de desastres. Desde una situación de prosperidad y éxito, va decayendo hasta llegar a la degradación absoluta; pierde sus riquezas, su poder y a su familia. Sirviéndose de las conversaciones entre Job y otras personas, sus amigos y esposa, el autor hace una lista de la mayoría de los argumentos que convencionalmente se dan –nacidos de la sabiduría de otros pueblos o de la sabiduría de Israel– para explicar tan grave situación, y en cada uno de los casos la conversación demuestra que el argumento en cuestión está equivocado, o al menos simplificado en exceso. Finalmente, Dios mismo interviene, no para aportar una simplificación más, sino para declarar que los caminos de Dios son esencialmente inescrutables y que la única solución es confiar en sus motivos ocultos:

> ¿Quién es ese que enturbia mi consejo
> con palabras insensatas? [...]
> ¿Dónde estabas tú cuando echaba yo los cimientos de la tierra?

Un segundo grupo dentro del *Ketubim* son los *Megilloth*, o rollos, compuestos por el Cantar de los Cantares, Rut, las

Lamentaciones, el Eclesiastés y Ester. El Cantar de los Cantares, atribuido al rey Salomón, es originariamente, en la opinión de muchos estudiosos, una compilación de poemas de alabanza del amor humano –

> Comed, amigos, y bebed:
> ¡embriagaos, oh muy amados!

– pero para cuando se incorporó al canon del *Tanaj*, debía de hacer ya tiempo que se interpretaba como una alegoría del amor entre Dios e Israel, y como alegoría seguiría siendo interpretado, también por los cristianos. El libro de Rut cuenta la historia de una mujer moabita que se casa con un israelita y se convierte así en antecesora de David; su lealtad y entrega quedan plasmada en las conocidas palabras: «Donde tú vayas, iré yo; donde tú vivas, viviré yo; tu pueblo será mi pueblo, y tu Dios será mi Dios». Las Lamentaciones de Jeremías es una serie de acrósticos que describen el cautiverio de Jerusalén y lloran su destino; sus últimas palabras son una súplica, clamando por la misericordia divina:

> ¡Reclámanos a ti, Señor, y volveremos;
> renueva nuestros días como antaño!

Con un realismo sombrío que raya en el escepticismo –como expresan sus palabras iniciales: «Vanidad de vanidades, dice Qohélet»–, el Eclesiastés o *Qohélet* (el Predicador), al igual que el libro de Job, parece tener la intención de refutar la idea, que algunos habían empezado a derivar fácilmente de los Proverbios, de que aquella persona que obedece las máximas del sentido común basado en la moralidad tendrá una vida próspera en la tierra. En él describe el autor cómo ha probado todos los caminos convencionales hacia la felicidad –la sabiduría, el placer y el poder– y cómo ha ido descubriendo lo inadecuados que son todos ellos.

Por reflejar una experiencia humana universal, el Eclesiastés ha sido fuente de infinidad de conocidos dichos y máximas, tales como «No hay nada nuevo bajo el sol». El libro de Ester, que destaca igualmente por no contener una sola mención del nombre de Dios, narra la historia del rey Asuero (Artajerjes en la versión griega) y de la reina Ester para explicar la institucionalización de la fiesta judía del *purim*. Del hecho de que estos "cinco rollos" fueran clasificados juntos en la Biblia hebrea, así como del propio contenido de los libros, puede deducirse que el tono más bien "secular" de algunos de ellos debió de plantear serios problemas en cuanto a serles otorgada la consideración de escrituras sagradas.

Incluidos asimismo en el *Ketubim* están: Daniel, Esdras, Nehemías y los dos libros de Crónicas. El libro de Daniel relata la vida de éste y las intervenciones de Dios a favor de él: «Mi Dios ha mandado a su ángel, que ha cerrado la boca de los leones y no me han hecho ningún mal», y en su segunda parte presenta una interpretación notablemente simbólica de la historia del mundo como una serie de "monarquías" bajo la dirección de la providencia divina, interpretación que nunca ha dejado de fascinar y desconcertar a sus lectores. Los libros restantes parecen ser obra de un mismo autor, habitualmente conocido como "el cronista", y que en el Primer y Segundo libros de Crónicas repite gran parte del material aparecido en los libros históricos precedentes, concentrándose en la historia de Judá. El Primero es básicamente una biografía de David, que aporta nuevos datos al relato expuesto en los dos libros de Samuel; el Segundo empieza con Salomón, sigue paso a paso la división del reino, y acaba con el reinado de Sedecías; también en este caso tuvo el cronista acceso a datos suplementarios a los expuestos en el Primer y Segundo libros de Reyes. En el libro de Esdras describe el retorno de los judíos desterrados en Babilonia y la reconstrucción del templo destruido, e incluye en él las listas de las familias que regresaron así como el texto del decreto que establecía los términos del retorno. En el libro de Nehemías, íntimamente relacionado con Esdras, la reconstrucción de los muros de Jerusalén será tema de meditación acerca de la relación de Dios con su pueblo. También este libro contiene un listado de aquellos que participaron en la reconstrucción, pero se centra fundamentalmente en la descripción del profeta Nehemías y su persistencia en llevar a cabo dicho cometido.

EL CANON DEL *TANAJ* HEBREO

Como puede verse, incluso a través de este esbozo a grandes rasgos, los libros de la Biblia se escribieron por separado y a lo largo de un amplio período de tiempo. El título *Biblia* es en su lengua griega original un término neutro plural que significa "pequeños libros", mientras que su construcción latina como femenino singular corresponde a una época en la que los diversos libros habían sido ya reunidos en uno solo, lo cual explica también por qué el habla inglesa [o castellana] moderna sigue fluctuando entre el singular, "Escritura", y el plural, "Escrituras". Determinar a qué libros les corresponde un lugar en el *Tanaj* es una cuestión complicada, debido a su historia en el judaísmo y, después, en el cristianismo. El uso de la palabra *canon* para designar una lista fidedigna de libros sagrados no sólo es un fenómeno relativamente tardío en la historia de la comunidad judía, sino que la idea misma de establecer una lista precisa y definitiva surgió únicamente al cabo de una larga evolución.

No se sabe cuándo ni cómo apareció la primera colección de escritos sagrados hebreos. La noticia de que «Jelcías, el sumo sacerdote, dijo a Safán, el escriba: "He encontrado el libro de la Ley en la Casa del Señor"» presupone claramente la existencia de alguna compilación de este tipo; ahora bien, lo mismo el incidente que la compilación son imposibles de fechar, y algunos críticos han llegado a aventurar la hipótesis de que el relato entero pueda en realidad estar destinado a explicar la composición de las porciones de la *Torá*, incluida la mayor parte o la totalidad del Deuteronomio. Es evidente, sin embargo, que el proceso de elaboración del Pentateuco (o al menos de sus cuatro primeros libros) había empezado ya en Jerusalén antes de esta época.

La división en sus distintas partes, *Torá*, *Nebi'im* y *Ketubim*, puede ser reflejo de las sucesivas fases en la historia de la canonización. Así, la Ley, la *Torá* (con o sin el Deuteronomio), pudo haber sido la primera en ser canonizada; a continuación lo habría sido el *Nebi'im*, como la forma escrita del mensaje de los profetas, y por último el *Ketubim*, es decir, otros escritos cuya categoría y competencia quizá aún plantearan una serie de dudas. Por otro lado, algunos historiadores del antiguo Israel y del canon del *Tanaj* tienden a cuestionar esta interpretación. Podríamos hablar con mayor autoridad si tuviéramos conocimiento del contenido de los libros a los que en Esdras y Nehemías se alude como "la Ley". Una tardía tradición hebrea sostiene que en tiempos de Esdras y Nehemías se reunió una "Gran Sinagoga" para establecer el canon de la Biblia, pero, pese a ser una hipótesis que tradicionalmente ha gozado de gran difusión y credibilidad tanto entre los judíos como entre los cristianos, la mayoría de los historiadores actuales se inclinan a dudar de su fiabilidad, pues otras fuentes más fiables muestran con claridad que la extensión del *Tanaj* continuaría siendo un problema para los judíos (y después para los cristianos) hasta épocas muy posteriores a la de las obras de Esdras y Nehemías.

La generalización más segura que nos está permitido hacer es la de que, en una edad temprana de la historia de Israel, se reunieron varias colecciones de escritos sagrados, como resulta evidente por términos tales como "los libros", pero que no constituyeron un "canon" hasta mucho más tarde. El nombre "canon" puede aplicarse con propiedad a los libros que al parecer fueron adoptados por la asamblea de rabinos en Jamnia alrededor del año 90 o 100 de nuestra era bajo la dirección del rabí Akiba; hasta entonces, parece ser que la categoría del Cantar de los Cantares y de *Qohélet* (Eclesiastés) siguió planteando dudas, pero en Jamnia ambos verían su inclusión definitiva en el canon. Oficialmente, el canon judío de la Biblia llegaría así a incluir las tres divisiones, *Torá*, *Nebi'im* y *Ketubim*, tal como las hemos empleado en estas páginas; en este canon, no obstante, la *Torá* ha ocupado, y ocupa, un lugar especial como "canon dentro del canon".

Un elemento que ha ayudado a esclarecer el proceso de formación del canon hebreo ha sido el descubrimiento de los rollos del mar Muerto. Los libros contenidos en ellos sugieren que la normalización de la *Torá* y el *Nebi'im* data del siglo IV antes de nuestra era, y también la del *Ketubim* en su mayor parte, aunque algunas de sus secciones (entre las que aparentemente se encuentra el libro de Daniel) continuaron siendo objeto de debate hasta la asamblea de Jamnia. Tras la caída de Jerusalén en el año 70 y la expansión del movimiento cristiano, la comunidad judía, a fin de dar cohesión al movimiento, se sintió obligada a fijar con mayor precisión los límites de la Biblia, y, así, ciertos libros que en un determinado momento se habían incluido en ella fueron excluidos, e incluidos otros que anteriormente se habían puesto en tela de juicio.

De los relatos sagrados de esta colección de libros y de la fe que éstos impulsaron nacerían las tres grandes religiones monoteístas: judaísmo, cristianismo e islamismo. Abraham se convertía de este modo en «padre de *todos* los que tienen fe»: padre del pueblo de Israel a través de su hijo Isaac, el hijo de la promesa; padre de la iglesia cristiana a través de Jesucristo, quien declaró: «Vuestro padre Abraham se alegró deseando ver mi día: lo vio y se regocijó»; y padre, a través de su primogénito, Ismael, del pueblo del Islam, al que en su Libro Sagrado, el Corán, se ordena «recordar cuando Abraham dijo: "¡Oh, Sustentador mío, haz de ésta una tierra segura!"». Los tres se sintieron honrados por ser descendientes suyos y le profesaron lealtad, pues la de Abraham había sido una lealtad sólo al Único Dios Verdadero: «Abraham creyó al Señor, y el Señor le consideró como un hombre justo».

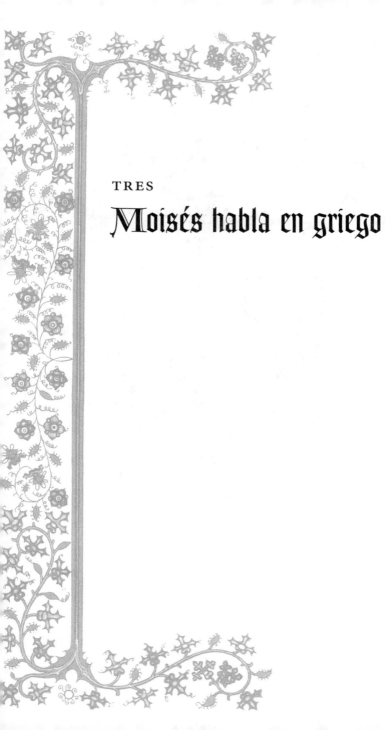

TRES

Moisés habla en griego

Fragmento del papiro del Génesis 29.15-27 de la *Septuaginta* griega, siglo III o IV de nuestra era, tomado de la obra de Frederic G. Kenyon *The Chester Beatty Biblical Papyri* (Londres: Emery Walker Limited, 1933), lámina 4. (© Los fideicomisarios de la Chester Beatty Library, Dublín)

omo si me hablaran en griego!», suele decir la gente en la actualidad cuando quiere expresar que no entiende ni una palabra; sin embargo, en el mundo mediterráneo de hace dos mil años, formular o escribir algo en griego era, de hecho, sencillamente la mejor forma de que pudiera entenderse en todas partes. Gracias, en buena medida, a las conquistas militares y al imperialismo cultural que en el siglo IV antes de nuestra era llevó a cabo Alejandro Magno (quien no era, por cierto, de origen griego, sino macedonio), las costumbres, la cocina y el vino griegos, y sobre todo la lengua griega y su literatura habían alcanzado el mismo tipo de éxito clamoroso del que gozaría la cultura francesa en toda Europa durante los siglos XVIII y XIX, cuando Federico el Grande, rey de Prusia, quiso que la lengua de su corte fuera exclusivamente el francés, y la flor y nata de la sociedad rusa en el Moscú del zar Alejandro I (al menos según cuenta Tolstoi en *Guerra y paz*) seguía parloteando en francés mientras los ejércitos de Napoleón (un Alejandro Magno de nuestros días, y tampoco él de origen francés, sino corso) amenazaban la capital en 1812.

Incluso en la orgullosa Roma, la ciudad que dio origen a inmortales clásicos latinos tales como los discursos de Cicerón o los poemas de Virgilio, llegó a considerarse un signo de distinción usar la lengua griega, no sólo entre intelectuales, políticos y mercaderes, sino que la moda se extendió también hasta cierto punto a la gente común; tanto es así que el poeta satírico latino Juvenal, feroz enemigo de dicha tendencia, se referiría con amargura a la ciudad como «Roma a la griega». Por eso, cuando Pablo, el fariseo judío convertido en apóstol cristiano, escribió su libro más importante y dirigió su "Epístola a los romanos", es decir, a sus compañeros de fe que allí residían en la segunda mitad del siglo I, les escribió en griego, aun cuando ésta no fuera, o no fuera del todo, su lengua materna (que parece haber sido el arameo); y lo mismo hizo el emperador romano, pagano, Marco Aurelio, aproximadamente cien años más tarde, en la segunda mitad del siglo II, cuando, al abrigo de su tienda, compuso sus *Meditaciones* filosóficas durante una campaña militar contra las tribus germánicas en tierras próximas al actual territorio de la república checa. El griego era el lenguaje universal, al menos en el universo que –no sin una importante dosis de esnobismo e ignorancia, si se tiene en cuenta el nivel cultural y artístico de China o la India en la misma época– se consideraba a sí mismo "*el* mundo civilizado". Si incluso el latín hubo de rendirse ante el griego, infinitamente más hubieron de hacerlo todas las restantes y más exóticas lenguas que se hablaban en Europa, Asia Menor (conocida simplemente por "Asia") y Egipto, lo cual significaba que, en caso de que un particular sistema de ideas, creencias o costumbres quedara aislado del resto del "mundo civilizado" por estar escrito en una de esas lenguas exóticas, debía ser traducido, preferentemente al griego, o corría el peligro de caer en el olvido para siempre jamás.

LA DIÁSPORA JUDÍA

El caso más notable de semejante sistema de ideas, creencias y costumbres en aquella época –como lo ha sido, si nos paramos a pensar, en casi todas las épocas– era la fe de Israel. La religión judía estaba preservada, pero por tanto también *encerrada*, en un libro sagrado, en un código de conducta y en un ritual litúrgico que se mantenían expresamente ocultos del mundo exterior en una de las más esotéricas de todas aquellas lenguas exóticas y que, exceptuando algunos fragmentos, eran como consecuencia prácticamente inaccesibles a todo aquel que no supiera hebreo. El problema es que para el siglo III y II antes de nuestra era, y para gran pesar de muchos, esta categoría de «todo aquel que no supiera hebreo» abarcaba ya a un inmenso y creciente número de personas, sobre todo de la generación más joven, que por herencia y tradición profesaban la fe de Israel y que en una u otra medida querían seguir practicándola. Un recuento minucioso llevado a cabo por los estudiosos modernos ha revelado que había judíos dispersos por la mayor parte del mundo greco-romano, fenómeno al que se ha dado el nombre de "la Dispersión" o, en griego, *Diáspora*. En la actualidad es un término que se emplea para referirse a la dispersión de cualquier población dada, como, por ejemplo, la emigración de muchos rusos a Europa Occidental, China y América tras la Revolución de 1917, de los judíos de Alemania, Austria y Europa del Este que huyeron de los nazis en los años treinta, o de los "trabajadores invitados" turcos en la Alemania de la posguerra. Las pautas forzosas de la asimilación, que han sido origen de fermento pero también de angustia en toda población emigrante de la edad moderna, desde los chinos en Filipinas hasta los noruegos en Minnesota, se han expresado muy a menudo, normalmente con la voz desesperada de las generaciones más ancianas y acuciadas por los problemas, en la frase: «¡Cuando uno pierde el idioma, deja la fe!», lo cual, con harta frecuencia, ha resultado cierto.

Éste ha sido un peligro aún mayor y más real para los judíos que para cualquier otra nacionalidad, puesto que, en el judaísmo, nación y religión eran casi literalmente colindantes. Una de

las señales del patrón de asimilación cultural era el matrimonio mixto entre judíos y gentiles, algo sobre lo que es notoria
la falta de datos fiables, por supuesto, pero sobre lo que existen abundantes testimonios anecdóticos repartidos por doquier
en las fuentes del mundo antiguo. Así, por ejemplo, el Nuevo
Testamento nos cuenta que Timoteo, a quien van dirigidas dos
de las epístolas de Pablo, era hijo de madre judía y de padre griego, referencia que indica su condición similar a la de otros hijos
de matrimonios mixtos de otras épocas y lugares también en un
aspecto concreto: el de no haber sido criado en estricta conformidad con la Ley Judía, sino en el marco de lo que, aparente pero
no inusitadamente, era una serie de términos medios entre la
Ley de Moisés y las costumbres paganas. Timoteo no había sido
circuncidado hasta que Pablo en persona lo circuncidó como
cristiano; nada sabemos sobre su observancia de las leyes ali-
menticias del *kosher*, y no existe ninguna indicación de que supiera hebreo, lo que significa que cuando Pablo, en su carta escrita en griego, le elogia por su conocimiento de las "escrituras
inspiradas" del *Tanaj* desde la niñez, al parecer no se referiría al
texto hebreo de dichas escrituras.

Cómo preservar la fe mientras se vive en el exilio o en la
Diáspora sería la pregunta existencial de multitudes enteras de
creyentes judíos. Durante un exilio anterior, un poeta anónimo
había formulado la pregunta en un lenguaje inquietante:

> Junto a los ríos de Babilonia
> nos sentábamos a llorar con nostalgia de Sión;
> en los sauces de sus orillas
> colgábamos nuestras cítaras.
> Allí nuestros carceleros
> nos invitaban a cantar;
> nuestros opresores, a divertirles:
> «Cantadnos un cantar de Sión».

*¡Cómo cantar un cántico del Señor
en tierra extranjera!*

¿Cómo? Incluso en Tierra Santa, el hebreo de la Biblia se había vuelto cada vez más "extranjero", al ser sustituido como lengua hablada por el arameo. Para complicar aún más las cosas al lector moderno, al arameo se le llamaba a veces "la lengua hebrea", que era como el Nuevo Testamento se refería a él, por ejemplo al citar la inscripción de la cruz, «Jesús de Nazaret, Rey de los judíos». Aparentemente el arameo era la lengua que hablaban Jesús y sus discípulos, incluido Pablo, mientras que el hebreo continuó siendo la lengua de la liturgia, de la ley y de la erudición bíblica. No obstante, el arameo y el hebreo eran, al menos, lo que podríamos llamar primos lingüísticos, escritos en alfabetos similares y con una relación suficientemente estrecha entre sí como para ser confundidos a veces –aunque suficientemente distantes al mismo tiempo como para que, con la misma frecuencia, se resultaran ininteligibles el uno al otro–. Mucho más peligro de caer en una especie de amnesia religiosa, debido a la separación de la lengua madre hebrea de la fe de Israel, corrían las colonias judías de la Diáspora que rodeaban el mar Mediterráneo, donde el griego era la lengua empleada también por las poblaciones no griegas.

La más importante con mucho de las colonias judías estaba en Alejandría, en Egipto. Como su nombre sugiere, la ciudad de Alejandría fue fundada por Alejandro Magno, en el año -332. Según reza la tradición, fue el mismo Alejandro quien alentó a los judíos a que emigraran y se establecieran allí; y, según el erudito y filósofo Filón, que vivía en aquella ciudad, la población judía de Egipto superaba el millón de habitantes. Aunque otras ciudades llevaron el mismo nombre a raíz de las conquistas de Alejandro, la más famosa con diferencia fue la Alejandría egipcia. Su estratégica situación geográfica y su éxito comercial casi instantáneo la convirtieron rápidamente en el más próspero centro cosmopolita de la Antigüedad tardía, una encrucijada de rutas comerciales, marítimas y terrestres, entre Europa y el Este (o, de hecho, los varios "Estes") de Arabia y la India. Se decía que la célebre biblioteca de Alejandría contenía más de medio millón de libros antes de su destrucción –a consecuencia, principalmente, no de la conquista de la ciudad por los árabes entre los años 641 y 642, como cuenta la leyenda, sino de los conflictos civiles ocurridos algunos siglos antes–. Después de la catástrofe, la tradición asociada con la biblioteca sirvió de memoria cultural de la gloria intelectual perdida hasta el intento de reconstrucción que formó parte del nuevo Egipto de nuestros días.

La ciudad de Alejandría continuaría gozando del mismo relieve incluso después de haber sido conquistada varias veces: por los romanos, que le permitieron tener su propio senado como ciudad griega independiente, y luego por los cristianos, que mantuvieron un rico intercambio intelectual con los pensadores judíos y los filósofos neoplatónicos paganos de la ciudad. Alejandría fue, además, la capital para una escuela de teólogos que durante siglos constituiría un cuerpo dominante, a veces *el* cuerpo dominante, de la teología cristiana y de los estudios bíblicos, y la popularidad que alcanzó en la iglesia la interpretación alegórica de la Biblia debe su fuerza en gran parte a dicha escuela. Pero Alejandría fue también escenario de una de las más oscuras páginas de la historia temprana de la iglesia, cuando, en el año 415, Hipatia, hija del matemático Teón y personaje estrella de la filosofía neoplatónica alejandrina por derecho propio, profesora de matemáticas y astronomía, fue linchada por un grupo cristiano. Cuánto sabía sobre su asesinato el arzobispo de Alejandría, Cirilo, y cuándo supo de él es una cuestión que continúa debatiéndose.

EL ORIGEN DE LA *SEPTUAGINTA*

En este marco cosmopolita, la comunidad judía había ocupado un lugar de honor durante siglos, pues no sólo era Alejandría un centro comercial y cultural que rivalizaba con la misma Roma, aun cuando Roma siguiera siendo la capital política, y un centro intelectual y filosófico a la altura de Atenas que incluso acabaría eclipsándola, sino que en algunos sentidos llegó a ser, además, tan importante para el judaísmo mundial como la ciudad sagrada de Jerusalén, a la que, casi con toda seguridad, también superaba en el volumen de población judía. Los habitantes de Alejandría estaban divididos en tres distritos: egipcio, griego y judío. En el seno del barrio judío, cada vez más un barrio grecoparlante, el esfuerzo por continuar siendo auténticamente judío y «cantar un cántico del Señor en tierra extranjera» se mezclaba con la necesidad de explicar la fe a los foráneos gentiles, también grecoparlantes, y defenderla ante ellos. Estos dos factores presentes en la situación de la Alejandría judía –la necesidad interna de garantizar la continuidad del culto, de la enseñanza y observancia judías a pesar del constante cambio lingüístico y cultural, y la necesidad externa de formular una apología del judaísmo dirigida a «las personas cultas que los despreciaban», como una apología muy posterior definiría al público al que iba destinada– fueron los responsables, no sólo de un sustancial cuerpo de teología filosófica judía en lengua griega, sino de la traducción al griego de la Biblia hebrea, traducción generalmente denominada "la *Septuaginta*".

Según cuenta una leyenda publicada originariamente bajo el seudónimo de "Aristeas", ficticia, sin duda, pero que, no obstante, con el tiempo alcanzó amplia difusión y un considerable embellecimiento, en el siglo III antes de nuestra era el rey Tolomeo Filadelfo de Egipto recibió de Demetrio de Palermo, director de la célebre biblioteca de Alejandría, la propuesta de traducir al griego la Ley judía, la *Torá*, a fin de llenar el terrible espacio en blanco que presentaba la acreditada colección en el haber de la biblioteca; y es que los bibliotecarios, ni entonces ni ahora, soportan ver un espacio vacío en sus estantes. Tolomeo estaba orgulloso de su biblioteca, y era un hombre interesado también en las religiones del mundo que ya en una ocasión había acogido a una embajada de eruditos budistas procedente de la India; de modo que mandó una delegación, de la que "Aristeas" afirma haber sido miembro, a ver al sumo sacerdote de Jerusalén, Eleazar, con la solicitud de que seis estudiosos de cada una de las doce tribus de Israel fueran enviados a Alejandría para llevar a cabo la tarea de traducir la *Torá*. Según una de las versiones de la carta de Aristeas, las traducciones griegas de la totalidad de las Escrituras judías del hebreo originario, hechas individualmente por cada uno de estos setenta y dos estudiosos, resultó ser idéntica, lo cual era prueba irrefutable de que su trabajo había sido fruto de la inspiración divina; y el nombre con el que se conoció esta versión fue el de *Septuaginta* (término latino que significa setenta), normalmente abreviado como LXX, en honor del legendario número de sus traductores.

Casi a ciencia cierta, la iniciativa originaria de producir la *Septuaginta* fue en realidad judía, y no gentil, y parece haber estado motivada, en parte, por el deseo de satisfacer la curiosidad de los gentiles grecoparlantes sobre cuáles eran las creencias de aquellos judíos, tan extraños a sus ojos, y, en parte, por la necesidad de poner las Escrituras al alcance de la nuevas generaciones de judíos de la Diáspora, que ya no sabían leer en hebreo. Es importante advertir, aunque no exagerar, algunas de las adaptaciones hechas al texto bíblico para presentarlo ante un público no judío, como en el caso de la frase hebrea «la mano de Dios», que se traduce al griego por «el poder de Dios» para evitar dar la impresión de que la Divinidad tenía aspecto humano, puesto que ésta era la impresión que había propagado el antropomorfismo de las deidades mitológicas del Olimpo. En un sentido más fundamental, la empresa de producir la *Septuaginta* –como la traducción de cualquier texto, y en especial de un texto sagrado, en cualquier período de la historia– se basaba en la suposición un tanto audaz de que existían de hecho equivalentes en griego de todas las palabras hebreas originales, no sólo de todas aquellas que nombraban las especies de animales, aves y reptiles que en las listas del Levítico se consideraban impuras, sino principalmente de las que hablaban del Único Dios Verdadero, «el Dios de Abraham, el Dios de Isaac y de Jacob» y de todo aquello que los escritores bíblicos habían revelado sobre las palabras, acciones y atributos del Único Dios Verdadero. Aunque ciertamente la traducción empleó la palabra griega *theos* –sacada de la mitología politeísta del monte Olimpo, y que la mayoría de los escritores griegos empleaban por lo común en plural– para expresar la primordial confesión de la fe monoteísta de Israel, el *Shema*: «Escucha, Israel: el Señor, nuestro Dios, es el único Señor», no trató de adaptar los nombres de las deidades individuales del Olimpo a sus propósitos monoteístas, pues tales "traducciones" habrían supuesto una complicidad con la idolatría pagana de los dioses y semidioses homéricos.

Por lo que sabemos acerca de la vida y la observancia religiosas de los judíos alejandrinos tras la producción de la *Septuaginta*, parece que logró satisfacer realmente las necesidades cambiantes de los judíos desposeídos del hebreo. Durante quinientos años, o al menos hasta que una gran parte de sus miembros fueron expulsados a raíz de los disturbios y conflictos con los cristianos entre el año 414 y 415, el judaísmo alejandrino continuó siendo al parecer una floreciente comunidad de fe y aprendizaje, y hay fundadas razones para creer que el conocimiento tanto de la historia como de las leyes de la Biblia, sin el que es imposible ratificar la alianza y ser un judío observante, logró ser conservado y transmitido de una generación a otra sobre la base de la versión griega de las Escrituras. Dada la naturaleza del caso, tenemos menos información sobre el uso litúrgico de la Biblia que sobre su uso educativo; no obstante, sí contamos con algunas indicaciones de que, mientras el ritual siguió recitándose en hebreo, se ofrecía ayuda a aquellos fieles cuya única lengua era el griego, del mismo modo que, en realidad, a través del *Targum* se ofreció ayuda en arameo –quizá al principio de manera oral– a los fieles palestinos no familiarizados ya con el hebreo.

PARTICULARIDADES
DE LA *SEPTUAGINTA*

Más cierto todavía es que la traducción no se hizo de una sola vez, sino a lo largo de uno o dos siglos, o incluso más, y que en un principio se realizó únicamente la de la *Torá*, los Cinco Libros de Moisés. Mucha menos certeza existe, en cambio, respecto a gran parte de las restantes cuestiones que plantea la traducción, algunas de ellas relevantes aun hoy día. Por ejemplo, debido a que la palabra griega correspondiente a cualquier clase de "mensajero" era *ángelos,* y la correspondiente a "viento" podía significar también "espíritu", la oración de los Salmos «Él hace a los vientos Sus mensajeros» aparece en la traducción griega como «Él hace a Sus ángeles espíritus»; y así es como se cita en el Nuevo Testamento, en una discusión sobre los ángeles, y también en las liturgias cristianas hasta el día de hoy, a pesar de que no sea eso lo que dice el original hebreo. O, donde el hebreo dice: «He aquí que una joven mujer encinta dará a luz un hijo, y le pondrá por nombre Emmanuel», sin especificar el estado de esa mujer con mayor precisión, la *Septuaginta* emplea la palabra *parthenos,* "virgen", que el Evangelio cita (en griego), introducido por el enunciado: «Todo esto sucedió para que se cumpliese lo que el Señor había dicho por medio del profeta», subrayando así

la virginal concepción de Jesús por su madre, María. Más adelante, en el libro de Isaías, las palabras de la *Septuaginta*: «Y vio
hombres montados, jinetes de dos en dos; uno montado sobre
un asno, otro montado sobre un camello» fueron motivo de vergüenza para los apologistas cristianos y beneficioso apoyo para
sus contendientes musulmanes, pues parecían profetizar no sólo
que Jesús entraría en Jerusalén el Domingo de Ramos a lomos
de un burro, tal como describe el Nuevo Testamento, sino que
iría seguido (casi exactamente seis siglos más tarde) del profeta
Mahoma, que era camellero.

EL SIGNIFICADO CULTURAL
DE LA *SEPTUAGINTA*

Cualesquiera que fueran los pormenores exactos de su composición, o de su posición en el seno de la comunidad de la fe judía, la creación de la *Septuaginta* hizo que, en cualquier caso, la
Biblia entrara a formar parte de la literatura mundial. Todo aquel
que pudiera leer la *Odisea* podía ahora leer el libro del Éxodo, a
pesar de que quizá algunos detalles de su griego le resultaran
extraños al lector helenístico pagano (lo cual, por supuesto, era
igualmente aplicable al griego arcaico de Homero). En cambio,
el Corán permanecería confinado en el árabe durante muchos
siglos tras ser revelado y puesto por escrito y, por lo tanto, continuaría siendo inaccesible a quienes desde fuera hubieran querido acercarse a él con espíritu amistoso, por no hablar de todos
sus enemigos.

Desde hacía mucho tiempo había formado parte de la esperanza de Israel, expresada por los profetas, que pueblos «lejanos
y remotos» se acercaran finalmente al monte Sión y aprendieran
la *Torá*, que estaba destinada, y con esa intención había sido revelada por el Único Dios Verdadero, a todos los pueblos, y no

sólo a las gentes de Israel; sin embargo, a no ser que esos pueblos aprendieran hebreo, era una esperanza imposible de hacerse realidad. Por otra parte, cuando leemos el relato de Pentecostés en el Nuevo Testamento, oímos hablar de «judíos piadosos de todas las naciones que hay bajo el cielo [...], partos, medos y elamitas, habitantes de Mesopotamia, Judea y Capadocia, el Ponto y el Asia, Frigia, Panfilia, Egipto y las regiones de Libia y de Cirene, forasteros romanos, judíos y prosélitos, cretenses y árabes». Muchos de los "judíos" de esta grandilocuente lista debieron de ser de origen gentil pero convertidos ahora al judaísmo, "prosélitos", en fe y observancia. De ser una oscura secta encerrada en sí misma, que recitaba su *Shema* apiñada en torno a su *Torá*, el judaísmo había pasado a convertirse en una religión mundial, en una importante fuerza dentro de la civilización del mundo mediterráneo, «desde la más septentrional palmera hasta el más septentrional olivo», como define el mundo mediterráneo esta deliciosa frase de Ferdinand Braudel. Y nada había contribuido tanto a esta transformación de la fe judía en religión mundial como lo había hecho la *Septuaginta*, ya fuera históricamente cierta o no la leyenda de que su creación había sido el fruto visible de la inspiración divina de aquellos setenta y dos escribas bilingües reunidos en Alejandría.

BIOGRAFÍA DE MOISÉS

Aunque la idea de emerger del sombrío reino de la cueva a la esplendorosa luz del gran mundo no es, por supuesto, una metáfora bíblica sino que proviene de *La República* de Platón, encaja muy bien, no obstante, como descripción de lo que le sucedió a la Biblia a consecuencia de la *Septuaginta*; a la Biblia y a sus doctrinas, y quizá, sobre todo, a los personajes y hechos de la historia bíblica. Estos siclos de oro de la Biblia judía pasaron a formar parte de un sistema monetario más amplio, más universal. De modo similar, las palabras del capítulo final de la primera historia de la iglesia cristiana, los Hechos de los Apóstoles, del Nuevo Testamento, «Y así llegamos a Roma», sintetizan la aparición de una "secta" con estilo propio en el mundo del Imperio Romano: primero, peregrina; luego, víctima de la persecución; después, por fin, conquistadora, y, con el tiempo, persecutora ella misma.

Ahora que Moisés hablaba en griego, y que sus palabras y mandamientos estaban al alcance de cualquier ser humano "culto" –es decir, que supiera leer la lengua griega, pues a todos los demás se les consideraba despectivamente *bárbaros*–, podía ocupar su justo lugar en el panteón de los héroes mundiales; y uno de los caminos más eficaces para lograrlo era, y sigue siendo, una biografía laudatoria. Así sucedió que Plutarco dedicó su enormemente influyente *Vidas paralelas* (que ha seguido siendo una continua fuente de conocimientos históricos, tal como lo fue para Shakespeare) a una serie de ejercicios comparativos de biografías griegas y romanas; y estudió, por ejemplo, las similitudes y diferencias entre Alejandro Magno y Julio César como conquistadores, y entre Demóstenes y Cicerón como oradores, delineando su carácter moral e intentando sondear las raíces de su heroica grandeza. Había dos griegos casi contemporáneos que concordaban en cuanto a tipo de tratamiento biográfico con el carácter moral de Moisés, a resultas de lo cual Moisés pudo unirse a Aquiles y a Ulises como héroe de la antigüedad, siendo extensamente conocido también entre los lectores gentiles de todo el mundo mediterráneo. Flavio Josefo, principalmente renombrado por su historia de la guerra judía con Roma y su gráfica descripción de la destrucción de Jerusalén en el año 70, produjo, casi al final de su vida, una monumental historia del pueblo de Israel, *Antigüedades judaicas*, escrita en griego en un total de veinte volúmenes. La última parte del libro cuarto es un retrato biográfico de Moisés, paráfrasis de la *Septuaginta*, concretamente de los libros del Éxodo y el Deuteronomio, que emplea conceptos de filosofía y psicología griegas, tales como "virtud" y "las pasiones", para presentar a Moisés como «alguien que superó a todos los hombres de su época en entendimiento, y que hizo el mejor uso posible de lo que ese entendimiento le sugirió [...]. Tenía tan pleno control de sus pasiones que parecería que apenas supiera de ellas su alma». Y es que precisamente esa actitud de control de uno mismo y de objetivo desapego, por encima de toda lucha, era la que muchas escuelas clásicas de filosofía, fundamental pero no exclusivamente la estoica, aspiraban a inculcar en sus discípulos, y ahora, gracias a la aparición de su historia en versión griega, era posible describir el carácter moral de aquel legislador judío de la antigüedad.

Más éxito aún en su explotación de la *Septuaginta* para hacer de Moisés un personaje atractivo a los ojos del público pagano, y también a los de sus propios compañeros de fe –los judíos grecoparlantes–, tuvo Filón de Alejandría. Su libro *La vida de Moisés*, escrito en la misma ciudad que había dado origen a la *Septuaginta* y uno o dos siglos posterior a ésta, era una novela biográfica en la que Moisés se convirtió en el rey y el legislador, el profeta y el sacerdote, y, como tal, en el modelo tanto de la vida contemplativa como de la vida activa, los dos estilos de vida contrapuestos que los griegos llevaban siglos tratando de armonizar. Filón consideró que era su misión «no sólo estudiar los sagrados mandatos de Moisés, sino también, con un ardiente amor por el conocimiento, investigar cada uno de ellos por separado, y hacer todo lo posible por revelar y explicar, a aquellos que querían comprenderlos, detalles acerca de ellos que el público en general no conocía»; y en esta empresa contó con la gran ayuda de las creativas traducciones griegas de la *Septuaginta*. Para el momento en que terminó su retrato, el flexible vocabulario del Pentateuco griego le había permitido pintar a Moisés, no como el exótico profeta de una extraña secta del Oriente Próximo, sino como la auténtica encarnación de las cuatro virtudes clásicas que habían expuesto Platón y Aristóteles: prudencia, templanza, valentía y justicia. Así, el sabio de la filosofía griega y el sabio de las enseñanzas bíblicas del libro de los Proverbios y de la Sabiduría de Salomón, la "justicia" de la *Ética a Nicómaco* de Aristóteles y la "justicia" de los profetas mayores y menores de Israel, se hicieron uno en Moisés.

Pero el carácter moral y la piedad de Moisés no fueron las únicas expresiones de su sabiduría, pues su manifestación suprema, en muchos sentidos, aparece en el comienzo mismo de la *Torá*, en la revelación que es el relato de la creación divina con el que se abre el libro del Génesis, y que fue la respuesta divina a la más profunda de todas las preguntas humanas: ¿de dónde viene el mundo?; ¿de dónde vengo yo? «Es ridículo –explicaba Filón– imaginar que el mundo fue creado en seis días, o incluso en cualquier período de tiempo». No es eso lo que el Génesis en su historia de la creación quería dar a entender, sino, más bien, que Dios creó los modelos y las Ideas a partir de los cuales, a su vez, fue creado el mundo visible. Filón había aprendido a interpretar el Génesis de esta manera gracias a la lectura del otro gran mito de la creación que contenía su biblioteca: el *Timeo* de Platón. «El Padre y Creador de todo este universo –declara el *Timeo*, en un pasaje que citaban de continuo los escritores helenistas– es imposible de conocer; pero, incluso si llegáramos a conocerlo, hablar de él a la gente sería imposible». Si el universo era «hermoso y bueno [*kalón*]», como el *Timeo* y el primer capítulo de la *Septuaginta* coincidían en explicar, entonces la conclusión que lógicamente se derivaba de ello era que el modelo en el que estaba basado debía de haber sido en sí mismo *kalón* y por lo tanto eterno; y *kalón* era como la *Septuaginta* había traducido la palabra hebrea *tōv*, "bueno", en la declaración repetida verso tras verso del primer capítulo del Génesis: «Y Dios vio que era bueno». Toda la profunda especulación del *Timeo* acerca de la naturaleza del mundo se puso así al servicio de la interpretación de la Biblia, y nació una nueva cosmogonía especulativo-mitológica. Si por primera vez esto pudo ocurrir fue exclusivamente debido a la traducción de la *Septuaginta*, como resultado de lo cual se dice que un lector, al leer el *Timeo* de Platón, exclamó que aquél era «Moisés hablando griego ático», y todo gracias a que, antes, Moisés había aprendido a hablar en griego ático en la *Septuaginta*, y ésta lo había aprendido, al menos en parte, del *Timeo* de Platón.

IMPORTANCIA DE LA *SEPTUAGINTA* PARA EL CRISTIANO

En muchos sentidos, el principal legatario de la *Septuaginta* judía no fue el judaísmo sino el cristianismo. La tradición de leer la historia de la creación narrada en el Génesis como contrapunto a la historia de la creación del *Timeo* de Platón encontró su más sólida continuidad en los exégetas y padres de la iglesia cristiana. Los autores tradicionales de los libros del Nuevo Testamento, con la excepción de Lucas, eran todos judíos, mientras que los llamados padres apostólicos y otros autores cristianos de los siglos II y III eran todos gentiles. Si para la primera y segunda generación de creyentes el judaísmo había sido una madre, para la tercera generación y las siguientes sería una madre política. Pues es cierto que al menos algunos de los autores del Nuevo Testamento estaban capacitados para corregir las traducciones de la *Septuaginta* gracias a su conocimiento de la Biblia hebrea, pero, aparte de ellos, la referencia al original hebreo prácticamente desapareció de la iglesia durante mil años o más.

Las grandes excepciones a este desconocimiento del hebreo (aunque no del todo las únicas excepciones) fueron Orígenes de Alejandría, en Oriente durante el siglo III, y, viviendo entre

Oriente y Occidente al final del siglo IV y principios del siglo V, Jerónimo, el estudioso y traductor que hizo la versión latina de la Biblia, conocida como la *Vulgata*. Orígenes, pese al gran maestro de la alegoría bíblica que era, sentía tal estima por la Biblia original y su integridad que compiló una de las más ambiciosas comparaciones textuales de su época y de todas las épocas, llamada *Hexapla*. En seis columnas paralelas –y en muchos volúmenes manuscritos que con el tiempo han ido desapareciendo, y de los que apenas quedan algunos fragmentos (que aun así ocupan dos gruesos volúmenes impresos)– la *Hexapla* presentaba el texto hebreo, una transliteración al griego del texto hebreo, la *Septuaginta*, y tres traducciones griegas más, que llevaban los nombres de Aquila, Símaco y Teodotión. Cuando llegó el momento de preparar con minuciosidad sus propios comentarios sobre la Biblia, Orígenes se inclinó, sin embargo, por atenerse a la *Septuaginta*.

Y lo mismo hizo la iglesia griega en su época, y ha hecho desde entonces, pues, según una confesión de fe de la ortodoxia griega escrita en el siglo XIX, la *Septuaginta* era «una versión verdadera y perfecta» del texto hebreo. Ya se canten en griego, en eslavo o en árabe, o actualmente en inglés [u otras lenguas modernas], los Salmos, que son el fundamento de la liturgia ortodoxa oriental, siguen basándose en el Salterio de la *Septuaginta*, o en traducciones de esta versión y no de la hebrea. En Occidente también, incluso las primeras traducciones latinas de los libros del *Tanaj* (de las que hoy día no nos quedan sino fragmentos) estaban basadas en ella, y eran por tanto traducciones de una traducción, en las que los errores humanos o los personalismos de los setenta (o de quienquiera que fuese) se irían agravando, en vez de corrigiendo, a medida que las palabras de la Biblia, no sin dificultad, fueron abriéndose camino a través de las diversas y serias barreras lingüísticas, del hebreo al griego y del griego al latín.

Y es que no sólo fueron los cristianos los principales benefi-
ciarios de la *Septuaginta*, sino que ha de reconocerse que la sig-
nificación histórica a largo plazo de esta obra ha sido para el
judaísmo enormemente negativa. Algunos judíos posteriores
llegaron a lamentar que sus Escrituras se hubieran traducido al
griego debido al uso que el cristianismo hizo de la versión que la
Septuaginta presentaba del libro de Isaías para avalar una serie
de doctrinas, tales como la del alumbramiento virginal de Jesús.
Es digno de mención que, cuando la *lingua franca* del mundo
mediterráneo occidental volvió a cambiar del griego al latín, posiblemente alrededor del siglo III de nuestra era, las motivacio-
nes educativas y apologéticas que habían llevado al judaísmo
a crear la *Septuaginta* no suscitaron ahora la idea de encargar
una traducción latina del *Tanaj* a los escribas judíos; la tarea se
dejó en manos de los cristianos, y culminó en la obra maestra
de Jerónimo, la *Vulgata*. La destrucción de Israel por los ejércitos romanos en el año 70, la gradual consolidación de la autoridad del farisaísmo y el *Talmud* como "judaísmo normativo", la
declaración cristiana de independencia del judaísmo, y la entronización del cristianismo católico y ortodoxo como religión oficial del Imperio Romano bajo el gobierno de los emperadores
Constantino y Teodosio fueron, todas ellas, fuerzas que contribuyeron a crear en el seno de la comunidad judía un estado de áni-
mo mucho menos afecto a la idea de traducir la *Torá*, el *Nebi'im* y
el *Ketubim* a las lenguas de las distintas naciones de lo que lo había sido el cosmopolitismo grecoparlante de la Alejandría judía.

Fue sobre todo el "Nuevo Testamento" griego el que se convirtió en heredero del "Antiguo Testamento" griego. Gran parte
de la historia de la interpretación bíblica, especialmente en el período moderno, muestra, a modo de cuento con moraleja, que
no debería permitirse que las coincidencias de vocabulario del
Nuevo Testamento griego con el lenguaje de Homero y Sófocles
(al lado de las enormes diferencias) eclipsen la importancia deci-

siva de este colosal texto griego, surgido entre Sófocles y el Nuevo Testamento. Si bien la *Septuaginta* no debería ser el único sitio en el que buscar el significado de una palabra de los Evangelios o de san Pablo, sin duda debería ser el primer sitio en el que buscar; y un excelente ejemplo de esto es el pasaje del Nuevo Testamento que cerraba el capítulo anterior.

«En el principio ya existía la Palabra [*ho Logos*], y la Palabra estaba con Dios, y la Palabra era Dios. Aquel que era la Palabra estaba con Dios en el principio, y a través de él todas las cosas fueron creadas; sin él, nada de lo creado pudo existir.» Estas célebres palabras con las que se abre el Evangelio de Juan han hecho a intérpretes y traductores corretear de un lado a otro entre los textos de los filósofos griegos en busca del término *logos* con el significado de Palabra o Razón o Mente humanas, o la Mente cósmica. En este proceso, sin embargo, muy a menudo se ha pasado por alto el conjunto de términos relacionados con él que aparecen en el "Antiguo Testamento" griego, y que, curiosamente, fueron el principal recurso del que se sirvieron los intérpretes grecoparlantes del Evangelio de Juan en los primeros siglos del cristianismo para comprender el significado esencial de *Logos*. Además de Palabra o Razón o Mente, en el Evangelio de Juan *ho Logos* puede significar Sabiduría (*Sophia*), y esto es lo que *Sophia* dice de sí misma en la versión *Septuaginta* del capítulo ocho del libro de los Proverbios: «El Señor me creó en el comienzo de sus obras, antes que comenzara a crearlo todo. Desde la eternidad fui constituida; desde el comienzo, antes del origen de la tierra. Cuando el abismo no existía, fui yo engendrada [...]. Cuando estableció los cielos, allí estaba yo [...]. Yo estaba a su lado como arquitecto, y yo era cada día sus delicias, recreándome todo el tiempo en su presencia». Este lenguaje de la *Septuaginta* confirió al concepto de Logos que aparece en el Evangelio de Juan una concreción y cualidad personal, casi un sentido de juguetona "delicia", que era difícil, aunque quizá no imposible, obtener de los textos de los filósofos griegos.

CUATRO

Más allá de la Torá escrita: el Talmud y la Revelación continua

מאימתי פרק ראשון ברכות ב

מאימתי

קורין את שמע בערבין משעה שהכהנים נכנסים לאכול בתרומתן עד סוף האשמורה הראשונה דברי ר' אליעזר וחכמים אומרים עד חצות רבן גמליאל אומר עד שיעלה עמוד השחר מעשה ובאו בניו מבית המשתה אמרו לו לא קרינו את שמע אמר להם אם לא עלה עמוד השחר חייבין אתם לקרות ולא זו בלבד אמרו אלא כל מה שאמרו חכמים עד חצות מצותו עד שיעלה עמוד השחר הקטר חלבים ואברים מצותן עד שיעלה עמוד השחר וכל הנאכלים ליום אחד מצותן עד שיעלה עמוד השחר אם כן למה אמרו חכמים עד חצות כדי להרחיק אדם מן העבירה: גמ' תנא היכא קאי דקתני מאימתי ותו מאי שנא דתני בערבית ברישא לתני דשחרית ברישא תנא אקרא קאי דכתיב בשכבך ובקומך והכי קתני זמן קריאת שמע דשכיבה אימת משעה שהכהנים נכנסין לאכול בתרומתן ואי בעית אימא יליף מברייתו של עולם. דכתיב ויהי ערב ויהי בקר יום אחד אי הכי סיפא דקתני בשחר מברך שתים לפניה ואחת לאחריה בערב מברך שתים לפניה ושתים לאחריה לתני דערבית ברישא תנא פתח בערבית והדר תני בשחרית עד דקאי בשחרית פריש מילי דשחרית והדר פריש מילי דערבית: אמר מר משעה שהכהנים נכנסים לאכול בתרומתן מכדי כהנים אימת קא אכלי תרומה משעת צאת הככבים לתני משעת צאת הככבים מלתא אגב אורחיה קמשמע לן כהנים אימת קא אכלי בתרומה משעת צאת הככבים והא קמ"ל דכפרה לא מעכבא כדתניא ובא השמש וטהר ביאת שמשו מעכבתו מלאכול בתרומה ואין כפרתו מעכבתו מלאכול בתרומה וממאי דהאי ובא השמש ביאת השמש והאי וטהר טהר יומא דילמא

Primera página del *Tractate Berakoth* de la edición bilingüe en hebreo e inglés del *Talmud* de Babilonia (Londres: Soncino Press, 1960).

a autoridad que la Biblia tiene de hecho en la vida y práctica en curso de la comunidad de la fe, es, en el judaísmo tanto como el cristianismo, la autoridad de una Biblia que ha estado en continuo proceso de interpretación y reinterpretación normativa desde el primer momento en que sus diversas partes constituyentes, tal como afirma la comunidad de la fe, fueron redactadas por los escribas y profetas bajo la inspiración del Espíritu de Dios. La relación que guarda la autoridad de esa continua interpretación normativa de las Sagradas Escrituras con la autoridad del texto original de esas Escrituras es una cuestión con la que tanto la tradición judía como la cristiana han tenido que lidiar, cada una a su manera. Existía una tradición oral anterior y subyacente al Nuevo Testamento, y de ningún modo la totalidad de esa tradición está contenida en el Nuevo Testamento ni se ha agotado al escribirse éste; y la imperecedera presencia y guía del Espíritu Santo en la iglesia puede, además, llevar consigo la autoridad de la revelación continua. Así pues, la relación entre la tradición y la Escritura –en cuanto a sus orígenes, su contenido y su autoridad– ha sido a menudo motivo de controversia a lo largo de la historia de la interpretación cristiana de la Biblia.

Para el judaísmo, igualmente, esta interpretación de la Biblia después de la Biblia, o de la *Torá* más allá de la *Torá*, adoptó diversas formas –característicamente judías– estrechamente relacionadas entre sí y que se solapaban, tanto cronológica como sustancialmente. Exceptuando los libros apócrifos (*apokrypha* es la palabra griega que les da título), los nombres con los que generalmente se los designa son hebreos, y (listados por ahora en orden alfabético, siguiendo el alfabeto español) son: *Cábala, Guemará, Hagadá, Halaká, Midrás, Misná, Talmud, Targum* y *Tosefta*. La mayor parte de estos métodos de interpretación bíblica y géneros literarios aparecen juntos en la impresionante –y, para el lector no iniciado, absolutamente laberíntica e incluso intimidadora– estructura enciclopédica del *Talmud*, que en una traducción inglesa moderna consta de treinta y cinco volúmenes de coherente análisis, escrito con letra apretada y lleno de referencias, de la compleja relación entre los distintos textos. El *Talmud* se convertiría además, con fines educativos, en la documentación de las llamadas academias talmúdicas, o *yeshivot*, que han transmitido la instrucción sobre la interpretación tradicional judía de la Biblia.

Muchas enciclopedias, diccionarios y manuales clásicos de consulta contienen útiles definiciones y razonamientos sobre estos y otros términos técnicos de la tradición rabínica del judaísmo posterior a la Biblia; de modo que, en vez de proporcionar al lector simplemente un glosario más de estos títulos, este capítulo, en aras de la claridad y como parte de una historia más extensa de la interpretación bíblica a través de los tiempos, los agrupará por temas y categorías, y definirá y describirá cada uno de ellos en el contexto de esa exposición más amplia.

LOS LIBROS APÓCRIFOS

En una categoría propia dentro de lo que podría denominarse las "escrituras posteriores a las Escrituras" del judaísmo, están los llamados libros apócrifos, que no están incluidos en el canon judío del *Tanaj* hebreo. Su nombre, *apokrypha*, es el plural de la palabra griega que significa "oculto", *apokryphon*, y es el término que habitualmente emplean los protestantes para referirse a la ambigua posición de estos libros. Por el contrario, el catolicismo romano y la ortodoxia de Oriente, que también hablan de libros "apócrifos", los han llamado a veces "deuterocanónicos", para admitir que su posición en el canon se ha cuestionado, pero declarar que, no obstante, pertenecen a la Escritura. Si ocupan una categoría especial es porque aparecen junto a, y en varios casos –concretamente las adiciones a Jeremías, Ester y Daniel– son, partes integrantes de los libros "canónicos" del *Tanaj* en la traducción *Septuaginta* al griego. El que fueran incluidos en la versión griega sin estar autorizados en la hebrea no es fácil de explicar. ¿Significa esto que había a la vez dos cánones distintos y alternativos del *Tanaj* en el judaísmo, uno más reducido y estricto, que los judíos habían conservado en hebreo en Tierra Santa, y otro más extenso, que habían traducido al griego los judíos de la Diáspora? ¿O acaso es un anacronismo histórico hablar siquiera de un "canon judío" en estos siglos anteriores a nuestra era – como si fuera algo cerrado y establecido–, lo que significa que el hecho de agrupar todos estos escritos y traducirlos al griego no implicaba realmente que a todos se les concediera el mismo grado de autoridad?

Como componentes que son del "canon" de la *Septuaginta*, los libros apócrifos formaron y forman parte de la Biblia cristiana, tanto en la Iglesia Ortodoxa de Oriente como en la Católica Romana de Occidente, y continuaron ocupando esta misma posición, aun cuando no existiera una legislación eclesiástica formal y definitiva con respecto a ellos, hasta que las iglesias de la Reforma les asignaron una posición, en el mejor de los casos, de segunda categoría, basándose en que eran libros que «la iglesia de hecho lee para encontrar ejemplo de vida e instrucción de costumbres, pero que de hecho no aplica para fundamentar en ellos una doctrina». Sin embargo, para la mayor parte de la cristiandad, durante la mayor parte de la historia del cristianismo simplemente han formado y siguen formando parte de la Biblia. Aunque todos los libros apócrifos sean originariamente judíos, lo cierto es que han desempeñado un papel mucho más importante en la historia cristiana que en la judía.

Los libros apócrifos incluyen adiciones a los libros de Ester, Jeremías y Daniel, pero están compuestos principalmente por Tobías, Judit, la Sabiduría de Salomón, el Eclesiástico (la Sabiduría de Jesús, hijo de Sirac), Baruc, y los dos (o tres) libros de los Macabeos. El libro de Tobías cuenta las historias separadas de Tobías y Sara, que volvieron, ambos, sus ojos y plegarias hacia Dios tras soportar una terrible angustia. Con la ayuda del ángel Rafael, Tobías, hijo de Tobit, y su novia, Sara, se encuentran y son unidos en matrimonio; el libro termina con una descripción de su estado de bendición ante Dios. El libro de Judit es el relato de cómo la hermosa viuda judía Judit engaña al general asirio Holofernes y hace así posible que Israel resista y venza a su enemigo. Al igual que el libro de los Proverbios, el libro de la Sabiduría, que parece, por su lenguaje y estilo, haber sido compuesto originariamente en griego y no en hebreo, contiene consejos tanto para gobernantes como para súbditos, y, al igual que el libro de los Proverbios, establece el origen de la sabiduría en Dios y la sitúa dentro de un contexto cósmico total. El Eclesiástico pertenece, igualmente, a la literatura de sabiduría y recibe a veces el nombre de "la Sabiduría de Jesús Ben [el hijo de] Sirac" o simplemente "Sirac". ("Jesús" es la forma griega del nombre hebreo "Joshua", también en la *Septuaginta*, y era bastante común en las familias judías.) Baruc es, aparentemente, una mezcla de diversos elementos: confesiones de pecados, una alabanza a la sabiduría divina y una serie de poemas.

Los libros de los Macabeos –dos libros en el canon católico romano, pero tres en el canon ortodoxo oriental– son probablemente los más importantes y más ampliamente leídos (incluso por los protestantes) de todo este grupo, y sus narraciones aportan gran parte de la historia judía correspondiente a lo que los cristianos llaman "el período intertestamental", es decir, entre el *Tanaj* y el Nuevo Testamento. Relatan los esfuerzos de los judíos, bajo el liderazgo de los siete hermanos macabeos, para defender el culto monoteísta al Dios de Israel de la invasión y atrocidades de paganos tales como el rey Antíoco Epifanes. Tomados en conjunto, son una extraordinaria fuente de información sobre la historia de los judíos hasta aproximadamente un siglo antes del comienzo de nuestra era, y fueron la inspiración del famoso oratorio de Georg Friedrich Händel compuesto en 1746, *Judas Maccabeus*.

«NO HABLÓ, SINO HABLA»: LA PERSISTENCIA DE LA *TORÁ* ORAL

Cuando en 1838 el joven Ralph Waldo Emerson declaró con dramatismo su independencia de la ortodoxia de todas las iglesias –incluso de lo que puede llamarse, por una especie de paradoja histórica y teológica, la "ortodoxia" de la suya propia, la Iglesia Unitaria de Nueva Inglaterra–, acuñó la frase: «No habló, sino habla» para expresar su convicción cada vez más profunda de que la revelación divina no podía estar confinada en ningún libro sagrado ni en las palabras inspiradas de ningún individuo, sino que continuaba sobreviniendo en el presente. Aun hoy día, por lo tanto, podría uno aspirar a convertirse –como Emerson instaba a hacer a sus jóvenes oyentes de la Facultad de Teología de Harvard– «en un nuevo bardo del Espíritu Santo, dejando toda conformidad tras de uno, y hablar a la gente directamente con la Deidad». No ha sido precisamente así como de hecho ha sucedido, ni en la historia del judaísmo ni en la del cristianismo;

pues «no habló, sino habla» describe con gran acierto la revelación continua de la palabra de Dios que ha venido al mundo una y otra vez y continúa haciéndolo en el presente, no con una especie de ambiciosa independencia de las páginas del Libro Sagrado, sino, por el contrario, a través de un devoto y perseverante compromiso con ellas.

De acuerdo con la tradición judía, ese compromiso con el texto, así como la elaboración de comentarios, han coexistido desde el primer momento con las Sagradas Escrituras del *Tanaj* en la forma a la que luego se llamaría "la *Torá* oral", y el origen de esta tradición oral, así como de la *Torá* escrita, es el mismo Moisés, o, para ser absolutamente precisos, y fieles a la tradición, Dios hablando a su siervo Moisés y, por mediación suya, al pueblo de Israel. De lo que Dios le dijo, Moisés escribió una parte en la *Torá*, y así ha llegado a nosotros, pero otra parte nunca llegó a escribirla y la transmitió de forma oral; y gracias a esa transmisión –la palabra *tradición* proviene del verbo latino *tradere*, que significa "transmitir"– tanto la *Torá* escrita como la *Torá* oral se han mantenido intactas en el seno de la comunidad de la fe generación tras generación. Lo que sucedió es que, debido a que el texto sagrado ni fue ni es siempre directa y fácilmente comprensible en sí y por sí mismo, se hace necesaria una interpretación, y, así, comenzó a hacerse de inmediato el comentario oral sobre el texto escrito sirviéndose para ello de los recursos que ofrecía la *Torá* oral. Quizá, en parte, como reflejo de la amarga experiencia que vivió la comunidad judía a causa de la apropiación cristiana de la *Septuaginta*, judía en origen, algunos de los sabios judíos posteriores apuntaron que la razón de no haber escrito la tradición oral era impedir que se tradujera al griego y, como la *Septuaginta*, cayera en las manos indebidas. La base del *Talmud* es la *Misná*, que, aun cuando en determinado momento adoptó forma escrita, ha seguido siendo identificada por parte de los rabinos como "tradición *oral*"; es anterior al comentario escrito de la *Misná*, el *Guemará*, y se considera que su autoridad es superior a la de éste.

El cuerpo de tradición oral que mayor trascendencia tuvo al ser conectado directamente con el texto del *Tanaj* fue la incorporación de las vocales, y la posibilidad por tanto de pronunciar las palabras hebreas, que en los textos originales carecían de vocales, de puntuación y, al parecer, de separación entre las palabras; es decir, que eran una línea continua de consonantes. No hace falta haberlo intentado realmente para poder imaginar que leer un texto hebreo (o español, o inglés) compuesto únicamente por consonantes colocadas una a continuación de otra, sin ninguna separación, ha de ser una tarea auténticamente intimidadora.

LSÑRSMPSTRNDMFLTNVRDSPRDRSMHCRPSRMCN DCHCLSGSDLRMNS: este aspecto tendrían los primeros dos versos del Salmo 23 en el alfabeto español del *Tehilim*, el libro de Salmos en hebreo-español supervisado por el rabí Reubén Sigal, que significa:

> El Señor es mi pastor, nada me falta;
> en verdes praderas me hace reposar,
> me conduce hacia las aguas del remanso.

Es, todavía en la actualidad, una reveladora experiencia visitar una clase en la que simples niños aprenden a leer textos hebreos sin puntuación, empleando con frecuencia métodos que parecen casi tan antiguos como la propia tradición oral.

Pero sería absurdo suponer que, porque se escribieron sólo las consonantes en el texto clásico del *Tanaj*, sólo éstas lograron transmitirse. Es obvio que las palabras hebreas tenían que poder pronunciarse, y para ello necesitaban vocales. Por eso ha existido desde el principio una tradición oral, transmitida de maestro a discípulo a través de incontables generaciones, precisamente indicando qué vocales acompañaban a las consonantes que aparecían en la página; la única diferencia es que esas vocales debían aprenderse de memoria en vez de formar parte del texto escrito que se transmitía. Cuando los eruditos que han pasado a la historia con el nombre de masoretas –nombre derivado de la palabra hebrea *mesorah*, "tradición"–, y que realizaron su trabajo entre los siglos VI y X de nuestra era (por lo tanto, debemos recordar, al menos un milenio después de la composición original de la *Torá* y del resto del *Tanaj*), introdujeron las vocales, signos a modo de "puntos vocálicos" escritos bajo el texto de consonantes, lo que hicieron fue repetir con profunda y reverente fidelidad al pasado aquello que la tradición les había hecho llegar a través de innumerables generaciones de memorización y repetición constante. Pero si, como sostenía la doctrina judía y luego, basándose en ella, la doctrina cristiana sostendría también, el *Tanaj* era "escritura inspirada", ¿no significaba esto que las vocales, que en un principio sólo se habían memorizado y no habían sido escritas hasta época muy posterior, eran, al igual que las consonantes del escrito original, resultado de un especial acto de Dios, el Inspirador de la Escritura? Y, por consiguiente, dado que las vocales habían pasado de generación en generación por medio de la tradición oral, ¿quería eso decir que ésta era igualmente una tradición "inspirada", en el mismo sentido que el texto escrito lo era?

Teniendo en cuenta que la traducción del *Tanaj* al griego se había hecho casi mil años antes de que los masoretas realizaran su trabajo, es obvio que «cualquier texto hebreo retrovertido de la Biblia griega precederá de hecho en varios siglos al manuscrito completo en el que nuestra Biblia hebrea está basado». Ahora bien, si mediante esta "retroversión" intentamos reconstruir el original hebreo subyacente en la versión griega, encontramos cierto número de pasajes donde resulta evidente que los traductores judíos artífices de la *Septuaginta* leyeron el texto acompañando las consonantes de vocales distintas de las que más tarde incorporarían a ese texto los masoretas y que hoy día leemos en las ediciones impresas de la Biblia hebrea (y empleamos a la hora de interpretar y traducir el texto hebreo). Así, en uno de los salmos, donde los masoretas (y todas las traducciones a lenguas modernas de las que disponemos) dicen: «*Tu pueblo* se te ofrecerá», el griego de la versión *Septuaginta* dice: «*Contigo*», residiendo la diferencia en que sea una u otra la vocal del subíndice añadido a idéntico grupo de consonantes hebreas.

Otras diferencias son considerablemente más triviales. En el "grito de abandono" que según los evangelios Jesús profirió en la cruz –aunque, no hemos de olvidar, en arameo–: «Dios mío, Dios mío, ¿por qué me has abandonado?», el texto hebreo de un verso posterior, tal como nos ha llegado de los masoretas, dice: «*Como leones* [hieren] mis manos y mis pies», mientras que en la *Septuaginta* está escrito: «*Han taladrado* mis manos y mis pies», y la diferencia está en la letra más diminuta del alfabeto hebreo, la yōd (ʾ), que si la pluma o el pincel del escriba alargó simplemente un poco, se convierte en la letra wāw (ı). El caso es que, en las continuas discusiones entre judíos y cristianos, durante la Edad Media y hasta mucho después, sobre si ese "grito de abandono" expresaba la desesperación del salmista o la redentora voz de Jesús, el Mesías, ese alargamiento de una letra resultó ser mucho más que un detalle técnico, y no es aplicable aquí el aforismo de que la diferencia no importa "ni jota".

La tradición que de forma oral había llegado a los masoretas a través de sucesivas generaciones y que ellos habían puesto por escrito no añadía al texto solamente las vocales, sino también una serie de listas y explicaciones que ayudaban a dar sentido al discurso consonántico, y que pertenecían también al conjunto de la tradición centenaria de la que los masoretas se consideraban legatarios autorizados. Esta clase de explicaciones y listas inevitablemente resultaron ser una especie de comentario en sí mismas, y aunque en primer lugar se ocupaban de problemas tales como la ortografía o las incongruencias entre dos apariencias distintas de una misma palabra hebrea, iban más allá de la mera revisión y corrección, adentrándose en cuestiones más sustanciales del texto sagrado.

GLOSAS Y PARÁFRASIS
DEL TEXTO SAGRADO

Si en el judaísmo posbíblico la transmisión oral y ulterior codificación de dichas explicaciones de palabras individuales hebreas fueron necesarias incluso para aquellos que aún sabían hablar y leer en hebreo con fluidez, lógicamente su importancia creció a medida que esa fluidez empezó a declinar entre los judíos, tanto de Palestina como de la Diáspora. El arameo fue desplazando poco a poco al hebreo como la lengua hablada de Palestina y de otros judíos; posteriormente, al arameo (que es aún hoy día la lengua hablada de un pequeño enclave) le sucederían como lengua vernácula judía en las distintas áreas y períodos: el árabe (también en la España medieval), el yiddish (entre los judíos ashkenazis de Europa Central y del Este, entrado ya el siglo xx), y el ladino (entre los judíos sefardíes de la región mediterránea), pero el hebreo no resurgiría como la lengua hablada de los judíos hasta la época moderna. Ya el *Tanaj*, en los libros de Esdras, Daniel y Jeremías, contiene un pequeño número de versos en arameo, en vez de en hebreo, y en un caso llegamos a encontrar incluso una petición como ésta –sintomática de que la transición había comenzado–: «Por favor, habla a tus siervos en arameo, pues nosotros lo entendemos; no nos hables en judío [hebreo] a oídos del pueblo»; y en las diez o doce ocasiones en que el Nuevo Testamento menciona la lengua "hebrea", quiere dar a entender en realidad "aramea".

Con el texto sagrado del *Tanaj* escrito en una lengua que era cada vez más ininteligible para la congregación de devotos, la práctica de la liturgia judía tuvo que recurrir al uso de la traducción y la paráfrasis en arameo, conocida como *Targum* (que significa "traducción"), que pasó a formar parte también de la tradición normativa. Tras leer del rollo del *Tanaj* el texto en el hebreo original, otra persona recitaba (no leía) el *Targum* arameo de la lectura prescrita, y, a continuación, él mismo u otro oficiante al servicio de la sinagoga explicaba el texto, como hacía Jesús en su tierra natal de Nazaret; o, si había un visitante con las credenciales necesarias, los funcionarios tal vez le invitaran a que él lo hiciera, como invitaron al apóstol Pablo en Antioquía. La exposición se hacía asimismo en arameo, y estaba basada en el *Targum*. En un elocuente pasaje del libro de Nehemías se ha creído encontrar una descripción de este proceso tal como se desarrollaba en la comunidad de fieles del judaísmo ya en tiempos del escriba Esdras, es decir, en el siglo v o iv antes de nuestra era: «Y Esdras leyó [en hebreo] del libro de la ley de Dios [la *Torá*], traduciendo y explicando el sentido [en el *Targum* arameo]; así se pudo entender lo que se leía».

Estos *Targums*, también, fueron en un principio orales. Los alumnos los recibían de sus maestros, los aprendices de sus mentores, y los hijos a menudo de sus padres como parte de su formación para el ministerio rabínico. A pesar de la afinidad y similitud lingüística entre el hebreo y el arameo –o, más bien, precisamente por esa similitud y afinidad–, dicha "traducción" tenía que ser mucho más que una simple transliteración hecha letra por letra. Pues, como reconocía el prólogo del Sirácida (o Eclesiástico), uno de los libros apócrifos, con palabras que detalladamente explican la situación lingüística y religiosa reinante en el judaísmo posbíblico, «Las cosas dichas en hebreo no tienen la misma fuerza cuando se traducen a otra lengua. Esto no ocurre sólo en este libro, sino que en la misma Ley, en los Profetas y los restantes libros se aprecian no pequeñas diferencias respecto a su lengua original»; de ahí que con frecuencia fuera necesaria una paráfrasis o circunlocución para decir en arameo lo que el original hebreo decía, circunstancia que inevitablemente hizo del *Targum* una especie de comentario bíblico. Pero, del mismo modo, la explicación requería frecuentemente a su vez una ampliación; así, al texto del Génesis: «Los descendientes de Jafet: Gómer, Magog, Maday, Yaván, Tubal, Mésec y Tirás», el *Targum* añade la explicación y ampliación: «Y los nombres de sus provincias eran: Frigia, Germania, Media, Macedonia, Bitinia, Asia y Tracia», lo cual, en determinado momento, dado el volumen y la complejidad del material resultante, hizo necesario poner el *Targum* por escrito, y, tras la invención de la imprenta en la última mitad del siglo xv, casi de inmediato imprimirlo también. Quizá el más importante de los *Targums* fuera el *Targum Onqelos* añadido a la *Torá*, imprimido en arameo ya en 1480 y posteriormente incluido como parte de la Biblia Políglota Complutense publicada en España, en Alcalá de Henares, entre 1514 y 1517, con una traducción al latín para uso de los estudiosos cristianos de la Biblia que les permitió acceder a la particular forma judía de entender muchos versos del Pentateuco, comprensión que, desde hacía mucho tiempo, las exégesis cristianas se atribuían haber facilitado. Estas explicaciones y comentarios en formato de *Targum* son un componente esencial de la atesorada tradición de la exégesis judía de la Biblia.

Los rabinos pusieron cierto empeño en diferenciar, de entre las glosas y paráfrasis, el *Targum*, como traducción *y* explicación, del *Midrás*, como comentario *y* adición. Una característica fundamental del *Midrás* era la aplicación del texto bíblico a circunstancias y necesidades que diferían en cierto sentido del contexto original del pasaje, y esto a menudo exigía incorporar una glosa o adición al texto de origen. Un hecho curioso y digno de mención es que los primeros exégetas cristianos que, por una parte, objetaban reiteradamente a los métodos rabínicos de interpretación tachándolos de artificiales y arbitrarios, por otra, crearon de hecho sus propios *Targums* y *Midrás*, como vemos, por ejemplo, cuando al citar las palabras «El Señor reina» añaden «desde el árbol» –refiriéndose al árbol de la cruz–, lo cual no aparece en el original hebreo y ni siquiera en la *Septuaginta*. Luego, además, acusarían a los intérpretes judíos de haber distorsionado el texto bíblico al eliminar esta adición del libro de los Salmos, cuando, decían, se trataba de una profecía tan clara sobre la crucifixión de Cristo.

APLICACIONES Y AMPLIFICACIONES DE LA LEY

También en las Biblias cristianas, el libro del Levítico contiene cientos, y hasta miles, de pormenorizadas prescripciones en cuanto a higiene, dieta y ritos establecidas como ley obligatoria, que se pueden hacer cumplir al judío fiel hasta bajo pena de muerte, en ocasiones. Puede resultar difícil tener fe después de una simple ojeada a dichas prescripciones, pero ningún formulario de conducta y observancia, sin importar lo minuciosamente detallado que esté, o incluso lo divinamente inspirado que se lo considere, puede pretender abarcar todas las contingencias y preguntas, tanto reales como hipotéticas, que pudieran planteársele con el paso del tiempo a cualquiera que religiosamente se esforzara por ser capaz de decir con el salmista:

> Me doy prisa y no pierdo un instante
> en guardar tus mandamientos

–todos y cada uno de ellos–. Muchos de estos pasajes de la *Torá* escrita presuponían, por otro lado, determinadas condiciones sociales y políticas que no serían ya las reinantes en épocas posteriores, sobre todo en el exilio de Israel «junto a los ríos de Babilonia» y más tarde (y hasta el día de hoy) en la Diáspora por el planeta entero. Incluso en el contexto del período propiamente bíblico, los mandamientos divinos, que en su origen habían pertenecido a un pueblo nómada, sin morada fija, eran difíciles de aplicar a la sociedad urbana de la posterior monarquía judía. Pero, al menos, el judaísmo de aquel último período bíblico podía contar con la voz viva de los profetas como guía de conducta en consonancia con la Ley. No así en adelante; el judaísmo dependería luego por completo de la tradición de la *Halaká*, que significa «la manera correcta de caminar».

La *Halaká* es, por tanto, el cuerpo de interpretaciones de la Ley. Para citar un importante ejemplo, la ley del Sabath, ampliando la primera versión de los Diez Mandamientos, exigía específicamente:

> Seis días se trabajará, pero el séptimo será para vosotros un día sagrado, el sábado, descanso absoluto en honor del Señor. Todo el que realice cualquier trabajo ese día será condenado a muerte. *No encenderéis fuego alguno en vuestras casas el día del sábado.*

Así pues, era necesario interpretar con detalle lo que incluían las expresiones prohibitorias «cualquier trabajo» y «fuego alguno», y, consiguientemente, los preparativos para el Sabath que debían hacerse el viernes, antes de ponerse el sol. La referencia expresa al «fuego» significaba que las velas ceremoniales debían encenderse antes de que cayera la noche del sábado; en una sociedad industrial moderna, pongamos por caso, los cables eléctricos, como conductores de «fuego» –puesto que éste está presente en ellos, aunque no sea más que potencialmente– no habrían de ser transportados el día del sábado. Algunas de las más enconadas controversias políticas y teológicas del estado de Israel desde 1948 han girado en torno a la aplicabilidad de la *Halaká* rabínica a la vida entera de una nación moderna, con los partidos religiosos dispuestos a imponer rigurosamente su estricta interpretación de la ley del Sabath, y contrarios a hacer ninguna concesión ni siquiera sobre aspectos que no parecen revestir mayor trascendencia. En la Diáspora moderna, sobre todo en los Estados Unidos, el judaísmo reformista –también llamado "reformado" o "progresista"– y el judaísmo ortodoxo discrepan acerca de estas cuestiones de interpretación de las leyes bíblicas y también acerca de la legitimidad de las modificaciones y ajustes de la observancia tradicional, tales como la sustitución de una dieta *kosher* por la dieta de una cultura predominantemente pagana.

En un sentido más fundamental, si cabe, hubo otro factor que hizo necesaria la existencia de la *Halaká* como cuerpo de interpretación bíblica, que fueron las incongruencias o contradicciones aparentes encontradas en el propio texto de la *Torá* escrita. En una parte de la revelación divina tan fundamental como lo es la celebración de la Pascua, cuyos infinitos detalles ocupan casi la mitad de la *Halaká*, ser un judío observante exigía obedecer el estricto mandamiento del quinto libro de Moisés: «No podrás inmolar la pascua en cualquiera de las ciudades que te haya dado el Señor, tu Dios, sino solamente en el lugar elegido por él para hacer habitar en él su nombre [...] La cocerás y la comerás»; y ese lugar es, concretamente, el templo; mientras que un pasaje anterior de la *Torá*, del segundo libro de Moisés, identifica, no el templo de Jerusalén, sino cada hogar judío individualizado como el lugar donde el observante celebrará la pascua. «Uniendo estas dos concepciones –ha explicado Jacob Neusner– con sus normas respecto a la casa, dondequiera que ésta esté situada, la *Halaká* ha establecido un precepto solo, a partir de dos hechos contradictorios recibidos de las Escrituras [...]. La morada israelita es así equiparada al templo en el aspecto de la limpieza preceptiva para el culto, pero también en el de las actividades mismas del culto.»

Estrechamente relacionada con este problema, encontramos una contradicción similar entre esos dos mismos fragmentos de la *Torá* al establecer otras normas para la observancia de la pascua. La ley original que aparece en el segundo libro de Moisés, que forma parte de lo que ya antes del éxodo –«el Señor dijo a Moisés y a Aarón en la tierra de Egipto»–, especifica en cuanto al cordero pascual: «Nada de él comeréis crudo, *ni cocido en agua,* sino solamente asado al fuego»; sin embargo, después del Éxodo, en el libro quinto de Moisés, en íntima conexión con el mandato citado anteriormente, la norma expresamente determina: «Lo cocinarás y comerás». Ya en el texto de la *Tanaj,* y casi en su última página considerando el orden de los libros en el canon hebreo, se resuelve esta contradicción mediante la combinación pactada de ambos textos: «Asaron al fuego el cordero pascual como está prescrito, cocieron las demás ofrendas sagradas en calderas, calderos y sartenes, y las distribuyeron luego diligentemente entre todo el pueblo». Y con este caso como modelo, la *Halaká* del *Talmud* pudo resolver contradicciones y anomalías similares que aparecían por todo el texto escrito de la *Torá.*

LEGENDS OF THE JEWS[*]
Y LOS «DICHOS DE LOS PADRES»

La *Halaká,* como compilación de interpretaciones de la Ley bíblica, se considera generalmente un cuerpo separado de la *Hagadá,* cuya interpretación "narrativa" de la Biblia despierta en muchos lectores que no siguen la tradición judía, incluidos los cristianos,

---

* "Leyendas de los judíos". (*N. de la T.*)

un interés inmediato, que no llega a despertar la *Halaká* por versar su exhaustivo examen precisamente sobre aquellos aspectos del Pentateuco y su legislación que no comparten otras tradiciones. La *Tosefta* es una fuente especialmente rica de textos hagádicos, y, como la mayor parte del restante material que se ha comentado en este capítulo, está desde hace poco disponible en su traducción al inglés [y al español].

Bajo el título *Legends of the Jews*, colección publicada en inglés entre 1909 y 1938, Louis Ginzberg reunió en siete volúmenes una selección de algunas de las más sugestivas y elocuentes anécdotas comúnmente identificadas como *Hagadá*. El título "Los dichos de los padres", *Pirqe Aboth*, que encabeza una de las secciones de la *Misná*, puede usarse en sentido más amplio para identificar un género literario cuyos orígenes se remontan a los libros canónicos de los Proverbios y el Eclesiastés, o *Qohélet*, (ambos tradicionalmente atribuidos al rey Salomón), así como al libro apócrifo de la Sabiduría (atribuido también a Salomón) y al de la Sabiduría de Jesús hijo de Sirac (o Eclesiástico). Son abundantes los ecos (en una y otra dirección) entre el *Pirqe Aboth* y el Sirácida, y es posible que ambos libros procedan de una misma fuente, quizá una fuente oral en un principio, al igual que la mayor parte del material que hemos descrito hasta el momento.

En un grupo aparte, dentro de estas interpretaciones del texto sagrado de la *Torá*, están los sistemas de especulación mística identificados con la Cábala, que durante el Renacimiento adquirieron fuerza también en el pensamiento cristiano y han seguido despertando el interés de personas ajenas al judaísmo. Su fundamento es la contemplación reflexiva del Nombre Divino tal como le fue revelado a Moisés en la zarza ardiente: "Ehyeh-Asher-Ehyeh", que en el cuerpo del texto de la versión del *Tanaj* publicada por la Jewish Publication Society se ha dejado sin traducir, pero aparece traducido en una nota a pie de página como: «*I Am That I Am* [Yo soy el que soy]», y que, por sus cuatro consonantes, YHWH, recibió el nombre de Tetragrámaton. Para la Cábala y quienes la practican, el Tetragrámaton es la clave del misterio de todo Ser, divino o creado, pero, asimismo, la clave del significado de la Biblia.

¿LA UNIVERSALIDAD DE LA *TORÁ*?

Una de las cuestiones que con insistencia se mencionan en el *Talmud* como revelación continua es la universalidad de la *Torá*. El «Señor único» alabado en la recitación diaria del *Shema*, «Escucha, Israel: el Señor, nuestro Dios, es el único Señor» (Deuteronomio 6: 4), era el Dios de Israel, pero no en el mismo sentido etnocéntrico que lo eran los dioses de los cananeos y otros pueblos paganos:

> Vosotros, hijos de Israel,
> sois para mí como los etíopes,
> dice el Señor,
> pues saqué a Israel de Egipto,
> pero también a los filisteos de Kaftor
> y a los arameos de Quir.

El Dios de Israel no era una deidad tribal, sino el Dios de todas las naciones, el Solo y Único Dios Verdadero, lo cual significaba que había una voluntad de Dios para las naciones en su totalidad, no solamente para el pueblo de Israel. ¿Era esa voluntad idéntica a la Ley de la *Torá*, a *todas* las leyes de la *Torá* y de la *Halaká*? ¿O, más bien, era posible identificar, dentro de ese vasto cuerpo de material diverso, algunos mandatos y prohibiciones que parecen expresamente referidos a todas las naciones?

El *Talmud* encuentra el modo de responder a estas preguntas basándose en la distinción que hace la *Torá*, escrita y oral, entre la Ley tal como le fue dada a Moisés y la Ley que ya le había sido dada a Noé, quien, como consecuencia del diluvio, sería el segundo Adán y el antecesor de toda la raza humana a través de sus tres hijos: Sem, Cam y Jafet: «a quienes nacieron hijos después del diluvio –explica la *Torá*–. A partir de éstos –sigue diciendo– se hizo la repartición de las naciones en las islas; cada uno con su tierra según su lengua y su nación, según su familia» a fin de reponer la población de la tierra y ser la nueva raza humana. Para identificar la Ley anterior a Moisés tal como llegó a Noé, el *Talmud* selecciona siete violaciones de la voluntad de Dios: la adoración de ídolos, la profanación del nombre de Dios, el asesinato, las relaciones sexuales ilegítimas, el robo, la ingestión de la carne de animales vivos y la ineptitud para hacer cumplir las leyes; y al hacer esta identificación, el *Talmud* estaba exponiendo el contenido de lo que en la filosofía y teología posteriores se conocería como "ley natural", esa parte del contenido de la Ley que, para tener vigencia y hacerse cumplir, no necesitaba estar avalada por la autoridad de una singular revelación histórica de Dios, ya fuera a través de Moisés o de Jesucristo, sino que era (y había sido desde siempre) igualmente conocida de los paganos. Se trataba de un concepto tanto cristiano como judío, y de un concepto que se extendía mucho más allá de los límites ortodoxos de cada una de estas comunidades, como demuestra la alusión a «las leyes de la naturaleza y del Dios de la naturaleza» en la Declaración de Independencia de los Estados Unidos.

Si dicha ley natural no dependía de la revelación divina, tenía que ser fruto de la tradición universal y, o, del uso de la razón humana. El apelar así al poder de la razón en relación con la *Torá* sería, en su forma más extrema, una anticipación del iluminismo judío, la *Haskalá*; pero ya el *Talmud* y, más tarde, los comentaristas del *Talmud* habían dedicado gran atención a la capacidad que tenía la mente humana para discernir la voluntad divina, basándose en la estructura del universo y en la experiencia acumulada de la humanidad. Los procesos mismos de razonamiento que habían intervenido en las preguntas y respuestas de los sabios talmúdicos, así como los métodos de análisis que habían intervenido en la exégesis judía del *Tanaj* (y en la exégesis cristiana de las Escrituras), daban a entender que la revelación divina de la Ley, aun cuando a Moisés le llegara escrita en piedra, estaba concebido que se recibiera a través del instrumento, aunque menos duradero más sensible, de la palabra y el pensamiento humanos.

Este reconocimiento, unido al continuo énfasis del *Talmud* en la unicidad de Dios y la universalidad de la voluntad de Dios para la humanidad entera, inspiró a los estudiantes del *Talmud* a enfatizar la Ley trascendente que estaba presente en la *Torá* escrita y en la *Torá* oral, pero también más allá de ellas. Por eso, durante la marcha en pro de los derechos humanos en los Estados Unidos del siglo xx, no sería sólo el clero cristiano, y personas tales como el reverendo Martín Lutero King, Jr., exegeta del Sermón de la Montaña y discípulo de Mahatma Gandhi, sino también discípulos del *Talmud*, tales como el rabí Abraham Joshua Heschel, exégeta de los Profetas hebreos y discípulo del rabí Akiba, quienes gritaran la verdad a aquellos que estaban en el poder, sin importar dónde rezaran (en caso de hacerlo) sus oraciones.

Toda esta tradición significa que los comentarios sobre un texto sagrado pueden ser una forma suprema tanto de obediencia a Dios como de actividad intelectual. Como Leon Wieseltier comentó con gran acierto:

> Cualquiera que conozca la historia de los comentarios sabe que éstos fueron durante muchos siglos, y en cierto modo siguen siendo –al menos en los libros que tendrán verdadera importancia– una de las grandes oportunidades de expresar originalidad, incluso radicalismo, de pensamiento. A decir verdad,

las grandes obras de la filosofía judía son casi todas obras de comentarios bíblicos: desde Filón, a lo largo de la tradición medieval, y principalmente de Maimónides y su *Guía de los perplejos*, que es el libro individual más sublime que jamás haya escrito un judío.

Y lo mismo puede decirse de las grandes obras de la filosofía cristiana. Los comentarios y la liturgia son dos maneras, notablemente distintas y, sin embargo, en última instancia complementarias, de hacer contemporáneo el texto sagrado.

Implícito a lo largo de todo este capítulo, y asombrosa y repetidamente obvio en todo el material escrito a modo de comentario, está el paralelismo entre estos métodos ultrajudíos empleados para abordar el mensaje de la Biblia, por un lado, y, por otro, los estilos de exegesis que han desarrollado los cristianos pese a estar aislados del judaísmo y pese a su sentimiento de hostilidad hacia él y hacia todas sus obras y costumbres. Cuanto más ahondamos en ese paralelismo, más claras se muestran sus profundas afinidades, y más trágicas resultan su ignorancia e incomprensión mutuas. De ahí que a uno le quede algo más que una sensación superficial de que el *Talmud* y el Nuevo Testamento, junto con las tradiciones de especulación, exegesis y casuística nacidas de ambos, pueden considerarse direcciones alternativas, enormemente próximas la una a la otra y enormemente distantes la una de la otra, en las que las interpretaciones tardías de la *Torá* y del *Tanaj* podrían de hecho avanzar juntas, con Abraham como el padre de ambas y Moisés como su legislador; y por supuesto, no debemos olvidar, con el Único Dios de Israel, Padre de Jesucristo, como el Señor (y el juez) de las dos.

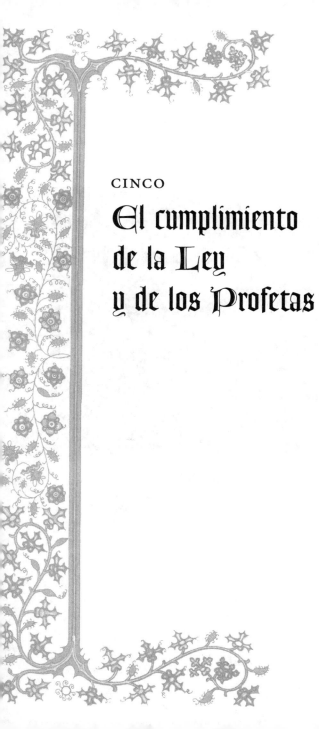

CINCO

El cumplimiento de la Ley y de los Profetas

«Y empezando por Moisés y por todos los profetas, les interpretó lo que sobre él hay en todas las Escrituras» (Lucas 24: 27): William Blake, *Aparición de Cristo a los apóstoles después de la resurrección*, alrededor de 1795. (Por gentileza del Yale Center for British Art, Colección de arte de Yale, adquirido en 1929.)

egún explica el judaísmo, la Torá escrita se completa y se hace realidad en la *Torá* oral; de modo que el *Talmud* es, en muchos sentidos, el homólogo judío del Nuevo Testamento, y no sólo el homólogo judío de la ley canónica de la iglesia. Pues «la cristiandad hace su entrada en el mundo —como Reinhold Niebuhr expuso en una ocasión— con la formidable proclamación de que en Cristo (es decir, tanto en la persona de Cristo como en la épica de su vida) las expectativas de los siglos se han cumplido, y la forma específica que adoptó esta proclamación fue la creencia de que el reino de Dios había venido a la tierra, o en palabras de Jesús: "Hoy se ha cumplido ante vosotros esta Escritura"». Jesús pronunció estas palabras en su primera aparición pública, después de haber leído del libro del profeta Isaías a la congregación reunida en la sinagoga de la ciudad en la que residía, Nazaret:

El espíritu del Señor Dios está en mí
porque el Señor me ha ungido.
Me ha enviado a llevar
la buena nueva a los pobres,
a curar los corazones oprimidos,
a anunciar la libertad a los cautivos,

la liberación a los presos;
a proclamar un año de gracia del Señor.

Lo que así quiso comunicar, desde el instante en que se inauguró su ministerio público, era que las proféticas palabras «en *mí*», «*me* ha ungido» y «*me* ha enviado» ahora por fin se habían "cumplido" de modo singular en la persona de Jesús de Nazaret. «*Hoy* se ha cumplido ante vosotros esta Escritura» significaba que nunca antes se había cumplido, y que ahora se había hecho realidad en él «de una vez para siempre».

Esa «formidable proclamación» de que la Ley y las palabras de los Profetas se habían hecho ahora realidad de un modo único por el advenimiento de Jesús es el fundamento de la primera tradición cristiana de principio a fin. Su concepción y nacimiento milagrosos «sucedieron para que se cumpliese lo que el Señor había dicho por medio del profeta», dice refiriéndose a la versión *Septuaginta* del libro de Isaías: «Por eso el Señor mismo os dará una señal: he aquí que una virgen concebirá y dará a luz un hijo, a quien pondrá por nombre Emmanuel». Su huída a Egipto en la infancia a fin de evitar que Herodes lo asesinara fue «para que se cumpliera lo que había dicho el Señor por medio del profeta: "De Egipto llamé a mi hijo"». Aquí la profecía era la misma que en el original se había entendido claramente que aludía al éxodo de Israel del cautiverio egipcio: «Cuando Israel era niño, yo le amaba, y de Egipto llamé a mi hijo»; ahora el cristianismo se apropiaría de ello para expresar que la profecía se cumplió, no en la historia del éxodo, sino en la del niño Jesús.

También al final de su ministerio en la tierra, la tradición temprana vio en Jesús el "cumplimiento" de la Ley y de los Profetas. En una de las primeras tradiciones sobre su resurrección, Jesús dice a sus discípulos, todavía incrédulos: «¡Qué torpes sois! […]. ¿No era necesario que Cristo sufriera todo eso para entrar en su gloria?» Y «luego –sigue la tradición–, empezando por Moisés y todos los profetas, les interpretó lo que sobre él hay en todas las Escrituras». Poco después, en otro encuentro, y continuando la clase bíblica, el Cristo resucitado «les dijo: "De esto os hablaba cuando estaba todavía con vosotros: es necesario que se cumpla todo lo que está escrito acerca de mí en la Ley de Moisés, en los Profetas y en los Salmos". Entonces les abrió la inteligencia para que entendieran las Escrituras, y les dijo: "Estaba escrito que el Mesías tenía que sufrir y resucitar de entre los muertos al tercer día"». «El Mesías *tenía* que sufrir» y «Todo *tenía* que cumplirse» parecen querer decir que de ninguna manera hubiera podido nada ser diferente de como fue; que aquellos que no comprendían lo que había sucedido eran sencillamente «torpes» y «tardos para creer lo que dijeron los profetas», y lo que necesitaban era que se les «abriera la inteligencia» y que «todo lo que está escrito», la Ley y los Profetas, se les «explicara» a la luz de la nueva realidad de Jesús como Cristo, el Mesías, la Ley y los Profetas hechos realidad, para que sus mentes, abiertas, «entendieran las Escrituras».

Ese "explicar" y "entender" son la esencia del conmovedor encuentro entre uno de los primeros misioneros cristianos, el apóstol Felipe, y el "ministro" de la corte de la reina (o "candace") de Etiopía. Sentado en su carro, el etíope iba leyendo, presumiblemente en voz alta y de la *Septuaginta* griega, otro capítulo del profeta Isaías:

> Como cordero llevado al matadero,
> como ante sus esquiladores
> una oveja muda y sin abrir la boca.
> Por ser pobre no le hicieron justicia.
> Nadie podrá hablar de su descendencia,
> pues fue arrancado de la tierra de los vivos.

Tras oírle leer este pasaje, Felipe le preguntó: «¿Entiendes lo que estás leyendo?», a lo que el etíope contestó: «¿Cómo voy a entenderlo sin alguien que me guíe? Por favor, ¿de quién dice esto el profeta: de él o de otro?». La respuesta de Felipe fue que Isaías no se refería ni a sí mismo ni a ninguno de sus contemporáneos, sino expresamente a la persona de Jesucristo. Como resultado de este encuentro, el ministro etíope pidió ser bautizado, confesando (según una de las versiones): «Creo que Jesucristo es el hijo de Dios». La pregunta: «¿De quién dice esto el profeta?» y su lastimera súplica: «¿Cómo voy a entenderlo sin alguien que me guíe?» encuentran respuesta en la primitiva tradición cristiana del cumplimiento de la profecía.

Un portador fundamental de esta tradición sería el apóstol Pablo. Empezó su vida como Saulo de Tarso, y aceptó la Ley y los Profetas sin verlos cumplidos, como escribe en su minúscula autobiografía: «Conocéis mi conducta anterior dentro del judaísmo: con qué crueldad perseguía yo y trataba de aniquilar a la Iglesia de Dios, y cómo aventajaba en nuestra religión judía a muchos de mi edad en conservar con todo rigor las tradiciones de mis antepasados». Pero Cristo se le apareció, «un resplandor del cielo» envolvió a Saulo en el camino hacia Damasco, a donde se dirigía para continuar su despiadada persecución, y Saulo de Tarso fue transformado en Pablo, el «instrumento elegido» de Jesucristo. No obstante, su transformación no significó que abandonara «nuestra religión judía». Más bien al contrario; la primera vez que apareció ante el público tras su conversión, hizo exactamente lo mismo que en su primera aparición pública había hecho Jesús: «Se puso a predicar en las sinagogas proclamando que Jesús es el Hijo de Dios» que habían prometido la Ley y los Profetas. Sus viajes misioneros acabaron llevándolo a Atenas y después a Roma. Pero en Atenas, antes de conversar con los «filósofos epicúreos y estoicos [...], discutió en la sinagoga»; y en Roma «convocó a los judíos principales; y cuando estaban reunidos les dijo: "Hermanos, sin haber hecho nada contra el pueblo o las costumbres de nuestros padres, he sido encarcelado en Jerusalén [...]. Por fidelidad a la esperanza de Israel, estoy cargado de cadenas". [...]. Desde la mañana hasta la tarde les anunció el reino de Dios, dando testimonio y esforzándose por convencerles de quién era Jesús, apoyándose en la ley de Moisés y en los profetas».

BAUTISMO DEL *TANAJ* COMO LA BIBLIA CRISTIANA

En el primer diálogo judeo-cristiano del que hay constancia, escrito aproximadamente a mediados del siglo II de nuestra era (ya sucediera realmente o no), el interlocutor cristiano, citando como prueba textos de los Salmos y de los Profetas, pregunta a su interlocutor judío: «¿Los conoce usted? Son textos tomados de sus Escrituras, o mejor dicho, no de las suyas, sino de las nuestras. Porque nosotros creemos en ellas; en cambio ustedes, aunque las leen, no captan su verdadero espíritu». Por sorprendente que parezca, este argumento expresa la creencia cristiana –que es posible detectar ya todo a lo largo del Nuevo Testamento y de la mayor parte de la historia cristiana posterior– de que la autoridad de la profecía y de su cumplimiento había hecho que las Escrituras judías fueran ahora Escrituras cristianas, y así estaba previsto que fuera desde un principio, pues, como dijo Eusebio, primer historiador cristiano, no era extemporáneo llamar "cristiano" a Abraham. Los cristianos expresaron esa creencia denominándose a sí mismos no sólo "el nuevo Israel", sino "el verdadero Israel", y, a partir de un momento dado, denominando al *Tanaj* "Antiguo Testamento", que es como, por consiguiente, se hace referencia a él en este libro sólo cuando, en lugar de Escritura judía, se lo considera el capítulo primero y más largo de la Biblia cristiana.

Esta pretensión de que las Escrituras eran «nuestras» sería cuestionada aun dentro del movimiento cristiano. Hablando en nombre de lo que en el siglo II debió de ser un considerable número de cristianos, y ganando así, por tanto, muchos adeptos e incluso fundando iglesias, el herético Marción del Ponto se entregó con fervor a la celebración de la novedad y unicidad del mensaje del evangelio. Según él, el Dios al que Jesús proclamó como Padre era un Dios de amor, pero no de ley, el Redentor, pero no el creador, revelado en las epístolas de Pablo y en el evangelio de Lucas, pero no en las escrituras judías. Aunque fue una exageración la de algunos eruditos de la historia que, en el siglo XIX, basándose en que Marción había tenido la idea de instaurar un Nuevo Testamento que sustituyera al Antiguo Testamento, le atribuyeran la invención de hecho de un canon cristiano de las Escrituras que se distinguiera del canon hebreo, lo cierto es que sí contribuyó a hacer que dicho cambio fuera necesario y a provocarlo. El disociar radicalmente, como lo hizo, al Dios Creador del Dios Salvador fue una amenaza para la fe monoteísta que judíos y cristianos profesaban en común, y su resistencia a aceptar todas las repercusiones de la idea que con insistencia proponía la iglesia sobre la naturaleza plenamente humana de Jesús, «probado en todo a semejanza nuestra, a excepción del pecado», lo separó de la corriente ortodoxa dominante. Pero por debajo de estos puntos de vista aberrantes, por los que fue también condenado, latía en él una hostilidad extrema hacia el Antiguo Testamento y hacia la particular forma cristiana de interpretarlo. Y la iglesia, por su parte, con su rechazo de la enseñanza de Marción sobre esta diversidad de cuestiones doctrinales, ayudó a confirmar el concepto, cada vez más extendido, de una sola Biblia constituida por los dos Testamentos.

La traducción judía de las Escrituras judías al griego, la *Septuaginta*, se convirtió en la Biblia cristiana. Su prestigio dentro de la comunidad judía, incluso en Alejandría, su ciudad de origen, fue decayendo poco a poco, debido, al menos en parte, al modo como los cristianos empezaron a utilizarla como fundamento y prueba de sus particulares interpretaciones. En cambio, dentro de la iglesia cristiana, la *Septuaginta* adquirió, en su calidad de fuente inspirada, un especial prestigio. Fueron varias las formas en que las primeras generaciones de cristianos interpretaron el *Tanaj* de la *Septuaginta* para aplicarlo como Escritura cristiana.

La más simple de estas formas fue el uso cristiano del *Tanaj* como repositorio de máximas y principios generales y como fuente de ejemplos y consejos. Los cristianos recordaban que cuando Satanás, el tentador, dirigió a Jesús sus tres propuestas, en las que, como dice Dostoievski, «está predicha y condensada toda la historia ulterior de la humanidad, y en ellas tres se concretan todas las contradicciones de la historia de nuestra especie», él respondió citando el Deuteronomio. Al desafío del tentador: «Si eres el hijo de Dios, di que estas piedras se conviertan en panes», replicó: «Está escrito: "No sólo de pan vive el hombre, sino de toda palabra que sale de la boca de Dios"». Para demostrar que también él sabía citar las Escrituras, el diablo lo llevó a un lugar elevado y formuló su segunda petición: «Si eres el hijo de Dios, tírate de aquí abajo, porque está escrito: "Ordenará a sus ángeles que cuiden de ti, que te lleven en las manos para que no tropiece tu pie con ninguna piedra"»; a lo que Jesús respondió: «También está escrito: "No tentarás al Señor tu Dios"». Y cuando «de nuevo el diablo lo llevó a un monte muy alto, le mostró todos los reinos del mundo y su esplendor», prometiéndole: «Todo esto te daré si te pones de rodillas y me adoras», una vez más Jesús le contestó con las palabras del Deuteronomio: «Retírate, Satanás, porque está escrito: "Al Señor tu Dios adorarás y a él solo servirás"». Tres son las tentaciones, pero la misma arma se emplea contra cada una de ellas: «Porque está escrito» (queriendo decir, en la *Torá*); luego aquellos que quisieran ser seguidores suyos debían utilizar la misma arma contra todas las tentaciones.

En la *Torá* y, en realidad, en el *Tanaj* entero: «Pues *todo* lo que ha sido escrito en el pasado, lo fue para *nuestra* enseñanza, a fin de que mantengamos la esperanza por la paciencia y el consuelo que dan las Escrituras». Así, el libro de los Salmos, cuando fue bautizado como Escritura cristiana, proporcionó no sólo himnos para el culto colectivo, sino consuelo personal a cada creyente en su sufrimiento y tentación; las sentencias del libro de los Proverbios, el Eclesiastés o la Sabiduría de Salomón fueron fuente de sapiencia para los ancianos y de guía para los jóvenes; y, sobre todo, los Diez Mandamientos entregados a Moisés constituirían, en los catecismos posteriores, los fundamentos de la enseñanza cristiana a niños y adultos sobre sus deberes morales. Esto exigió establecer una distinción entre aquellos elementos de la ley del Antiguo Testamento que continuaron teniendo vigencia aun después del advenimiento de Cristo, y aquellos que habían sido «nada más que una sombra», y entre los que se encontraban, bien las normas ceremoniales referentes a la liturgia judía, o bien las relacionadas con la legislación civil propia de Israel como mancomunidad política.

De la misma manera, las palabras del Eclesiastés: «No hay hombre justo en la tierra que haga el bien sin pecar nunca», permitieron a los cristianos citar lo que era advertencia universal como prueba de que «todos, tanto los judíos como los paganos, están bajo pecado»; y cuando los cristianos se alentaron unos a otros a «ser constantes y pacientes» ante las adversidades, el *Tanaj* les proporcionó el fundamento para decir: «Habéis oído hablar de la paciencia de Job y habéis visto el designio del Señor, porque el Señor es compasivo y misericordioso». Pero la *Torá* contiene también numerosos ejemplos de aquellos que no tuvieron constancia y paciencia, ejemplos que, a modo de cuento con moraleja, son aplicables en sentido universal: «No os hagáis idólatras, como algunos de ellos, según dice la Escritura: "El pueblo se entregó a comer y beber, y se levantó para divertirse". Ni forniquemos, como algunos de ellos fornicaron, y en un solo día murieron veintitrés mil. Ni tentemos al Señor como algunos de ellos le tentaron, y fueron muertos por las serpientes. Ni protestéis contra Dios como protestaron algunos de ellos, y acabaron en manos del exterminador».

A pesar, incluso, de citar estos relatos del Éxodo y Números como «cosas [que] fueron escritas como aviso para nosotros», los cristianos habían empezado a conferirles, a «todas estas cosas que les ocurrieron a *ellos*» en épocas anteriores, una cualidad «simbólica», destinada principalmente a ser un «aviso para *nosotros*, que vivimos en los tiempos definitivos». Así pues, más allá del carácter universal de estas palabras y ejemplos, algunas partes de la Ley y de los Profetas se consideraban ahora «tipos» y «presagios», que, si bien habían sido reales en sí y por sí mismos, era ahora cuando hallaban su pleno significado en Cristo. Cristo era el Segundo Adán, que con su obediencia había deshecho el daño mortal que el Primer Adán había hecho con su desobediencia. ("Tipología" que no tardaría en extenderse a María como la Segunda Eva, que dijo en su obediencia lo que Eva en su desobediencia se resistió a decir: «Hágase en mí según tu palabra».)

Sin embargo, muchos de estos «presagios» pronto perdieron su validez original, ahora que la realidad presagiada había llegado; y en cuanto a las observancias prescritas en la *Torá*, tal como quedaron reglamentadas y pormenorizadas en el *Talmud* –«lo que coméis o bebéis, la observancia de las festividades, de la luna llena y del sábado»–, serían todas desechadas, por considerarse que no eran «nada más que una sombra de lo que estaba por venir; la realidad es de Cristo». La temprana identificación de Jesús como –empleando las palabras del Salmo– «sacerdote para siempre» y como «el cordero de Dios, que quita el pecado del mundo» –y por tanto, simultánea y singularmente, como la víctima ofrecida en sacrificio y el celebrante del sacrificio–, pasó a formar parte de un rebuscado plan interpretativo, según el cual la liturgia prescrita en la *Torá*, especialmente en el Éxodo y el Levítico, fue considerada obsoleta ahora que Aquel que en la liturgia era una mera imagen había entrado finalmente en la historia humana en la persona de Jesucristo: lo que la *Torá* había *presagiado* había quedado ahora *eclipsado* al hacerse realidad en él.

De modo que, para la interpretación cristiana del Antiguo Testamento, la esencia residía en la profecía y su cumplimiento, referida sustancialmente a la vida, muerte y resurrección de Jesucristo. Por lo tanto, cuando «Cristo murió por nuestros pecados», se dijo que había ocurrido «según las Escrituras»; y cuando «resucitó al tercer día», se dijo que esto había ocurrido «según las Escrituras» también –para lo cual los cristianos sustituyeron en un pasaje del Antiguo Testamento la palabra «madera» por «árbol» a fin de hacer de él una profecía de la crucifixión. Profecías tales como el oráculo de Isaías–:

> Que un niño nos ha nacido,
> un hijo se nos ha dado;
> sobre sus hombros el imperio,
> y el nombre será:
> Consejero admirable, Dios potente,
> Padre eterno, Príncipe de la paz,
> para ensanchar el imperio,
> para una paz sin fin
> en el trono de David y en su reino;
> para asentarlo y afirmarlo
> en el derecho y la justicia
> desde ahora para siempre.
> El celo del Señor omnipotente
> hará todo esto.

–que nos suena tan familiar por aparecer en el *Mesías* de Händel, fueron recogidas en el gran plan de la historia, según el cual las promesas del Antiguo Testamento, fragmentarias e intrascendentes hasta entonces, se habían completado ahora en los sucesos del Nuevo a través de la venida de Jesucristo.

Este orden histórico de las cosas se vio formidablemente apoyado y exaltado por el particular uso de la interpretación alegórica que hizo el cristianismo, pues, aunque la alegoría siempre había formado parte de la interpretación de textos antiguos tanto en la tradición judía como en la griega (donde la *Odisea* de Homero había sido un recurso de especial importancia), los cristianos la desarrollaron mucho más allá de aquellos modestos comienzos, contando para ello con el precedente y la autorización que les ofreció el apóstol Pablo en sus argumentaciones sobre el libro del Génesis:

> Porque escrito está que Abraham tuvo dos hijos, uno de la sierva y otro de la libre. Pero el de la sierva nació según la carne; el de la libre por la promesa. Lo cual fue dicho en alegoría, porque éstos son los dos Testamentos. El uno el del monte Sinaí, que engendra para la servidumbre; éste es Agar. Porque el Sinaí es un monte de Arabia que tiene relación con la que ahora es Jerusalén, la cual es esclava con sus hijos. Pero la Jerusalén que está arriba es libre, la cual es nuestra madre.

La historia y las imágenes del Antiguo Testamento se convirtieron en terreno fértil para dicha alegorización desde los comienzos mismos de la iglesia, y florecerían en los siglos posteriores.

Las diversas consideraciones de que la Ley y los Profetas se habían cumplido en Jesús se harían uno en la identificación de Jesús como el «Mesías», el Ungido, título hebreo que en griego, ya en la *Septuaginta*, pasaría a ser «Cristo». Los cristianos, habituados hasta tal punto a esta identificación que llegan a pensar a veces que «Cristo» es un nombre de persona en lugar de un título, suelen sorprenderse cuando descubren que, de hecho, ocupa un lugar mucho menos destacado de lo que quizá imaginaban dentro del *Tanaj*, donde «el término "ungido" en ningún momento se usa referido a un futuro salvador y redentor, y, en posteriores escritos judíos del período comprendido entre los años -200 y 100 de nuestra era, muy rara vez se emplea el término en conexión con emisarios del mensaje divino a los que se esperara en un futuro». No obstante, desde los primeros tiempos de la cristiandad de que tenemos noticia, la tradición aplicó este título a Jesús; y, lo que es más, de un modo sin precedentes lo equiparó al título de «Siervo Sufriente» tomado de Isaías. Jesús el crucificado y resucitado era el «Mesías» *y* «Rey de la gloria» *y* «despreciado, desecho de la humanidad, varón de dolores», todo a la vez.

Este bautismo del *Tanaj* y esta identificación de la iglesia con el antiguo Israel permitieron a los exponentes y defensores del cristianismo atribuirse a sí mismos un distinguido linaje que se remontaba, pasando por todos los profetas, hasta Abraham, Isaac y Jacob, haciendo así que el aparentemente novedoso evangelio cristiano, cuyos comienzos se sitúan en el siglo I de nuestra era durante el reinado del emperador romano Augusto, fuera en realidad la primera y más antigua de todas las religiones. Sin embargo, llegó un momento en que esta «formidable proclamación» del cumplimiento de la profecía no podía continuar funcionando con una combinación del *Tanaj* escrito y la tradición oral como autoridad, una autoridad bipartita, y tuvo que desarrollar la suya propia, que incluiría la tradición oral pero sin agotarla. Y dicha autoridad escrita fue lo que hoy día llamamos «el Nuevo Testamento».

SEIS

La Formación de
un Segundo Testamento

Fragmento del papiro de la Carta a los Filipenses 4:14-Carta a los Colosenses 1:2, de principios del siglo III de nuestra era, tomado de la obra de Frederic G. Kenyon, *The Chester Beatty Biblical Papyri* (Londres: Emery Walker Limited, 1933), lámina 2. (© Fideicomisarios de la Chester Beatty Library, Dublín.)

unque una diversidad de lenguas, antiguas y modernas, fluctúan entre el uso del término singular *Escritura* y el plural *Escrituras*, al igual que hemos hecho hasta ahora en las páginas de este libro, el plural es el que predomina en el Nuevo Testamento, y es de hecho la denominación más exacta, puesto que el Libro está compuesto por muchos libros. Pero la Biblia cristiana se diferencia del *Tanaj* judío en su cualidad permanente y inevitablemente plural, constando, como es el caso, de dos Testamentos bastante separados, aunque interdependientes:

> El Nuevo yace en el Antiguo velado,
> El Antiguo en el Nuevo es revelado,

como decía el conocido pareado latino. El surgimiento de este novedoso concepto de una sola Biblia constituida por dos Testamentos se ha considerado, con razón, el acontecimiento más trascendental de la historia del cristianismo temprano, y de un alcance mucho mayor aún, a la vista de sus consecuencias, que la conversión del emperador Constantino; pero se trata de un hecho no menos trascendental para la historia de «la Biblia a través del tiempo» y para la historia de las relaciones entre el judaísmo y la cristiandad. La Biblia de los dos Testamentos fue una Biblia griega (como muestran algunos de los más importantes manuscritos, el célebre *Codex Sinaiticus*, por ejemplo) y, con el tiempo, una Biblia latina. Ahora bien, el que un *Tanaj* hebreo y un Nuevo Testamento griego reposaran uno al lado del otro en un estante, lo cual se convertiría en un lugar común tras el "retorno a los orígenes" en el Renacimiento y la Reforma, y lo sigue siendo en miles de estudios y bibliotecas (incluida ésta en la que se está escribiendo este libro), lo cierto es que era algo prácticamente desconocido; de manera que la canonización de un segundo Testamento exclusivamente cristiano, por un lado, y, por otro, la adopción de una versión del Primer Testamento en una lengua que no era la original, aumentaron la separación entre judíos y cristianos, a pesar de que unos y otros afirmaran obedecer la misma Ley, leer los mismos Profetas y cantar los mismos Salmos, y citaran todo ello en distintas lenguas y se lo expusieran –o, más bien, se lo espetaran– unos a otros.

EL "NUEVO TESTAMENTO"

El Nuevo Testamento es, con diferencia, la porción más pequeña de la Biblia cristiana, considerando que en total ocupa menos espacio que los Salmos y los Profetas mayores juntos; sin embargo, por estar asociado con la expansión del cristianismo, ha ejercido una influencia totalmente desproporcionada con sus modestas dimensiones. Los cristianos –y, en realidad, la mayoría de los lectores– están por lo general mucho más familiarizados con el contenido del Nuevo Testamento, y ha sido mucho más lo que han escrito sobre él tanto eruditos y teólogos como escritores de renombre.

El Nuevo Testamento no es un libro, sino una biblioteca entera, que incluye una diversidad de obras literarias de muy distintos géneros escritas a principios del cristianismo. Los cuatro

Evangelios canónicos, supervivientes de un proceso de cribado cuya magnitud hemos empezado a reconocer muy recientemente, tratan de la vida, la persona y las enseñanzas de Jesús tal como lo recordaba la comunidad cristiana. El libro de los Hechos de los Apóstoles, escrito por el autor del evangelio de Lucas, contiene la historia de la cristiandad desde la resurrección de Jesús hasta casi el final de la trayectoria de Pablo. Las Epístolas son cartas en las que diversos dirigentes de la iglesia en sus comienzos, entre los que destaca Pablo, aplican el mensaje de la iglesia a las necesidades y los problemas cotidianos de aquellas primeras congregaciones cristianas. El libro de la Revelación, el Apocalipsis, es el único representante canónico de un nutrido género de literatura apocalíptica que apareció en el movimiento cristiano (y mucho más allá de sus confines). Lo que tienen en común todos estos distintos tipos de literatura cristiana es el lugar que ocuparon en la vida comunal de la cristiandad. Los devotos cristianos se reunían en las casas, en los templos judíos y en lugares públicos. Se consideraban a sí mismos parte integrante de una tradición universal que se remontaba al principio de los tiempos y se extendía hacia el futuro y hacia la gloriosa segunda venida de Cristo, pero, aun así, formaban comunidades específicas y locales, y en ellas auxiliaban a los necesitados, estudiaban juntos la Ley y los Profetas y compartían los sacramentos; y era aquí también donde reñían, con frecuencia acaloradamente, como queda más que demostrado en las cartas a los Corintios y a los Gálatas. Esta vida comunal está presente, a veces de modo tácito, a todo lo largo del Nuevo Testamento, incluso en aquellos pasajes que no parecen reflejarla; su culto, su enseñanza, su uso del Antiguo Testamento y su esperanza puesta en el futuro se traslucen en el lenguaje y el contenido de todos los libros del Nuevo Testamento, a pesar de su diversidad.

Uno de los factores que dificultan, y hacen casi imposible, reproducir una "biografía de Jesús" o una historia de la iglesia du-

rante su primer siglo es la particular posición que ocupaba el
Nuevo Testamento en la comunidad cristiana. Tal como la tradición de la iglesia siempre había sostenido, y los estudios modernos del Nuevo Testamento han confirmado, los veintisiete libros que lo componen fueron creados, no para satisfacer la
curiosidad histórica acerca de los hechos que narran, sino para
dar testimonio de una fe en la acción de Dios manifiesta a través de esos hechos. Por otro lado, hacer una historia del Nuevo
Testamento es asimismo difícil debido a la relativa brevedad
del período de tiempo que abarcan sus libros, si se lo compa-
ra con los aproximadamente mil años de historia descritos en el
Antiguo Testamento. Esto se traduce en una escasez de información histórica, en comparación con la que nos ofrece el Antiguo
Testamento, y supone que muchos hechos históricos relativos al
primer siglo de vida de la iglesia deban inferirse de declaracio-
nes contenidas en alguno de los Evangelios o en las Cartas, que,
además, sólo en contadas ocasiones –el evangelio de Lucas y los
Hechos de los Apóstoles, principalmente– nos remiten a la historia "secular" de Roma. (Este capítulo examina los libros del
Nuevo Testamento siguiendo el orden en que aparecen en las
Biblias cristianas, que no es ni es un orden meramente cronológico ni está basado tampoco en su importancia relativa.)

LOS EVANGELIOS

La *Torá* es al *Tanaj* lo que los Evangelios son al Nuevo Testamento:
el testimonio de fe a los fundamentales acontecimientos reden-
tores y a las acciones de Dios por los cuales se ha constitui-
do la comunidad creyente. Para la *Torá*, esos acontecimientos
son los sucedidos en torno al éxodo de Egipto; para los Evangelios,
los sucedidos en torno a Jesucristo. Los Evangelios tienen también en común con la *Torá* la particularidad de ser la sección de

las Escrituras a la que el estudio histórico-crítico moderno de la Biblia ha dedicado desde el siglo XVIII su más detallada atención. Los tres primeros Evangelios, aunque parecen depender, y dependen, unos de otros para gran parte del material relatado, son libros claramente distintos, cada uno con su propio propósito y estructura; y el cuarto Evangelio, sea cual fuere su origen, es más individual que cualquiera de los otros; sin embargo, considerados en conjunto, estos cuatro retratos forman la base para el resto del Nuevo Testamento. Es cierto que otras partes son anteriores, y que algunas quizá sean más de nuestro agrado por expresar mayor belleza literaria o mayor profundidad teológica, pero los Evangelios ocupan un lugar especial en el esquema de la Biblia cristiana como supuesto en el que se basan toda la historia y enseñanza que le siguen.

El evangelio de Mateo se abre con la genealogía de Jesús, a la que sigue un relato de su nacimiento e infancia. La narración de la vida pública de Jesús comienza refiriendo su bautismo, que es la inauguración pública de su ministerio, y sus tentaciones en el desierto. La siguiente parte fundamental del evangelio presenta el discurso conocido como el Sermón de la Montaña en la versión más completa que existe. Empieza por las Bienaventuranzas: «Bienaventurados los pobres de espíritu», e incluye el Padre Nuestro. Esta síntesis de las enseñanzas de Jesús ha ocupado un lugar especial en la historia de la reflexión y proclamación cristianas, acompañada de los comentarios de teólogos tales como Juan Crisóstomo para la tradición griega, san Agustín para la latina, y Martín Lutero para la tradición de la Reforma. Al Sermón de la Montaña le siguen una serie de milagrosas curaciones y la instrucción y envío de los doce discípulos. El enfrentamiento entre Jesús y sus adversarios, plasmado en una serie de parábolas, y el rechazo de que fue objeto en Nazaret, donde vivía, y que le llevó a decir: «Sólo en su tierra y en su casa desprecian al profeta», preparan el terreno para la segunda mitad del evangelio. En ella, Jesús se dirige con resolución a Jerusalén acompañado de sus discípulos y les instruye sobre los hechos concernientes a su pasión, que pronto habrán de presenciar, utilizando ejemplos y consejos (de los que ellos, mayormente, harán caso omiso). Las controversias con sus oponentes judíos se intensifican, y el evangelio crea así el marco para la pasión y muerte de Jesús. El relato continúa, e incluye detalles que no menciona ninguno de los demás evangelios. El evangelio de Mateo concluye con una breve descripción de algunas de las apariciones de Jesús resucitado y con su gran «mandato» de extender las filas de sus discípulos a todas las naciones, que será el fundamento de la expansión misionera del cristianismo durante veinte siglos. A lo largo de todo el evangelio de Mateo abundan las referencias al Antiguo Testamento y las citas tomadas de él, lo que ha llevado a muchos eruditos a la conclusión de que el libro estaba destinado a los judíos convertidos al cristianismo y a aquellos judíos que se planteaban la posibilidad de hacerlo. Hay quienes incluso han llegado a presumir, basándose en un pequeño número de notas de la primera época, que Mateo lo escribió originariamente en arameo, y, con cierta periodicidad, han aparecido supuestas copias de dicho manuscrito en los bazares del Oriente Próximo; pero la búsqueda del original ha sido en vano.

El evangelio de Marcos es el más corto y (en opinión de la mayoría de los estudiosos del Nuevo Testamento) el que fue escrito en época más temprana. No presenta ningún dato sobre los inicios de Jesús, sino que empieza *in medias res* narrando su ministerio de milagros y enseñanza, inaugurado con su bautismo de manos de Juan el Bautista. Los primeros capítulos contienen milagros relacionados con el alimento, las curaciones y con el poder sobre las fuerzas de la naturaleza, así como una serie de parábolas. Al igual que Mateo, Marcos dedica los capítulos centrales a preparar el terreno para el relato de la crucifixión: muestra a Jesús advirtiendo a sus discípulos sobre los acontecimientos inminentes; entrando en Jerusalén y limpiando el templo de corrupción, y prediciendo el fin de la ciudad y del mundo. Los capítulos finales del evangelio narran la historia de los últimos días de Jesús en la tierra, de su captura y ejecución, y de sus apariciones después de resucitado. Y relatándonos estas apariciones está cuando, de pronto, el texto se detiene abruptamente con las palabras: «Y no dijeron nada a nadie porque tenían miedo». Dos intentos, al menos, hizo la iglesia primitiva de completar el relato con lo que luego se conocería como los largos finales de Marcos, y que las ediciones modernas en inglés [y español] normalmente presentan junto al texto original, a veces a modo de apéndice o nota a pie de página, para que el lector decida por sí mismo. Si Mateo pone su énfasis en Jesús como aquél en quien se cumplen las profecías del Antiguo Testamento, Marcos nos habla, no tanto de ese cumplimiento, como del Jesús que obra poderosas acciones.

El evangelio de Lucas contiene abundante material que no está recogido ni en Mateo ni en Marcos. Se inicia con relatos sobre el nacimiento y la primera parte de la vida de Jesús que aparecen exclusivamente aquí, y a los que este evangelio añade su propia genealogía. El bautismo y la tentación de Jesús constituyen el preludio de su ministerio. Este ministerio está descrito, primero, en su fase de Galilea, que incluye numerosos milagros de curaciones y también algunas enseñanzas, entre las que se encuentra una versión reducida del Sermón de la Montaña (el Sermón de la Llanura), que dice, por ejemplo: «Bienaventurados los necesitados», en lugar de «Bienaventurados los pobres *de espíritu*», que veíamos en Mateo. A esto le sigue la sección individualmente más extensa del evangelio, que narra los viajes de Jesús por Samaria, Judea y Perea. Aunque algunos de sus relatos se mencionan en otros lugares, gran parte de ellos son exclusivos de Lucas, tales como la parábola del hijo pródigo, que se fue de casa a un país lejano, donde «gastó toda su fortuna llevando una mala vida», tras lo cual regresó, y su padre, comprensivo, le perdonó y le acogió con gozo. Al igual que Marcos y Mateo, Lucas introduce su versión de la pasión de Jesús con una descripción de sus actividades en Jerusalén durante sus últimos días, cuando «al acercarse el tiempo de su asunción, tomó la firme resolución de ir a Jerusalén». El relato que Lucas hace de la pasión contiene algunos hechos que están ausentes en los demás evangelios, y la crónica de las apariciones de Jesús tras su resurrección es particularmente detallada, en especial el encuentro ocurrido en el pueblo de Emaús, durante el cual Jesús, «empezando por Moisés y todos los profetas, les interpretó lo que sobre él hay en todas las Escrituras». El evangelio de Lucas parece dirigido a los cristianos de origen no judío –de quienes era representante Teófilo, cuyo nombre, que es cuanto sabemos de él, abre el prólogo del evangelio y la introducción al libro de los Hechos–; y uno de sus propósitos parece haber sido demostrar que ni a Jesucristo ni a sus seguidores podía en justicia acusárseles de sedición contra Roma.

El evangelio de Juan tiene muy poco en común con cualquiera de los demás evangelios. Después de su famoso prólogo, que trata sobre la encarnación de la Palabra de Dios, el evangelio narra la vida adulta de Jesús utilizando como marco varias celebraciones judías. Es de este evangelio de donde parte la suposición de que fueron tres años, más o menos, lo que duró el ministerio público de Jesús, cuando, atendiendo a los tres evangelios anteriores, sería fácil llegar a la conclusión de que duró sólo alrededor de año y medio, como hicieron los primeros teólogos cristianos, Ireneo de Lyon entre ellos, en el siglo II. Este evangelio parece situar en el curso del primer año los milagros iniciales de Jesús, la limpieza del templo (que los demás evangelios atribuyen a sus últimos días) y su actividad tanto en Judea como en Galilea; y, atendiendo a los cálculos cronológicos que parece hacer, al segundo año correspondería buena parte de su ministerio en Galilea, que los otros evangelios relatan. Pero el evangelio de Juan centra su interés fundamentalmente en el tercer año, en el que ubica la mayoría de sus discursos. Además de los detalles de la pasión que aparecen en otros lugares, el cuarto evangelio presenta las palabras finales de Jesús a sus discípulos en el cenáculo, entre ellas: «La paz os dejo, mi paz os doy; no como el mundo la da, os la doy yo», y la última «oración sacerdotal» al Padre antes de entregarse a su destino. En la tradición de la iglesia cristiana y en la vida espiritual de los creyentes individuales, éstos constituyen algunos de los más preciosos y simbólicos recuerdos de la vida y enseñanza de Jesús: «No se turbe vuestro corazón. Creéis en Dios, creed también en mí. En la casa de mi Padre hay muchas moradas», junto con «El Señor es mi pastor; nada me falta», son palabras que se han recitado, a menudo de memoria, en muchos lechos de muerte. Y, finalmente, los relatos de Juan sobre la resurrección narran hechos que, en su mayor parte, son característicos de este evangelio. Los intérpretes no han logrado ponerse de acuerdo en cuanto a si el evangelio presenta este marco con intención cronológica o simbólica, pero todos coinciden en adjudicarle un lugar distinguido entre los cuatro retratos de Jesús.

Por la alusión, con que se abre el evangelio de Lucas, a los «muchos» que ya habían emprendido la tarea de narrar por escrito lo que Jesús fue e hizo, y por las posteriores citas ocasionales (normalmente en tono desdeñoso) de los antiguos escritores cristianos de los siglos II y III, resulta obvio que siempre se ha sabido que estos cuatro evangelios contenidos entre las pastas del Nuevo Testamento canonizado no eran en modo alguno los únicos que se escribieron. Sin embargo, no ha sido hasta el siglo XX cuando han salido a la luz varios otros, incluidos el evangelio de Tomás y el evangelio de Felipe (hallados ambos en versión copta en Nag Hammadi, en Egipto, entre 1945 y 1946), lo cual ha provocado reacciones muy diversas en la comunidad de eruditos y entre el público en general. El acalorado debate de los especialistas en torno a estos evangelios extracanónicos desde que fueron descubiertos se ha centrado en su relación con los evangelios canónicos. Muchos de los dichos de Jesús que leemos en los evangelios de Tomás y Felipe guardan paralelismo con los que están contenidos en el Nuevo Testamento; es posible que algunos de ellos formaran parte de la tradición oral de la que todos los evangelios se sustentaron, y, en la opinión de algunos intérpretes, otros reflejan el origen de estos libros y el uso que de ellos se hacía en las comunidades que permanecieron al margen del movimiento cristiano "normativo" a medida que éste fue desarrollándose durante los dos o tres primeros siglos. La diferencia más sorprendente del evangelio de Tomás es que no presenta el tipo de relatos detallados de la pasión y muerte de Jesús que predominan en Mateo, Marcos, Lucas y Juan. Fuera o no por esta razón, el caso es que estos libros no se incluyeron ni siquiera en las primeras compilaciones de lo que luego sería el Nuevo Testamento. A pesar de ello –o, en algunas ocasiones, precisamente debido a ello– han despertado el interés de aquellos lectores a quienes la versión canónica de la vida de Jesús les ha parecido increíble o inaceptable, o ambas cosas, mientras que los cristianos más ortodoxos, de diversas denominaciones, han creído ver en esa misma cualidad innovadora una confirmación del proceso selectivo que la iglesia de la primera época empleó para ordenar y definir su canon.

LOS HECHOS DE LOS APÓSTOLES

Escrito como continuación del evangelio de Lucas y por el mismo autor no identificado, el libro de los Hechos de los Apóstoles actúa además como enlace entre los Evangelios y las Epístolas, sobre todo por su información sobre el apóstol Pablo. La ascensión de Cristo y la venida del Espíritu Santo introducen la historia del crecimiento de la cristiandad. En los capítulos iniciales del libro, la figura dominante es Pedro, que era el portavoz de la iglesia y el guía de los doce apóstoles, conforme a la especial posición que Jesús le confirió en los evangelios cuando le dijo: «Tú eres Pedro, y sobre esta piedra edificaré mi iglesia», lo cual tendría una importancia inmensa durante los siguientes siglos para el desarrollo de una autoridad que conduciría finalmente a la supremacía del papado. La predicación y el martirio de Esteban ponen fin a esta descripción de la congregación de fieles de Jerusalén y facilitan la transición a la sección principal de los Hechos: el ministerio sacerdotal de Pablo entre los paganos. Una visión celestial desempeñó un papel decisivo en la conversión de Pablo, y otra convence a Pedro de que el evangelio está destinado a los paganos tanto como a los judíos.

La mayoría de los capítulos restantes describen los viajes misioneros de Pablo. Pablo, que es en un principio el fariseo Saulo de Tarso, cruel perseguidor de los cristianos, se convierte cuando Cristo se le aparece en el camino a Damasco. A partir de ese momento será un ferviente apóstol de Cristo y del mensaje cristiano, y la suya será una vida de incesante actividad, pues él y sus compañeros recorrerán gran parte de Asia Menor y algunas partes de Europa, entre ellas Atenas, predicando a judíos y gentiles. La práctica misionera en estos viajes plantea una vez más el problema que es aplicar las regulaciones del Levítico a los gentiles conversos, y será necesario que un concilio se reúna en Jerusalén para resolver la cuestión, deliberando sobre los mismos problemas –y sobre algunas de las mismas soluciones– que se plantean en el *Talmud* en relación con la universalidad de la *Torá*. En una visita posterior a Jerusalén, Pablo se ve envuelto en una reyerta e invoca su ciudadanía romana, a consecuencia de lo cual tendrá que comparecer ante varios mandatarios romanos. Tras una larga serie de contratiempos, incluido un naufragio, el frenético relato alcanza su histórica culminación en las palabras: «Y así llegamos a Roma». El libro abandona a Pablo en este punto, y el desenlace –un legendario viaje a España y la narración, mucho más fiable, de cómo fue martirizado en Roma bajo el mandato del emperador Nerón– nos lo ofrecen las Cartas paulinas y la tradición posterior. Aunque descuidado a veces, y mucho menos comentado que el evangelio de Juan o la carta a los Romanos, el libro de Hechos desempeña para el Nuevo Testamento una función similar a la que desempeñan para el *Tanaj* sus libros históricos; sin él, los lectores de las epístolas se sentirían con frecuencia totalmente desorientados.

LAS EPÍSTOLAS

La mayor colección de escritos del Nuevo Testamento son, con mucho, las Epístolas: veintiuna en total. La mayoría de ellas se compusieron en respuesta a una necesidad específica de alguna de las congregaciones cristianas del primer siglo, pero más de una parece haber sido una circular dirigida a varias congregaciones, quizá incluso con el nombre del destinatario insertado y luego cambiado; más de la mitad de ellas se le atribuyen a Pablo, aunque los críticos han puesto en duda que algunas fueran escritas por él.

La carta a los Romanos contiene la declaración más completa de la enseñanza de Pablo expuesta en una sola carta. A lo largo de la historia del cristianismo, varios movimientos reformistas, y no sólo el que habitualmente llamamos "la Reforma" del siglo XVI, han sido provocados por la lectura de esta carta. Tras una manifestación de la universalidad de la culpa humana, pasa a la doctrina de la justificación, expuesta en la fe de Abraham; a continuación, el apóstol habla sobre la nueva vida que llega con la justificación y también sobre sus propias crisis de fe. Estas consideraciones le llevan a reflexionar sobre el misterio de cómo «todo Israel se salvará» y de la elección divina (reflexión que, no se sabe bien por qué, ha tenido mucha mayor influencia en varias doctrinas cristianas relativas a la predestinación que en los puntos de vista cristianos sobre el judaísmo). La segunda parte de la carta enumera algunas situaciones personales y sociales en las que la nueva vida debe expresarse.

La primera carta a los Corintios describe varios de los problemas que aquejaban a aquellas primeras comunidades cristianas: las escisiones y la exagerada importancia concedida a la elocuencia de ciertos predicadores, la inmoralidad sexual, la ingestión de la carne ofrecida a los ídolos, la discriminación y otros desórdenes en la Cena del Señor, la confusión por la variedad de lenguas, y el rechazo de la resurrección. En contraposición a todo esto, la carta celebra en el capítulo 13 la suprema grandeza del amor, que, como "himno al amor", han memorizado y citado incluso aquellos que nada tienen que ver con la fe de la iglesia y su continuidad. La segunda carta a los Corintios reflexiona, también, sobre los problemas de la congregación, pero no con el mismo detalle. Consiste mayormente en una reivindicación del ministerio apostólico de Pablo frente a sus detractores y un encomio de la generosidad de la comunidad corintia.

La reivindicación del ministerio apostólico de Pablo es uno de los temas principales de la carta a los Gálatas, en la que hace una distinción entre el evangelio cristiano y la ley judía más tajante aún que en la carta a los Romanos; es, por tanto, una defensa de la libertad cristiana y una exhortación a la comunidad a mantenerse firme en su fe. La carta a los Efesios parece asimismo motivada por el problema de las relaciones judeo-cristianas, pero en este caso el tema será la unidad de judíos y paganos, como «conciudadanos de los consagrados, y miembros de la familia de Dios», en la iglesia cuya cabeza es Cristo. La carta aplica luego esa misma unidad a la vida ética de los cristianos, especialmente al matrimonio y a la familia. La epístola a los Colosenses tiene mucho en común con la dirigida a los Efesios, y la relación literaria entre ellas ha desconcertado siempre a los analistas del Nuevo Testamento. Al igual que ésta última, pone toda su atención en la naturaleza de la iglesia como «el cuerpo de Cristo»; sin embargo, aquí esta evocación parece responder al rechazo que provoca la idea de Cristo promovida por la iglesia, y esta carta hace, por tanto, que la estrecha conexión de Cristo con la iglesia reciba nuevo énfasis, como ocurre con el contexto más amplio de esa conexión, en una visión del Cristo cósmico en quien todas las cosas cobran sentido. La carta a los Filipenses es uno de los más personales escritos epistolares de Pablo. Después de describir sus sentimientos hacia la iglesia de Filipos, en Macedonia, pone la humildad de Cristo como ejemplo para sus fieles y habla luego sobre su propia fe y experiencia, basándose en lo cual les insta a cumplir su vocación cristiana.

Al igual que ella, la primera carta a los Tesalonicenses está escrita en un tono muy personal. Describe la historia de la relación de Pablo con la comunidad de Tesalónica y después expone la segunda venida de Cristo como consuelo para aquellos que lloraban la muerte de sus correligionarios cristianos. La segunda carta a los Tesalonicenses parece tener como fin corregir la impresión creada por la primera, pues la expectación ante la venida de Cristo había inquietado a la congregación, y el escritor (que utiliza el nombre de Pablo, aunque muchos críticos dudan que Pablo fuera el autor) explica una serie de acontecimientos que debían preceder a dicho advenimiento, sobre todo la aparición del Anticristo, y concluye aconsejando al pueblo que trabaje y se gane el sustento en paz.

La llamadas cartas pastorales son escritos de instrucciones que el apóstol Pablo dirige a dos jóvenes discípulos suyos, Timoteo y Tito; no obstante, desde comienzos del siglo XIX, los estudiosos bíblicos han puesto en duda, de forma generalizada, la autoría de Pablo. La primera carta a Timoteo termina con la exhortación: «Guarda el depósito de la fe que te ha sido confiado», instándosele a preservarlo de falsos maestros y a ejercer su ministerio de acuerdo con la instrucción y el ejemplo de Pablo. En la segunda carta se le aconseja de nuevo conservar la fortaleza en situaciones de conflicto con los falsos maestros, y Pablo añade algunas notas personales, al acercarse «el momento de mi partida», dice, y el martirio. En la carta a Filemón, Pablo aboga a favor de Onésimo, un esclavo que ha escapado y al que el apóstol envía de vuelta con este escrito en el que pide a su amo que lo trate con amabilidad; pero cabe señalar, a la vista de lo que luego sería la historia de la emancipación, que no pretende que se le conceda la libertad a Onésimo.

Aunque la epístola a los Hebreos se le haya atribuido a Pablo en algunas ocasiones, ni la gran mayoría de los eruditos sostendría hoy día que fuera él quien la escribió, ni tradicionalmente, ya desde los primeros tiempos, se creyó en general que lo hiciera; y, además, no lleva su nombre. La carta, en la que con frecuencia se trasluce un modo de leer el *Tanaj* que era característico del judaísmo alejandrino, es una elaborada defensa del cristianismo, en su calidad de sucesor del judaísmo, que el escrito avala con una descripción de la superioridad de Cristo sobre los mediadores angelicales y humanos de la antigua alianza, poniendo especial énfasis en demostrar que fue superior a los sacerdotes del Antiguo Testamento y que su sacrificio es permanente, mientras que el de ellos era sólo temporal. La epístola concluye con una exhortación a seguir el ejemplo de los héroes de la fe, pasados y presentes, a quienes enumera en lo que a menudo se ha llamado "la lista de los santos", y en la que, curiosamente, se mencionan no sólo las vidas de los santos tomadas de los libros canónicos del *Tanaj*, sino también algunos episodios sacados de los textos apócrifos (y de otras fuentes).

Las siete cartas restantes del Nuevo Testamento suelen agruparse bajo el epígrafe de "Cartas católicas [en sentido general o universal]". La carta de Santiago trata de combatir la idea de que la generosa gracia de Dios hace innecesarias las buenas obras, y muestra la diferencia entre la falsa religión, que hace profesión de una actitud cristiana, y el servicio cristiano de la verdadera religión. Armonizar su contenido con la carta a los Romanos sería, por tanto, una colosal tarea para los reformadores protestantes del siglo XVI. La primera carta de Pedro es un mensaje de aliento a los cristianos, rodeados de sufrimiento, en el que define sus prerrogativas como recipientes de la herencia de Dios, y les exhorta a vivir de un modo tan intachable que, si sufren, sea por su lealtad a Cristo, y no por atentar de forma alguna contra la moralidad. La segunda carta de Pedro es muy distinta en cuanto a carácter y propósito: alerta a sus lectores del peligro que representan los falsos maestros que se han introducido en la iglesia, y detalla sus herejías así como el aciago destino que les espera. La carta de Judas contiene la misma advertencia, que parece resonar en la segunda de Pedro. El tema de la primera carta de Juan vuelve a ser idéntico, pero la advertencia aparece esta vez en el contexto de una disertación sobre el amor: reflejar el amor de Dios en la vida humana y creer seriamente en Jesús como el Cristo son, juntas, las señales de un verdadero cristiano. La segunda carta de Juan aconseja de nuevo cuidarse de los falsos maestros y practicar la caridad cristiana; y la tercera es una breve carta de recomendación de un tal Demetrio, dirigida a un tal Gayo.

EL LIBRO DE LA REVELACIÓN

El último libro del Nuevo Testamento y de la Biblia, la Revelación a Juan, o Apocalipsis, consiste en una serie de visiones otorgadas al autor y que ahora él comunica a varias comunidades cristianas de Asia Menor. En estas visiones, cuyos pormenores han causado siempre consternación a los estudiantes de la Biblia, el autor vislumbra la victoria final de la iglesia sobre sus enemigos gracias al poder de Cristo, el Cordero de Dios, pero sólo tras una porfiada lucha; y ve que la victoria habrá de conducir «a un nuevo cielo y una nueva tierra» y a la destrucción de los enemigos de la iglesia. La descripción de estas visiones, dirigida a las iglesias que se enfrentaban al doble peligro de la persecución y la indiferencia, tenía como fin fortalecer su esperanza y su resolución. Algunos de los capítulos más vívidos de la historia de la interpretación bíblica han surgido del libro de la Revelación, y el vaticinio de una contención de Satanás y un reinado de Cristo, que habrían de durar mil años, ha inspirado, tanto en el arte como en el ámbito espiritual, gráficas expectativas en torno al final anunciado, entre ellas la inquietante obra de William Blake *Vision of the Last Judgment* [Visión del juicio final] e incontables erupciones de falsas expectativas, que, en muchos sentidos, han hecho de éste el libro más controvertido de la Biblia.

LA BIBLIA CRISTIANA
EN LA IGLESIA CRISTIANA

Al parecer, fueron varios los factores que contribuyeron a que la iglesia compusiera un segundo "testamento" como continuación del que ya existía. Uno de estos factores fue, sin duda, el simple paso del tiempo, que despertó en la iglesia la necesidad de descubrir todos los recursos posibles que la vincularan a su pasado y garantizaran su continuidad en la tradición de la fe; y junto a la codificación de la tradición en credos y liturgias, así como al desarrollo del oficio de obispo hasta convertirse en episcopado monárquico, las "memorias de los apóstoles" fueron el recurso idóneo para lograr esa continuidad. Un factor determinante, también, de que se estableciera el canon que conocemos fue el que algunos de los escritos que circulaban, pese a llevar el nombre de los apóstoles, no contenían enseñanzas apostólicas (según la definición que daban de "enseñanzas apostólicas" la iglesia y su credo y que hacían respetar sus obispos); algunos de estos escritos rechazados, como ya mencionamos anteriormente, entre los que cabe destacar el evangelio de Tomás y el de Felipe, pasaron a la clandestinidad, y no se descubrieron hasta época muy reciente. La tarea de separar, de entre los diversos escritos, aquellos que supuestamente provenían de la generación apostólica ocupó a los cristianos hasta bien entrado el siglo IV. A principios de este siglo, el historiador eclesiástico Eusebio de Cesarea propuso la siguiente división: algunos que fueron casi universalmente reconocidos como parte del Nuevo Testamento; otros que fueron objeto de debate pero que finalmente se aceptaron, y un último grupo que fue tomado con mayor o menor seriedad en una u otra parte de la iglesia pero que acabó siendo rechazado.

LIBROS RECONOCIDOS
Y LIBROS POLÉMICOS

Las más antiguas composiciones de literatura cristiana jamás recopiladas parecen haber sido las cartas de Pablo. Atendiendo al rito litúrgico de la iglesia de Roma, se diría que los evangelios fueron los primeros libros cristianos añadidos al Antiguo Testamento como Escritura suplementaria, y que esto había ocurrido ya para mediados del siglo II. También de Roma, y aparentemente del siglo II, nos llega la más antigua lista existente de escritos del Nuevo Testamento: el fragmento muratoriano, así llamado por ser Ludovico Muratori quien, tomándolo de un manuscrito latino de comienzos del medievo basado en documentos anteriores, lo publicó por primera vez en 1740. El fragmento contiene los nombres de los libros que se leían en la iglesia de Roma en torno al año 200 de nuestra era, fecha aproximada para la que, según sugieren también los escritos de los más antiguos autores cristianos de Lyon, Cartago y Alejandría, los evangelios, las cartas de Pablo y algunas otras cartas se usaban como Escritura; y basándonos en unas y otras fuentes, podemos redactar una lista de libros en la que todas ellas, al parecer, estaban de acuerdo. Esa lista incluiría, siguiendo el orden actualmente empleado en el Nuevo Testamento: Mateo, Marcos, Lucas, Juan, Hechos, Romanos, Corintios I, Corintios II, Gálatas, Efesios, Filipenses, Colosenses, Tesalonicenses I, Tesalonicenses II, Timoteo I, Timoteo II, Tito, Filemón y Juan I.

Basándonos en estas mismas fuentes podemos elaborar igualmente una lista de aquellos libros que, aunque polémicos en un principio, fueron finalmente incluidos en el canon del Nuevo Testamento. La carta a los Hebreos corresponde a esta categoría. Aparentemente fue aceptada en el sector oriental de la iglesia, pero rechazada en el sector occidental, ya que no aparece en el canon muratoriano y su legitimidad es puesta en duda, asimismo, por otros autores. Más aún son los autores que dudan de la legitimidad de la carta de Santiago. En cuanto a la primera carta de Pedro, aunque goza de reconocimiento casi universal, no está listada en el párrafo anterior debido a que no forma parte del catálogo muratoriano; por otro lado, la segunda carta de Pedro fue mirada con recelo por muchos autores del cristianismo temprano que, no obstante, aceptaron la primera. La carta de Judas sí aparece en el canon muratoriano, pero fue rechazada en otros lugares. La segunda y la tercera carta de Juan se anexionaron a veces a su primera carta formando juntas un solo libro, pero no recibieron la misma aprobación universal que ésta. El libro de la Revelación fue probablemente objeto de mayor antagonismo que ninguno de los restantes libros finalmente canonizados; en parte porque las ideas apocalípticas adquirieron mala fama a causa de su asociación con los movimientos heréticos y cismáticos ya desde una época muy temprana de la historia del cristianismo y, en parte porque algunos no creían que el mismo hombre que había escrito el evangelio de Juan fuera también el autor del Apocalipsis. En general, los libros reconocidos como "canónicos" estaban relacionados de una forma u otra con el nombre de un apóstol, lo cual ayuda a explicar la inclusión del libro de Judas. La excepción es la carta a los Hebreos, que no lleva el nombre de ningún apóstol (su atribución a Pablo, como ya hemos mencionado, sería más tardía); sin embargo, su fuerza intrínseca parece haber sido prueba suficiente de que, si había de existir una colección normativa de escritos cristianos de la generación de los apóstoles, este libro debía formar parte de ella sin importar quién lo hubiera compuesto.

ELABORACIÓN DEL CANON DEL NUEVO TESTAMENTO

Los escritos de Eusebio y de su contemporáneo Atanasio de Alejandría reflejan con claridad que para mediados del siglo IV se había llegado prácticamente a un acuerdo sobre los libros que habían sido objeto de polémica, y que el canon del Nuevo Testamento que actualmente aparece en las Biblias cristianas contaba cada vez más con la aceptación general, por no decir casi universal. La primera vez que se presenta este canon es en una carta de Atanasio expedida el año 367 de la era común.

Después de esta carta, otras tradiciones conservaron su propio canon durante un tiempo; así, los eruditos y teólogos de Antioquía aceptaron en general sólo tres cartas católicas –la de Santiago, la primera carta de Pedro y la primera de Juan–, mientras que uno de sus más ilustres representantes, Teodoro de Mopsuesta, rechazó esta sección del canon en su totalidad. Occidente siguió la iniciativa de Atanasio. En el año 382 se celebró un sínodo en Roma, bajo el magisterio del papa Dámaso, en el que la influencia de Jerónimo consiguió que se adoptara una lista de libros que respondía a la de Atanasio, y que sería ratificada por el papa Gelasio a finales del siglo v. La misma lista se confirmó de modo independiente para la provincia de África en Hippo Regius en el año 393, y en 397 y 419 en Cartago bajo el mandato de Agustín de Hipona (Hippo Regius). Puede decirse que fue el segundo canon del Segundo Concilio *in Trullo*, en el año 692, conocido por los legisladores como el Quinisexto, el que cerró el proceso de elaboración del canon del Nuevo Testamento para Oriente y Occidente. Conviene señalar que todo ello colocó en una posición notablemente distinta dentro de la iglesia al Antiguo Testamento, sobre el que no actuó ningún concilio "ecuménico" hasta el Concilio de Trento en 1546, y ni siquiera entonces se resolvió la cuestión de los textos apócrifos y la posición que les corresponde, ni se ha resuelto hasta el día de hoy.

SIETE

Los pueblos del Libro

Retrato de san Jerónimo, tomado de un manuscrito parisino de la *Vulgata* perteneciente al siglo XIII. (Colección de la Bridwell Library, Facultad de teología Perkins de la Universidad Metodista del Sur.)

n la actualidad puede decirse que tenemos en común con los Estados Unidos prácticamente todo», comentó el ingenioso literato británico Oscar Wilde en una ocasión; pero luego, dando uno de sus característicos giros, añadió: «claro está, excepto el idioma». Es una observación que se ha hecho con frecuencia: que lo que separa a británicos y americanos es su idioma común, al que, no obstante, unos y otros llaman «inglés»; ahora bien, según dice en *My Fair Lady* el eminente profesor Higgins, toda una autoridad de la lengua: «Los americanos no lo han hablado desde hace años». Pero no debemos dejar que estos ingeniosos dichos minimicen la paradoja de que tener una lengua común pueda ser en verdad un factor asombrosamente divisivo.

El poder divisivo de la *ignorancia* mutua de las lenguas es algo que todos conocemos bien, desde el turista que sale a comprar un objeto como recuerdo de su viaje, hasta el diplomático que intenta firmar un tratado o incluso un simple memorándum de concordia. A veces provoca situaciones divertidas, como la de un americano que recorrió París tratando de comprar un libro y sólo encontró *librairies** por todas partes; pero también, a

---

* *Library* significa en inglés biblioteca. (*N. de la T.*)

veces, situaciones trágicas, como las que se han dado cuando algunos ministros de asuntos exteriores han visitado países cuya lengua desconocían e, ingenuamente, han insultado a sus anfitriones al malinterpretar una palabra o al pronunciar defectuosamente el nombre de su anfitrión, haciéndolo sonar como una obscenidad.

SEPARADOS POR UNA LENGUA COMÚN

Cuando terminamos de reír entre dientes ante semejantes errores imperdonables, algunos entramos en una diatriba sobre los peligros de descuidar el estudio de otros idiomas y sobre la notable caída en picado que han sufrido dichos estudios en las últimas décadas. ¡Cuánto mayor sería el entendimiento entre las naciones del mundo –solemos repetir con vehemencia– si los representantes de todas ellas supieran qué es lo que dicen realmente los "otros", en lugar de oírlo a través del filtro de la traducción! No cabe duda. Pero la situación histórica es considerablemente más complicada, y el siguiente ejemplo, tomado de los titulares de un periódico reciente, bastará para mostrarlo. El serbio y el croata, las dos lenguas principales de la antigua Yugoslavia, son en esencia una sola lengua, con variaciones históricas y locales relativamente insignificantes. Ahora bien, el serbio se escribe en el alfabeto cirílico, y el croata, en cambio, en el alfabeto latino, debido a que en el tumulto cultural y religioso que siguió a la cristianización de los eslavos, que empezó en el siglo ix, los croatas se unieron a Roma, defendieron la autoridad del papa sobre todas las iglesias, y su culto fue la misa latina (y por eso se les llama "católicos romanos"), mientras que los serbios apoyaron a Constantinopla, reafirmaron la autonomía de cada iglesia nacional y celebraron la liturgia de la Iglesia eslava (y son, por tanto, "ortodoxos orientales"). Unos y otros hablan básicamente el mismo idioma, lo cual significa que entienden muy bien los insultos y obscenidades intraducibles que se lanzan mutuamente, y que su lengua común ha abierto un abismo entre ellos; tanto es así que, llega a pensar uno a veces, quizá los pueblos de los Balcanes se relacionarían de una forma más pacífica si simplemente *no* entendieran sus respectivas lenguas tan bien.

El caso es que también durante la "Edad Media", lo mismo en la Europa Occidental que en el Imperio Romano de Oriente –el llamado Imperio Bizantino–, los estudiosos rabínicos y los estudiosos cristianos estaban separados por un texto común, tanto da que unos lo llamarán *Tanaj*, en hebreo, otros *Graphē*, en griego, y otros *Biblia Sacra*, en latín; por supuesto, nombres tales como Moisés, David y Jeremías eran los mismos en las tres lenguas, o al menos suficientemente parecidos como para poder reconocerlos, y palabras como "amén" o "aleluya" (con ligeras variaciones en la pronunciación) eran propiedad litúrgica común a las tres formas de culto. Como todo esto indica, una de las razones por las que la Biblia creó esta separación era que los rabíes la leían en hebreo, los bizantinos en griego (haciendo uso del Antiguo Testamento de la *Septuaginta* griega, y no del original hebreo), y los monjes occidentales en latín (ni en hebreo ni en griego). Quizá haga falta haber dedicado toda una vida a intentar entender estas tres lenguas clásicas –por no hablar del intento de verterlas al inglés– para apreciar plenamente la inmensa diferencia entre los mundos de pensamiento (a veces casi universos de pensamiento enteros) que representan. El sistema de "tiempos verbales" en hebreo, por poner un ejemplo, no se corresponde en realidad con los sistemas a los que estamos habituados en ninguna de las lenguas indoeuropeas, incluido el inglés; así pues, un determinado verbo hebreo de los Salmos se tradujo al latín como pretérito perfecto: «He levantado mis ojos a los montes» (y el salmo se llamó, por consiguiente, *Levavi*), mien-

tras que en la versión inglesa de la Jewish Publication Society se
ha traducido en presente: «Alzo mis ojos a los montes», y en la
versión del Rey Jaime [o en la Reina-Valera], en futuro: «Alzaré
los ojos a los montes».

Tras varios intentos tempranos de traducir la Biblia al latín,
entera o en parte (versiones agrupadas tradicional e indiscrimi-
nadamente bajo el título "Viejo latín", *Vetus Latina*), la tarea de
salvar la distancia entre el latín y las lenguas bíblicas en una versión definitiva recayó sobre Jerónimo –o, para llamarlo por su
verdadero nombre completo, Eusebius Hieronymus– a finales
del siglo IV y principios del siglo V. Afortunada, o incluso pro-
videncialmente, Jerónimo era, en pocas palabras, el más grande
erudito occidental de su época. Prácticamente único entre sus
contemporáneos y sucesores, era «un hombre de tres lenguas»,
como Agustín se refirió a él en una ocasión con innegable envi-
dia de su dominio del latín, el griego y el hebreo. Ni el mismo
Agustín –de quien se llegó a decir: «Ya sea o no el más extraordinario escritor latino, es el hombre más extraordinario que jamás
haya escrito en latín»– tenía más que un conocimiento fragmen-
tario del griego y una relación sólo de segunda mano con el hebreo (además de algunas nociones rudimentarias de varios dialectos "púnicos" del norte de África).

En un principio, Jerónimo siguió la costumbre practicada por
sus predecesores anónimos de basar su revisión de la traducción
latina del *Tanaj* en el texto griego de la *Septuaginta*, que, como
él sabía, gozaba de gran prestigio (y así continúa siendo) entre
los teólogos y estudiosos grecoparlantes de las regiones orientales de lo que entonces era todavía una sola iglesia. Sin embargo, un estudio más profundo, motivado también (o, más bien,
provocado) por el recelo de los rabíes en cuanto a la exactitud
de la *Septuaginta* y, por consiguiente, en cuanto a la corrección de
las interpretaciones cristianas basadas en ella, llevó a Jerónimo
a descubrir lo que él llamó *Hebraica veritas*, «la verdad en he-

breo». A instancias del papa Dámaso, emprendió la tarea de hacer una traducción nueva del *Tanaj* al latín que estuviera basada en el original hebreo. Para la revisión de Nuevo Testamento utilizó por supuesto el texto griego, y, aunque completó el contenido de los evangelios en el año 384, probablemente no tuvo tiempo de terminar todos los libros restantes. El respeto de Jerónimo hacia «la verdad en hebreo» le llevó asimismo a considerar secundarios los textos apócrifos, en cuanto a su valor y autoridad, con respecto al canon judío, pero ésta sería una opinión decididamente minoritaria todo a lo largo de la Edad Media, prefiriéndose la distinción establecida por Agustín entre "el canon judío" y "el canon de la iglesia"; y Jerónimo tradujo, de hecho, los textos apócrifos como parte de la Biblia latina.

LA *VULGATA*

En algún momento de la historia, la traducción de la Biblia al latín hecha por Jerónimo recibiría el nombre de *"Vulgata"* (que, por supuesto, de ningún modo significa "vulgar" sino que se acerca más a nuestro término "vernácula", teniendo en cuenta que, de un extremo a otro de la Europa medieval, el latín era la lengua vernácula de comunicación internacional en el ámbito del comercio y del derecho, de la erudición y del culto). No obstante, esta nomenclatura tiene su lado caprichoso, pues la campaña llevada a cabo para promover el uso de la lengua vernácula en la Biblia y en la liturgia, tanto durante la Reforma protestante del siglo XVI como durante los debates en torno al Concilio Vaticano II de la iglesia católica romana en el siglo XX, ha enfrentado "vernácula" a *"Vulgata"*, aun cuando en origen estos términos fueran casi sinónimos uno de otro. A pesar de que en la época del Renacimiento y de la Reforma se puso de moda ridiculizar los defectos de la traducción de Jerónimo y reprobar las interpretaciones teológicas oficiales que estaban basadas (sin un conocimiento directo del original) en las particularidades de dicha traducción, no debería permitirse que esto minimizara su colosal influencia ni su enorme fuerza literaria y religiosa. Cualquiera que proceda a su lectura con un conocimiento previo de Virgilio y Cicerón –Jerónimo tuvo una vez un sueño en el que Dios le reprendía por ser más un "ciceroniano" que un "cristiano"– apreciará el carácter cadencioso y gráfico de sus relatos históricos, el conmovedor lirismo de su poesía, y sus retóricos y atronadores pasajes proféticos.

La *Vulgata* fue la Biblia por excelencia de toda Europa durante más de mil años, y un filón de oro para la misa latina. Aquellos que, desde la perspectiva de la Reforma protestante y de su doctrina de «una sola Biblia», critican la actitud general de la Edad Media por haber descuidado el estudio de la Biblia, deberían sentarse a examinar el texto de la misa latina con la *Vulgata* en la mano, y descubrirían que, frase por frase, a veces casi palabra por palabra, es una guirnalda de citas bíblicas encadenadas; y el Ave María, tantas veces tachado de "mariólatra", en realidad hila versos de la *Vulgata* tomados del evangelio de Lucas.

Pero cuando Cirilo y Metodio llegaron de Constantinopla en el siglo IX en calidad de "apóstoles de los eslavos", no predicaron en griego a los conversos, sino que tradujeron el evangelio y la liturgia al eslavo, inventando para ello un alfabeto. En cambio, en Occidente, cuando los francos, los lombardos y los celtas se convirtieron al cristianismo católico, tuvieron que aprender latín –al menos lo suficiente para poder rezar el Padre Nuestro y cantar el Credo–. La derivación cultural de este hecho era que el latín de la *Vulgata* ofrecía, al menos a aquellos que lo aprendían bien, la posibilidad de acceder a la lengua latina en su totalidad, a los clásicos romanos y al derecho tradicional, y pronto se convirtió, por tanto, en una forma de heredar la tradición de la civilización occidental. A la vez, y esto tenía para sus patronos de la iglesia mucha mayor importancia, el latín de la *Vulgata* era la vía de acceso a la tradición de Moisés y los profetas, de Jesús y los apóstoles, de Cipriano y Agustín; sin embargo, era al mismo tiempo un muro divisorio, que separaba a sus seguidores de aquellos que leían la Biblia en griego (los cristianos de Constantinopla, de quienes se separaron en el siglo XI, 1054 es la fecha que se da en los libros de texto) y también de aquellos que la leían en hebreo (los judíos pero casi ningún cristiano, ni siquiera los estudiosos bíblicos, salvo unas pocas almas audaces y el ocasional judío converso).

La necesidad de disponer de manuscritos de la Biblia, o, cuando menos, de las lecciones que se asignaban para la lectura en la misa del domingo o de los salmos para las horas de oración en los monasterios, significó que la manufactura de Biblias latinas se convirtió en una gran industria artesanal –o, para ser un poco más exactos, en una industria monacal–. En Occidente, en la Edad Media, la labor de transmitir el texto de la *Vulgata* latina –así como de la mayor parte de los restantes textos latinos, tanto cristianos como clásicos– estaba en manos de los monjes benedictinos repartidos por toda Europa occidental. El ideal monástico de combinar la oración y el trabajo, «el amor por aprender y el deseo de Dios», encontró espléndida expresión en el *scriptorium*, donde los escribas sentados ante sus mesas copiaban el texto, generalmente a medida que les era dictado de una copia maestra. Los escribas desarrollaron un complicado sistema de abreviaturas, que ahora tenemos que aprender a descifrar; desgraciadamente desarrollaron también la nefasta costumbre de desechar la antigua copia una vez que estaban completadas las nuevas: ¿a quién iba a interesarle un viejo manuscrito deteriorado cuando podía tener uno de los nuevos, flamante, reluciente, escrito con nitidez sobre una vitela limpia? O cabía también la posibilidad de que utilizaran el pergamino de la vieja copia como cubierta para un libro, de modo que, ahora, reconstruir un manuscrito de la *Vulgata* supone a veces tener que ir juntando restos esparcidos por doquier: la mitad de un salmo aparece en España y la otra mitad en Austria. Y, por supuesto, dado que «errar es de humanos», como les recordaba el proverbio latino que solían recitar, en ocasiones entendían mal lo que se les dictaba, o lo que se les dictaba se leía o pronunciaba mal, o puede que fuera erróneo desde un principio, o que recordaran de pronto una versión anterior y sustituyeran por ella lo que acababan de oír, o que lo copiaran dos veces..., o que hicieran todo ello a un tiempo. Por consiguiente, junto con todas las variantes aparecidas en los manuscritos y que provocaron las críticas del texto del Nuevo Testamento griego, el texto de la *Vulgata* fue, también, poco a poco confundiéndose y corrompiéndose, y a menudo separándose todavía más de las palabras originales de la Biblia en hebreo y en griego.

TRADICIONES DE INTERPRETACIÓN SEPARADAS

Aún más divisiva que la diferencia de lenguas (aunque no tan desconectada de ella) era la diferencia entre las interpretaciones asignadas al texto, especialmente la diferencia de interpretación de judíos y cristianos, ahora que los cristianos habían empezado a considerar el *Tanaj* no como «vuestra Escritura» sino como «la nuestra». Los dos sistemas de interpretar el *Tanaj* o Antiguo Testamento, el talmúdico y el cristiano (representado en el Nuevo Testamento), viajaron por caminos separados, y fueron poquísimas las ocasiones en que se influyeron mutuamente a través del abismo que se abría entre ellos. Quizá el ejemplo más claro de dicha influencia y de la contribución que pudo suponer –o, mejor dicho, que hubiera podido suponer en caso de haberse dado en mucha mayor cantidad– lo encontramos en la

obra del gran intérprete bíblico judío Rashi, que vivió en el siglo
xi de nuestra era, y, dos siglos más tarde, en la del gran intérprete bíblico cristiano Nicolás de Lyra.

Rashi (acrónimo formado a partir de "Rabbi Shlomo Ben
Itzakh") combinó un profundo respeto por la tradición judía de
la interpretación bíblica, especialmente la representada por el
Talmud, con la concentración, propia de un filólogo, en el texto
original del *Tanaj* y una minuciosa exposición gramatical de dicho texto, verso por verso y palabra por palabra. Como consecuencia, la elaboración más fantasiosa y a menudo extravagante
de las alegorías y otras interpretaciones poéticas procedente de la
tradición rabínica quedó detenida ante la prioritaria insistencia
en saber qué decía el texto en realidad. El trabajo de Rashi coin-
cidió precisamente con los inicios de un cambio de énfasis muy
semejante entre los exegetas cristianos, énfasis del que Tomás
de Aquino sería, en el siglo xiii, el más conocido exponente.
Según Tomás, era al sentido gramatical literal de un pasaje de las
Escrituras al que principalmente debía atribuírsele cualquier clase de sentido espiritual, y en función de ese sentido literal debía
juzgarse. «Todos los sentidos» de la Escritura, insistía en el primer capítulo de su obra maestra, *Summa theologica*, «se basan en
uno: el literal, y sólo de él puede derivarse cualquier argumento, no de aquellos que le atribuye la alegoría», que podía contribuir mucho a la comprensión espiritual, pero sólo cuando el
sentido literal era su base. Como dice una sentencia casera de los
tiempos modernos, la función principal de una farola es dar luz,
pero eso no quita que un borracho la use como punto de apoyo.

Llevada hasta sus últimas consecuencias, esta insistencia en
la primacía del sentido literal habría supuesto –es decir, habría
debido suponer– que se otorgara prioridad, también, al texto
original en la lengua original; pero Tomás nunca llegó a dominar
el griego –ni el bíblico ni el de los Padres de la Iglesia–. El ana-
lista bíblico que entre los cristianos de la Edad Media llevó, más

que ningún otro, hasta sus últimas consecuencias el sentido literal aplicándolo a la lengua original fue Nicolás de Lyra, un franciscano de la Universidad de París. Tan precisa era su comprensión de los matices del hebreo y tan exhaustivo su conocimiento
de Rashi y de otros exegetas judíos –cualidades, ambas, tan ra-
ras entre los estudiosos cristianos de la Biblia– que se especuló a
veces con la posibilidad de que fuera un judío converso, pero no
parece haber sido el caso; parece, más bien, que su dominio de
la lengua era el de un cristiano que había dedicado su vida entera al estudio de los intérpretes judíos del *Tanaj*. De hecho, sería, por ejemplo, la fuente principal de interpretaciones rabíni-
cas para el monumental comentario de Martín Lutero sobre el
libro del Génesis (que ocupa ocho volúmenes en la edición americana traducida al inglés de las *Obras completas de Lutero*), cuyas citas de Rashi y otros exegetas rabínicos del Génesis no están
tomadas directamente de ellos sino de Lyra. Se ha de señalar que
esto no aumentó las simpatías de Lutero hacia sus contemporáneos judíos; ni mucho menos. Pero sí indicó un reconocimiento de que, pese a la innegable ignorancia que demostraban por
no ver el *Tanaj* como un libro cristiano, los rabíes como Rashi
tenían en verdad algo que enseñar a los lectores cristianos sobre
el sentido gramatical literal del texto hebreo, que los cristianos
estaban simplemente empezando a recuperar gracias a los esfuerzos de algunos hebraístas cristianos del Renacimiento, tales
como el humanista Johannes Reuchlin.

LA INTERPRETACIÓN CRISTIANA
MEDIEVAL

En la Edad Media, la interpretación cristiana de la Biblia adoptó diversas formas, la más elemental de las cuales –tan elemental que las generaciones posteriores a menudo la han ignora-

do– fue la creación de notas aclaratorias escritas en el margen o a pie de página y que se conocen por el nombre de "glosas". A veces, éstas eran simples paráfrasis de palabras extranjeras o de palabras latinas difíciles y de oscuro significado que aparecían en el texto, o análisis etimológicos (genuinos o fantasiosos), tales como el esfuerzo por explicar la, aun hoy día, desconcertante palabra *Selah* que encontramos en varios salmos, y que ha tenido que ser explicada incluso en la versión de la Sociedad de Publicaciones Judías, que la define como «orientación litúrgica de significado impreciso». Pero las glosas fueron mucho más allá de este nivel elemental e intentaron identificar el significado doctrinal y moral del pasaje, e, inevitablemente, corregir el falso significado que le hubieran atribuido los movimientos heréticos. A medida que las glosas sobre las glosas fueron convirtiéndose en glosas sobre las glosas de las glosas, el espacio dedicado al texto bíblico en la página fue haciéndose cada vez más pequeño para dejar sitio a las cuantiosas explicaciones marginales que lo rodeaban por todos los lados, y que con frecuencia contenían citas de exposiciones previas del texto, de las cuales algunas francamente hermosas han sobrevivido hasta nuestros días sólo por este medio.

Más ambiciosa fue la exposición del texto sagrado en sermones y homilías, a veces para una congregación lega, otras para una comunidad monástica y, otras, para una corte nobiliaria o real. Las lecturas, de una epístola o de un evangelio, asignadas para los domingos y festividades del año eclesiástico (las "perícopas") se recogían para mayor comodidad en un libro litúrgico particular, llamado "leccionario" (nombre derivado de la palabra latina *lectio*, "leer"), y la homilía consistía entonces en desarrollar una u otra de estas "lecciones" (normalmente, el evangelio). Con suma frecuencia, a decir verdad, "exponer" el texto en realidad no suponía más que repetir lo que alguien ya había dicho anteriormente, por lo general Agustín, Crisóstomo o Jerónimo (y en muchos casos era de agradecer que así fuera, teniendo en cuenta el nivel cultural de muchos predicadores). Otro formato, llamado *lectio continua*, era, como su título indica, una exposición oral, no de la perícopa para el día, sino de un libro entero de la Biblia, verso tras verso en servicios sucesivos, hasta que finalmente estas homilías constituyeron un comentario de la Biblia entera. Para ayudar a los oyentes a comprender el significado del texto, los predicadores solían referirlo a cuestiones y conflictos cotidianos; como resultado de ello, estos comentarios sermonarios son hoy día una valiosa recopilación de fuentes no sólo sobre creencias ortodoxas y prácticas pías sino, en conjunción con otras fuentes tales como los manuales de penitencia, también sobre costumbres sociales, prácticas económicas y la vida popular, incluida la gran dosis de superstición y paganismo que había sobrevivido en la Europa oficialmente "cristiana" y "católica".

A medida que fueron evolucionando la educación y erudición cristianas, la *lectio continua* adquirió además reconocimiento académico, y los cursos de análisis de las Escrituras ocuparon una posición central en los planes de estudios de teología. Tomás de Aquino, por ejemplo –a quien principalmente se recuerda por su monumental *Summa theologica* en miles de artículos e indagaciones–, se preparó para dicha tarea abriéndose paso verso a verso a través de todos los libros de la Biblia; de hecho, estaba dictando un comentario sobre el Cantar de los Cantares cuando murió, probablemente antes de cumplir los cincuenta. Fue este prolongado trabajo el que le dio su maestría y le valió el título de "Maestro de la Página Sagrada". En la mayoría de los libros de texto modernos que describen la historia de las ideas durante la Edad Media, esta fuente de su pensamiento que fue la Biblia, si es que llega a mencionarse, se coloca en un lugar dos o tres órdenes posterior a su estudio de Aristóteles, cuando las prioridades de Tomás fueron exactamente las contrarias.

El creciente interés en la Biblia llegó incluso a hacer que la atención se volviera hacia el texto hebreo del *Tanaj*, sobre todo en algunos centros como la Abadía de San Víctor, en Francia. Por otra parte, las negociaciones con la "iglesia griega" de Constantinopla durante los concilios ecuménicos para la unión de las iglesias celebrados en Lyon en 1274 (el año en que murió Tomás de Aquino) y en Florencia en 1439, sumadas a la huida de estudiosos griegos a Occidente ante la invasión de los ejércitos musulmanes de los turcos otomanos, tuvo un efecto similar en cuanto al estudio del texto griego del Nuevo Testamento, que, en un momento dado, ayudó a fomentar el humanismo literario del Renacimiento en Italia y norte de Europa.

Como Beryl Smalley, de la Universidad de Oxford, comentó: «La Biblia fue el libro más estudiado en la Edad Media. El estudio de la Biblia representaba la más elevada rama del saber [...]. Tanto el lenguaje como el contenido de las Escrituras impregnaron el pensamiento medieval». El método de interpretación bíblica característico de la Edad Media cristiana se ocupaba tradicionalmente de varios niveles, a veces hasta siete, pero que acabaron fijándose en cuatro: literal, alegórico, moral y escatológico (normalmente llamado "analógico"). Estas múltiples interpretaciones quedaron sintetizadas en un cuarteto latino que, traducido, dice:

> La letra nos dice lo que Dios y nuestros padres hicieron.
> La alegoría nos muestra dónde se esconde nuestra fe.
> El significado moral nos da normas para la vida cotidiana.
> La analogía nos revela dónde encuentran su fin nuestros conflictos.

El ejemplo clásico para explicar estos cuatro sentidos era el nombre bíblico «Jerusalén». En su sentido literal significaba un lugar localizable en el mapa (que en el mapa medieval se situaba generalmente en la parte más alta, y no en el extremo derecho, como en los nuestros). En sentido alegórico significaba, tal como había dicho san Pablo en la única alegoría legítima del Nuevo Testamento, «la Jerusalén celestial, la mujer libre; ella es nuestra madre». El imperativo moral de «Jerusalén», el deber de construir una sociedad justa aquí en la tierra, quizá encontró su mejor expresión siglos después de la Edad Media, en los versos de William Blake:

> hasta haber construido Jerusalén
> en la verde y bella tierra inglesa.

Su significado escatológico ("analógico") hacía referencia a «la Jerusalén dorada, bendecida con leche y miel», el objeto de esperanza suma celebrado en un himno medieval así titulado, compuesto por Bernardo de Cluny, al igual que en incontables himnos y cantos espirituales creados desde entonces.

Dice mucho sobre la forma medieval cristiana de entender el *Tanaj* el hecho de que cualquier interpretación que se limitara al sentido literal de un determinado pasaje era objeto de crítica por su tendencia "judaizante", basándose en las palabras que pronunció san Pablo cuando rompió con su pasado judío: «La letra mata, mientras que el espíritu da vida»; e idéntica crítica iba dirigida contra la ocasional interpretación que se atreviera a corregir las traducciones de la *Septuaginta* y la *Vulgata* introduciendo una referencia (a menudo plagiada) al original hebreo. Pues, a pesar de que se atribuyeran cuatro sentidos a las Escrituras, el que con mayor avidez se buscaba normalmente era el alegórico – o, como se le llamaba, el sentido "espiritual"–, que, de los cuatro, era el que transmitía el más rico significado de un pasaje, convirtiendo a veces la prosaica alusión a un «árbol» en una conmemoración de la cruz de Cristo, o la mención de una «piedra» en un tratado sobre la autoridad papal, porque Cristo había dicho a Pedro: «Yo te digo que tú eres Pedro, y sobre esta piedra edificaré mi iglesia, y las puertas del reino de la muerte no prevalecerán contra ella».

«La Sagrada Escritura –decía un escritor medieval defendiendo la interpretación espiritual– es el comedor de Dios, donde los invitados se sienten sobriamente embriagados» por las imaginativas interpretaciones alegóricas. En ocasiones era el propio exotismo del lenguaje y de la imaginería de los Salmos y los Profetas lo que estimulaba dichas imaginaciones. Además, la alegoría era –y no por accidente– la mejor manera de hacer frente, por ejemplo, al lenguaje imprecatorio y perturbador de un pasaje vengativo como éste:

> Babilonia, devastadora,
> dichoso el que te devuelva el mal que nos hiciste;
> dichoso el que agarre a tus niños
> y los estrelle contra las rocas.

Parecía obvio que, formando parte de la misma Biblia cristiana que contenía la severa advertencia de Jesús: «Así, no es voluntad de vuestro Padre, que está en los cielos, que perezca uno solo de estos pequeñuelos», las palabras anteriores forzosamente habían de tener otro significado que el literal. De ahí que, según una interpretación alegórica, esta maldición dirigida a la «devastadora» ciudad de «Babilonia», que en el libro del Apocalipsis y en otros lugares de la Biblia es el nombre que simboliza todo lo malo y perverso, es en realidad una invocación a la verdad del evangelio y una denuncia de los herejes, cuyos «niños» son las falsas doctrinas y los libros infames que merecen ser destruidos.

En un sentido especial, se puede decir que la persona y la vida de Francisco de Asís encarnan la interpretación medieval de la Biblia, pues el alma de su trabajo por reformar la iglesia y la sociedad fue precisamente una invocación a la autoridad de la Biblia, y concretamente a la autoridad de los evangelios como imperativo de humildad y sinceridad. Basándose en la preferencia que los evangelios muestran por los pobres, expresada por ejemplo en el primer verso de las Bienaventuranzas en la versión de Lucas: «Bienaventurados los pobres», y en las palabras de Jesús: «Las raposas tienen madrigueras y las aves del cielo nidos, pero el hijo del hombre no tiene dónde reclinar la cabeza», Francisco hace un canto a la pobreza en sus palabras y en sus obras, y en sus obras más aún que en sus palabras. La vida de Jesús, principalmente como la narraban los evangelios, fue su modelo; y su recompensa por ello, las *stigmata*, como llama el Nuevo Testamento a las marcas de la crucifixión en el cuerpo de Jesús. El plan para la renovación bíblica de la iglesia nacido del movimiento franciscano fue prueba del poder que tenía la Biblia para transformar vidas, y, milagrosamente, a veces incluso instituciones.

EL CANTAR DE LOS CANTARES

Donde podemos encontrar documentación especialmente sustanciosa de la interpretación de la Biblia en la Edad Media, y de la diferencia entre la interpretación judía y la cristiana, es en su uso del «libro más leído, y con más frecuencia comentado en los claustros medievales; un libro del Antiguo Testamento: el Cantar de los Cantares» o Cantar de Salomón. Tal como está escrito, el Cantar de los Cantares es un poema de amor de exquisita belleza, profundamente evocativo y, a veces, bastante explícito en sentido anatómico. Pero ¿qué hace un libro como éste en la Biblia? Su exuberante imaginería erótica había empezado ya a alegorizarse cuando el libro fue admitido en el canon de las Escrituras judías, alegoría en la que un profeta como Oseas había denunciado la infidelidad de Israel a su Dios, plasmada en las imágenes sexuales de traición, seducción y lascivia. Más adelante, esta interpre-

tación alegórica caracterizaría también las exégesis de la Edad
Media, y de modo notable la de Ibn Ezra. Pero ¿era el vínculo
amoroso, expresado en el intercambio de las tiernas palabras de
amor entre el Amante, la Amada y la «voz de la tórtola», una figura arquetípica de la alianza entre Dios y el pueblo de Israel?,
¿o del abnegado amor que Cristo siente hacia la iglesia, (estableciendo un paralelismo con la metáfora matrimonial del Nuevo
Testamento referente a la iglesia, que advierte: «Maridos, amad a
vuestras esposas como Cristo amó a la Iglesia y se entregó él mismo por ella»)?, ¿o de la íntima comunión del alma del creyente con Dios o con Cristo, (como en el famoso himno de Charles
Wesley: «Jesús, amante de mi alma, / déjame volar a tu regazo»)?
De las innumerables exposiciones del Cantar realizadas durante la Edad Media, una de las más conocidas es la colección de
comentarios, palabra por palabra, que componen los sermones
de Bernardo de Claraval, monje y místico del siglo XII, que ale-
gorizaban cada frase haciendo de ella una celebración de Cristo
como el novio celestial. Así pues, se trata de un mismo texto sagrado, reverenciado en la misma medida por todos y, sin embargo, con significados enormemente distintos: ¿cuál de ellos es el
verdadero?; ¿pueden todos ellos ser correctos?; ¿cabe la posibilidad de que ninguno de ellos lo sea?

Como los manuscritos medievales sobre el Cantar de los
Cantares de la *Vulgata* revelan a menudo, y algunos de modo
asombroso, una diferencia añadida entre la interpretación judía
y la interpretación cristiana de la Biblia fue el desarrollo del arte
gráfico en la cristiandad, tanto en Oriente como en Occidente.
Aunque es difícil determinar el momento histórico en que se inició, han llegado hasta nosotros numerosas muestras de sus ma-
nifestaciones tempranas, conservadas en el Monasterio de Santa
Catalina, del monte Sinaí. Cuando quiera que se iniciara, lo que
sabemos es que las representaciones pictóricas de Cristo, de su
madre, María, y de otros santos –más que los meros símbolos

abstractos como una cruz o una estrella– pronto constituirían un elemento fundamental de la devoción individual, del culto colectivo y de la arquitectura de la iglesia. Como ocurre con casi todo lo concerniente a la iglesia, la autoría de los iconos se atribuyó a los tiempos bíblicos y a los apóstoles; así, se dice que el apóstol y evangelista Lucas, que en los dos primeros capítulos de su evangelio presenta el que es, con mucho, el más detallado retrato verbal de la Virgen María, sería también, con el paso del tiempo, su primer "iconógrafo". Ahora bien, la Biblia de todos, no sólo el *Tanaj* de los judíos, en hebreo, sino también el Antiguo Testamento de los cristianos, en griego o en latín, no se andaba con rodeos a la hora de pronunciar dentro del texto mismo de los Diez Mandamientos (que era la Ley de Dios para cristianos y para judíos): «No te harás escultura ni imagen alguna de lo que hay arriba en el cielo, o aquí abajo en la tierra o en el agua bajo la tierra. No te postrarás ante ella ni le darás culto». A estas objeciones bíblicas, la iglesia replicó que las imágenes eran «las Biblias de los iletrados». Un icono de Cristo o de María (principalmente en el Oriente cristiano) o una estatua de Cristo o de María (sobre todo en Occidente) eran una síntesis de la Biblia, en especial para todos aquellos que no sabían leer la Biblia en griego, en latín o en cualquier otra lengua. Por ejemplo, el icono ruso de época tardía en el que Andrej Rublev representó la Sagrada Trinidad basándose en precedentes bizantinos no puede decirse que pretendiera en absoluto visualizar el inefable y trascendente misterio de la íntima relación entre Padre, Hijo y Espíritu Santo en la unidad indivisible de la esencia divina; más bien, como la mayoría de los iconos, era el retrato de un acontecimiento de la historia bíblica de la salvación: la visitación a Abraham en las llanuras de Mamré del «Señor» único que era no obstante «tres», a través de la cual les era dado a los mortales un vislumbre del misterio. El caso era que, tanto de los esclarecidos comentarios de un manuscrito bíblico como de las vidrieras policromas de una catedral medieval, se podían aprender con todo lujo de detalles muchos de los relatos de la historia sagrada. Pero la explicación sobre el papel educativo que desempeñaban las imágenes dio paso a un argumento bíblico mucho más sutil a favor de ellas: el de que el mismo Cristo había sido la auténtica «imagen del Dios invisible», lo que significaba que una imagen de Cristo no era otra cosa que una imagen de la Imagen. Nada hubiera podido ilustrar más *gráficamente* el abismo que separaba a judíos y cristianos en su posesión de un texto sagrado en común.

La *Divina Comedia* de Dante es un compendio en forma poética de la interpretación cristiana medieval de las Escrituras. Loa el nombre de Adán como el «padre ancestral del que toda novia es hija y es nuera», y el de David como «el cantor del Espíritu Santo». Toda la historia del Israel antiguo y de las narraciones de los evangelios, «la copiosa lluvia del Espíritu Santo que desciende sobre los pergaminos viejos y nuevos», era una alegoría de la historia de la iglesia. Sus tentaciones y apostasías simbolizaban la crisis del papado durante el siglo XIV; sus santos significaban desafío e inspiración para los creyentes de toda época y lugar; y «la verdad que llueve a través de Moisés y los Profetas, de los Salmos y el Evangelio» moldeó el lenguaje y la imaginería del Dante poeta para describir las experiencias del Dante peregrino en el Infierno, Purgatorio y Paraíso del mundo por venir.

EL ISLAM: TERCER "PUEBLO DEL LIBRO"

El surgimiento del Islam como un tercer "pueblo del Libro" –y del Corán como el tercer Libro– a principios del siglo VII de nuestra era complicó, todavía más, la relación del judaísmo y el cristianismo con el Libro que era su patrimonio común. El mismo nombre "pueblo del Libro" que aparece en el título de este capítulo proviene del Corán, donde generalmente se aplica a los judíos pero, por extensión, a veces también a los cristianos. El Corán advierte:

> No discutáis sino con buenos modales con la gente de la
> *Escritura*,
> excepto con los que hayan obrado impíamente. Y decid:
> «Creemos en lo que se nos ha revelado a nosotros
> y creemos en lo que se os ha revelado a vosotros.
> Nuestro Dios y vuestro Dios es Uno,
> y nos sometemos a él».

Pero para el islamismo, "el Libro" es únicamente, y en un sentido muy singular, el Corán. Es doctrina normativa musulmana que el Corán, tal como existe hoy día, en el árabe original, llegó directamente de Dios a Mahoma, quien lo transmitió, intacto, a aquellos que se han «sometido a la voluntad del Único Dios Verdadero (que es lo que significa la palabra "musulmán"). El homólogo musulmán de la persona de Jesucristo no es, por tanto, Mahoma –a pesar de la creencia musulmana: «No hay otro Dios que Dios, y Mahoma es su profeta»–, sino el Corán, que, como el Logos encarnado, la Palabra de Dios en el credo cristiano, descendió de los cielos para morar en la tierra como revelación definitiva de la voluntad del Único Dios Verdadero. El profeta está al servicio del Libro, no lo contrario, y de ningún modo ha de considerársele partícipe de la esencia del Único Dios, «alabado sea».

El Corán tenía en común con el *Tanaj* judío una fe estrictamente monoteísta y una profunda antipatía hacia las imágenes; de ahí que existan, cuando menos, algunas razones para creer que uno de los orígenes de la campaña contra las imágenes –conocida como la controversia iconoclasta– que a partir del siglo VIII llevaron a cabo ciertos cristianos orientales, incluidos varios emperadores bizantinos, era una aguda turbación en res-

puesta a la crítica musulmana de los excesos a que había llegado
la veneración cristiana de los iconos. Por otra parte, Abraham es
el padre de los creyentes también para el Corán, aunque, eso sí,
a través de su hijo Ismael en lugar de su hijo Isaac, y Moisés es el
revelador de la Ley y de la voluntad de Dios; las advertencias del
Corán: «Conmemorad a Abraham en el Libro» y «Conmemorad
a Moisés en el Libro» se suceden casi inmediatamente la una a
la otra. Con el cristianismo, el Corán tenía en común la creencia
de que la religión del Libro incluía la revelación constante a lo
largo de la historia; no sólo desde Moisés hasta Jesús, sino, ahora, desde Jesús hasta Mahoma; y a María, la madre de Jesús, llamada Miriam en el Corán al igual que la hermana de Moisés, se
le ha llamado «la heroína del Corán», pues ocupa en él un lugar
mucho más prominente que ninguna otra mujer. Con el *Tanaj*
y con el Nuevo Testamento, el Corán tenía en común el culto al
Único Dios Verdadero: «Nuestro Dios y vuestro Dios es uno»;
no hay duda de que cualquier devoto judío o cristiano podría
rezar a ese Único Dios con las palabras de un texto de los suras
del Corán, tales como las de este pasaje, especialmente reverenciado a través de los siglos por los sufíes y otros místicos musulmanes:

> Dios es la Luz de los cielos y de la tierra.
> Su Luz es comparable a una hornacina
> en la que hay un pabilo encendido.
> El pabilo está en un recipiente de vidrio,
> que brilla como una estrella radiante, y se enciende
> gracias a un árbol bendito, un olivo, que no es
> de Oriente ni de Occidente, cuyo aceite casi alumbra
> aun sin haber sido tocado por el fuego. ¡Luz sobre Luz!
> Dios guía hacia a Su Luz a quien quiere ser guiado.
> Dios propone sabias parábolas a los hombres,
> pues Dios es omnisciente.

Así pues, en el Corán, el Islam tenía un Libro que era, en un sentido, muy semejante a las Biblias judía y cristiana y, a la vez, muy diferente de ellas: se asemejaba a ellas en la centralidad de su creencia en un solo Dios y en la aceptación de la autoridad suprema de su revelación, y se diferenciaba en su falta de narrativa histórica como medio para esa revelación. ¿Fue eso lo que hizo al Islam "un *tercer* pueblo del Libro"?

Los grandes laboratorios medievales donde se ensayaron las relaciones entre estos tres pueblos del Libro, y, consiguientemente, la relación entre sus tres Libros, fueron el Oriente Próximo y España. En España se fundaron algunas de las primeras escuelas cristianas de lenguas semíticas. Hasta un punto que hoy día puede ser difícil imaginar siquiera, estos tres pueblos coexistieron allí, durante un tiempo al menos (antes de que los judíos fueran expulsados de España en 1492) en considerable armonía y con un notable grado de tolerancia. Baste con recordar que uno de los más importantes sistemas de teología judía de la Edad Media (y de cualquier época), *La guía de los perplejos*, la obra maestra de Moisés Maimónides –"Rabbi Moshe ben Maimon", generalmente conocido por el acrónimo "Rambam", de quien se dijo: «De Moisés a Moisés no hubo nadie como Moisés»–, se escribió en España en el siglo XII bajo el mandato de un califa musulmán, y se escribió en árabe. Por otro lado, uno de los más importantes sistemas de teología y filosofía cristianas jamás creados en la tradición grecoparlante del Oriente ortodoxo, *La fe ortodoxa*, fue escrito en la ciudad siria de Damasco en el siglo VIII, también bajo la protección de un gobernante musulmán, por Juan de Damasco, quien curiosamente se refería a los musulmanes –"agarenos", pues sus orígenes se remontaban a Ismael, el hijo de Abraham con su esclava Agar–, no como paganos, sino como herejes cristianos. En este contexto social, Juan de Damasco compuso asimismo una de las más influyentes defensas que hizo la ortodoxia cristiana del uso de los iconos, práctica que los musulmanes veían como característica especialmente ofensiva del culto y los ritos cristianos.

Incluso sin trasladar todos nuestros problemas al marco medieval, uno no puede evitar observar que difícilmente le corresponde a una era histórica como ésta volver la vista atrás a la Edad Media y pensar sólo en la *jihad* o en las Cruzadas y pogromos sin recordar éste y otros encuentros similares, en los que, al menos momentáneamente, musulmanes, judíos y cristianos, por el poder del Libro y en la herencia de Abraham, su padre común, consiguieron trascender sus diferencias sin perder sus identidades.

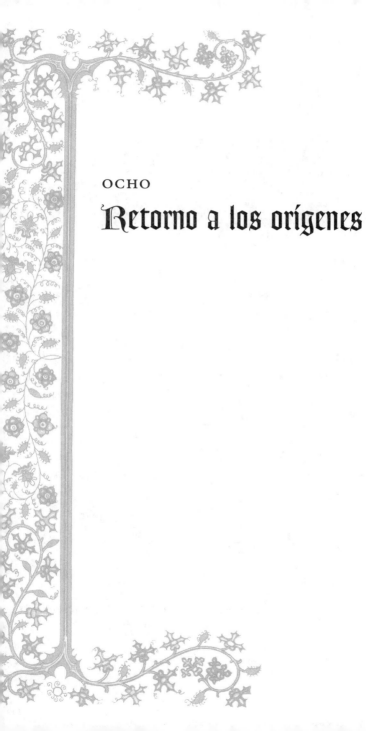

OCHO

Retorno a los orígenes

NOVVM IN

strumentū omne, diligenter ab ERASMO ROTERODAMO
recognitum & emendatum, nó solum ad græcam ueritatem, ue-
rumetiam ad multorum utriusq; linguæ codicum, eorumq; ue-
terum simul & emendatorum fidem, postremo ad pro-
batissimorum autorum citationem, emendationem
& interpretationem, præcipue, Origenis, Chry
sostomi, Cyrilli, Vulgarij, Hieronymi, Cy-
priani, Ambrosij, Hilarij, Augusti/
ni, una cū Annotationibus, quæ
lectorem doceant, quid qua
ratione mutatum sit.
Quisquis igitur
amas ue-
ram
Theolo/
giam, lege, cogno
sce, ac deinde iudica.
Neq; statim offendere, si
quid mutatum offenderis, sed
expende, num in melius mutatum sit.

APVD INCLYTAM
GERMANIAE BASILAEAM.

CVM PRIVILEGIO
MAXIMILIANI CAESARIS AVGVSTI,
NE QVIS ALIVS IN SACRA ROMA-
NI IMPERII DITIONE, INTRA QVATV
OR ANNOS EXCVDAT, AVT ALIBI
EXCVSVM IMPORTET.

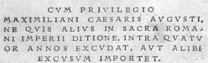

Portada del *Novum instrumentum*, editado por Desiderio Erasmo en 1516:
la primera edición oficial publicada del Nuevo Testamento en griego.

n 1492, Colón surcó la mar océana» desde España hasta el Nuevo Mundo, llegando a creer en cierto momento que su viaje de descubrimiento había sido nada menos que el cumplimiento de una profecía bíblica, sobre la que más tarde incluso escribiría un tratado apocalíptico titulado *Libro sobre las profecías*. En el mismo año de 1492, los judíos sefardíes ladinoparlantes se vieron forzados a recoger rápidamente sus rollos de la *Torá* y a abandonar la España cristiana, donde sólo unos años más tarde la imprenta, recién inventada, haría posible que el primer Nuevo Testamento griego jamás impreso apareciera como parte de una magnífica colección de seis volúmenes, que incluiría no sólo la *Vulgata* latina, sino el *Tanaj* entero en hebreo y en griego, así como el *Targum* de la *Torá* en arameo. Estos hilos históricos y lingüísticos que se fueron entrelazando son un claro símbolo del lugar tan ambiguo que ocupaba la Biblia a finales de la Edad Media y en el Renacimiento, lo cual contribuyó a hacer del humanismo renacentista, tanto en Italia como en el norte de Europa e Inglaterra, uno de los capítulos más fascinantes de la historia de las Escrituras judías y cristianas.

Es ya probablemente un tópico que la gente de la "Edad Media" no debía de tener la más mínima sensación de vivir en el "medio", salvo quizá en el sentido de hallarse entre la Primera y la Segunda Venida de Cristo: la primera en la carne y la segunda en el juicio. El concepto convencional de que éste fue el período medio de la historia de Occidente nos ha llegado de los humanistas del Renacimiento, que vieron dicho período como un tiempo de declive y decadencia situado entre ellos y una pasada y definitoria edad, más o menos "de Oro". En tono desdeñoso, llamaron "góticas" a sus creaciones artísticas –sobrenombre con el que se las denominaría ya siempre– por los visigodos y los ostrogodos pueblos bárbaros. Aquéllos a quienes hoy denominamos «humanistas del Renacimiento», tal como formuló Anthony Grafton el manifiesto de su misión, «esperaban poder renovar la educación, la literatura, la filosofía y la teología, no con la mirada puesta en un futuro de incertidumbre, sino retornando a un pasado de perfección» al que era posible acceder –o que, cuando menos, gracias a su trabajo se había vuelto finalmente asequible– a través de los clásicos griegos y latinos y de la Biblia hebrea y griega.

La definición de Grafton coloca acertadamente la educación en primer lugar entre las áreas que los humanistas del Renacimiento esperaban renovar y reformar mediante un retorno al pasado; no obstante, las restantes áreas que enumera –la literatura, la filosofía y la teología– necesitaban también una renovación, y bastante rigurosa, según los humanistas, pues, a su juicio, la literatura era poco seria y su lenguaje, vulgar; la filosofía escolástica, una burda imitación de Aristóteles, y la teología escolástica, una burda imitación de la filosofía escolástica. Confiaban, sin embargo, en que esa esperada renovación de la literatura, la filosofía y la teología llegaría como resultado de una revolución educativa: de la renovación del aprendizaje, y que esto, a su vez, se conseguiría mediante el «renacer de la Antigüedad».

Pero el Renacimiento, lo mismo en Italia que en el Norte, supuso mucho más que ese renacer de la Antigüedad. Desde hace ya varias generaciones, a la hora de interpretar el Renacimiento se viene prestando especial atención a factores sociológicos tales como el papel que desempeñaron Florencia y otras ciudades en la formación del espíritu de "humanismo cívico" y a la creación del moderno sistema de banca del capitalismo incipiente –los Médicis fueron primero banqueros y después papas– como fuerza que hizo posible la acumulación de riquezas y el mecenazgo en esas ciudades, cuya atmósfera política y social propició el florecimiento del humanismo literario, la música y las artes plásticas. El destacar con nuevo énfasis estos aspectos ha resultado sin duda fructífero, pues no ha hecho sino enriquecer y ahondar la tradicional atención puesta en el renacer de la Antigüedad y en el lema de los humanistas, su «¡Retorno a los orígenes!».

LA *RENOVATIO* DEL LATÍN CLÁSICO Y CRISTIANO

Esas «fuentes» antiguas a las que los humanistas instaban a sus oyentes a retornar eran muchas y diversas: clásicas y cristianas (y, dentro de las cristianas, bíblicas y también posbíblicas); griegas, latinas y hebreas; poesía y prosa, drama y retórica. A veces tendemos a olvidar que, para comunicar sus ideas, los humanistas del Renacimiento continuaron dependiendo primordialmente del latín, considerándola lengua universal tal como lo habían hecho sus predecesores medievales. Cuando, poco antes de comenzar su gran poema épico, Dante escribió *Sobre la elocuencia vernácula*, un apasionado alegato en defensa de la lengua vernácula italiana, lengua en la que aparecería *La Divina Comedia*, se le obligó a que escribiera dicha defensa en latín; afortunadamente, no el poema, aunque en un principio hubiera planeado hacerlo. Sin embargo, también el latín necesitaba "renovarse" remontándose, por encima de la corrupción de que fue objeto en

la Edad Media, a las auténticas fuentes literarias de la antigüedad clásica romana. A los humanistas les encantaba mofarse del
latín medieval, de su barbárica ignorancia de la gramática básica y la sintaxis correcta; había infinidad de anécdotas de monjes que llegaban a su lecho de muerte sin saber qué caso latino
regía una preposición dada, cometiendo así pecados gramaticales con su último aliento. El modelo perfecto de latinidad, y
por lo tanto el patrón para la *renovatio* de la lengua, era el orador y filósofo Cicerón. Todavía se conservan listas de palabras
tomadas de Cicerón que los humanistas compilaron a modo de
«vocabulario regulado», que los autores que escribían en latín
debían consultar como modelo y norma para asegurarse de que
ningún término o construcción posclásica se había deslizado en
sus composiciones, y rivalizaban unos escritores con otros en la
conservación de la supuesta pureza de su latín literario, aunque
a menudo, precisamente por ello, resultara anticuado y rebuscado.

Ni el Renacimiento ni la Reforma habrían tenido la poderosa repercusión que tuvieron en la historia de las Escrituras judías y cristianas de no haber sido por la invención de la imprenta con tipos metálicos móviles, que generalmente se le atribuye
a Johannes Gutenberg. En la actualidad, todos usamos la palabra "libro" para referirnos casi exclusivamente al libro impreso, y la historia del libro impreso empezó con la Biblia. Al igual
que la traducción de la Biblia hebrea al griego, la imprenta representó un momento crucial en la historia de la Biblia, que desde Gutenberg hasta el día de hoy es en buena medida la historia
de las Biblias impresas, de tal modo que su difusión por todo el
mundo forma parte de la historia del libro y de la imprenta (así
como de la publicidad comercial), además de formar parte de la
historia de la evangelización y de las misiones.

Pero lo mismo que la Biblia como tal, la Biblia impresa empezó con textos hebreos, griegos y latinos –o, alterando la se-

cuencia histórica de estos originales en interés de la exactitud cronológica en la historia de su impresión, con la versión latina, hebrea y griega–. A excepción de unos trabajos de poca importancia, datados normalmente en época anterior pero que, por lo demás, son casi desconocidos, el primer gran proyecto de Gutenberg fue la *Biblia Latina* impresa entre 1454 y 1455, llamada por lo general «Biblia de las 42 líneas» debido a que tenía cuarenta y dos líneas por página. No es raro por tanto que la *Chronica Regie Coloniensis*, publicado en alemán a finales del siglo XV, mencione bajo el año 1450: «Aquel fue un año dorado: el año en que los hombres empezaron a imprimir, y el primer libro que se imprimió fue la Biblia en latín»; y atribuye esta invención a un «ciudadano de Mainz [...] llamado Junker Johann Gutenberg». En 1462, publicada por el que fuera durante algún tiempo socio de Gutenberg, Johann Fust, y por el socio y yerno de éste, Peter Schöffer, apareció la que generalmente recibe el nombre de Biblia de Mainz, o «Biblia de las 48 líneas» (pues las líneas por página eran 48); su colofón en latín indica que se tenía conciencia de haber conseguido un importantísimo avance tecnológico: «Este pequeño libro, compuesto en la ciudad de Mainz gracias a la artística invención de la *impresión o creación de caracteres sin el uso de la pluma*, se ha completado para gloria de Dios en los talleres de Johann Fust, ciudadano, y de Peter Schöffer de Gernsheim, escribiente de dicha diócesis, en el Año de Nuestro Señor de 1462, la víspera de la festividad de la Asunción de la Virgen María», es decir, el 14 de agosto.

Consideradas simplemente en su calidad de "artefactos", en muchos aspectos estas primeras Biblias recuerdan más a los manuscritos bíblicos encuadernados que las precedieron que a las Biblias que las sucederían. Por un lado, los ejemplares más valiosos de la Biblia de Gutenberg (que quizá lleguen a 45, de una tirada total de, más o menos, 270 que constituyeron la edición

de 1454-55) se imprimieron en vitela, piel de becerro especialmente tratada que se reservaba para los libros manuscritos, debido a lo cual la página sigue pareciendo la de un manuscrito, por
más que uno sepa que fue creada mediante las innovadoras técnicas de la imprenta. Pero la influencia persistente de las Biblias
manuscritas se refleja sobre todo en el diseño y formato de las
páginas y en las fuentes tipográficas. Así, tanto en la Biblia de
Gutenberg como en la de Mainz, el texto latino aparece en dos
columnas, tal como solía aparecer en los manuscritos medievales de la Biblia latina. En cuanto a los caracteres, en la Biblia de
Guternberg están individualizados y son de fuente gótica, y, aunque se aplicaban a la página mediante la combinación de tipos
metálicos empapados en tinta, con frecuencia seguía pareciendo
do que hubiera podido ser un monje el que los hubiera dibujado
o escrito con una pluma o un estilete; en la Biblia de Mainz, sin
embargo, el diseño de la fuente gótica ha experimentado ya una
modificación significativa. En 1471 hizo su aparición la Biblia
latina impresa en Roma, obra de Sweynheym y Pannartz, que
utilizaron por primera vez el tipo de letra romana (y así sigue
denominándose a esta fuente, para diferenciarla de lo que, incluso en la era de los procesadores de textos, seguimos denominando letra cursiva).

Coincidiendo, como fue el caso, con el impulso del «retorno
a los orígenes», la invención de la imprenta hizo posible –impe-
rioso, en realidad– difundir la *Vulgata* misma en el nuevo formato. Tal vez le pase desapercibido, a quien nunca ha tenido la
responsabilidad de hacer una edición crítica de un texto histórico, hasta qué punto debió de ser difícil para el editor o el tipógra-
fo, al preparar para la imprenta el texto de la Biblia, verse obligado a tomar decisiones respecto a un texto que iba a adquirir
carácter definitivo, en la mayoría de los casos por primera vez
en su historia. Una y otra vez era necesario elegir entre dos (y
a menudo más) interpretaciones discordantes que aparecían en

los diversos manuscritos, de las cuales sólo una podía ser la correcta, y decidir cuál de ellas imprimir como texto único imbuido de autoridad. Una vez impreso, el resultado de dichas elecciones conseguía cierto grado de permanencia.

Los libros impresos perviven durante siglos, y sus interpretaciones erróneas perduran tanto como las acertadas. Esto empezó a hacerse tristemente obvio en la llamada edición Sixtina de la *Vulgata*, nombre que responde a su asociación con el papa Sixto V. En su defensa de la *Vulgata* latina contra las críticas proferidas contra ella por parte de los humanistas del Renacimiento y de los Reformadores protestantes, el Concilio de Trento en su cuarta sesión, el 8 de abril de 1546, «decreta y decide que, en lo sucesivo, las Sagradas Escrituras, y en particular *esta antigua edición de la Vulgata, se imprimirán tras una meticulosa revisión»*. El problema es que llevar a cabo esa «meticulosa revisión» resultó mucho más complicado y requirió mucho más tiempo de lo que los padres del concilio al parecer habían imaginado –si bien no sería éste el único caso en que un cuerpo legislativo ordenara hacer algo en la ingenua creencia, aparentemente, de que el mero acto de dar la orden bastaría para hacerlo realidad–. Cuando el papa Sixto consideró que la comisión de estudiosos bíblicos a quienes se había asignado la tarea de llevar a cabo el mandato del concilio trabajaba con parsimonia inadmisible, decidió encargarse él mismo de terminar la tarea. El resultado de esta impetuosa acción fue una edición de la *Biblia Vulgata*, publicada en 1589, tan descuidada y plagada de errores que sería retirada con vergüenza unos meses más tarde (poco después de la muerte del papa) y reclamada la partida de ejemplares que se habían puesto en circulación. Esta vez los estudiosos obedecieron al concilio, y se llevó de verdad a cabo una «meticulosa revisión» de la revisión –mucho menos que meticulosa– realizada anteriormente. La edición "Sixto-Clementina" resultante, que toma su nombre de los papas Sixto V y Clemente VIII juntos, impresa en 1592, sería la versión estándar de la Biblia latina en su «antigua edición *Vulgata*» hasta bien entrada la Edad Moderna.

EL REDESCUBRIMIENTO DEL GRIEGO

Lo que sí tuvo de nuevo el Renacimiento –o, en cualquier caso, de más nuevo– fue un incremento significativo del estudio del griego en Occidente. El único diálogo de Platón del que tuviera verdadero conocimiento la Edad Media latina era el *Timeo*, por tratarse de una obra de excepcional influencia, y, aun éste, en una traducción muy poco afortunada; pero no se sabía nada de la *República*, la *Apología* ni el *Fedón* de Platón. Dante conocía bien las obras de su gran predecesor de la poesía épica, el Virgilio de *La Eneida*, y en el *Purgatorio* asigna al poeta latino (un pagano a quien, no obstante, se le atribuye de forma generalizada haber profetizado la Venida de Cristo en su *Cuarta Égloga*) el papel de guía suyo al atravesar el averno. Pero sobre el poeta épico Homero, que fue el gran predecesor de los dos, de Dante y de Virgilio, no tenía ningún conocimiento directo, ni podía tenerlo, dado que la *Ilíada* y la *Odisea* seguían existiendo sólo en griego, lengua que, exceptuado algunas citas célebres, quedaba fuera de su alcance.

Un dato significativo es que esta imposibilidad de leer la lengua griega se extendía al griego cristiano, incluido el texto original del Nuevo Testamento y la tradición de varios de los primeros siglos del cristianismo. Durante casi todo un milenio, el mundo latino de la iglesia occidental de la Antigua Roma y el mundo griego de la iglesia oriental de la Nueva Roma (Constantinopla) vivieron en relativo aislamiento uno de otro. En el oeste, al obispo de la Antigua Roma, el papa, con el paso del tiempo se le había considerado cada vez más un monarca, mientras que en el este cada patriarcado, Alejandría, Antioquía,

Constantinopla y Jerusalén, ejercía su autoridad autónoma (o "autocéfala"). La distancia entre las dos iglesias se interrumpía puntualmente a causa de las repetidas escaramuzas motivadas por delegaciones enviadas a los eslavos afincados en las fronteras que separaban a una iglesia de la otra. La separación lingüística e intelectual de las dos iglesias tuvo graves repercusiones en muchas áreas de la vida y la doctrina cristianas. Tomás de Aquino, que al parecer conocía el Nuevo Testamento de la *Vulgata* prácticamente de memoria, no estaba capacitado para corregir sus traducciones basándose en el original griego, sino que tenía que fiarse de dichas traducciones incluso cuando fueran erróneas. Esta ignorancia del griego le llevó además, en su tratado *Contra los errores de los griegos*, a atribuir varias enseñanzas a la iglesia cismática griega ortodoxa que, de hecho, no le correspondían, lo cual contribuyó a perpetuar el cisma.

El año de la muerte de Tomás de Aquino, 1274, fue también el año del Segundo Concilio de Lyon, uno de los muchos concilios y congresos entre la iglesia de Oriente y la de Occidente que se sucedieron desde el siglo XIII al XV, y que ayudaron, aunque no lo suficiente ni suficientemente a tiempo, a superar la ignorancia mutua de las dos iglesias sobre sus respectivas actitudes y tradiciones. Para entonces, y debido a las circunstancias externas de cada una, ambas partes tenían razones fundadas para iniciar un acercamiento a su hermana distanciada. «Cuando un hombre sabe que lo van a colgar en un plazo de quince días –dijo una vez Samuel Johnson–, su mente se concentra de una forma extraordinaria». La amenaza creciente de los turcos otomanos que se cernía sobre Constantinopla, y que culminaría en su caída en manos de Mehmet II, el Conquistador, en 1453, convirtiéndose así en una ciudad musulmana (como sigue siéndolo en la actualidad), se desarrollaba paralelamente a las presiones políticas que, en Occidente, ejercía sobre el papado la corona francesa, y que desembocarían en el traspaso de la Santa Sede de

Roma a Aviñón, en donde permaneció durante la mayor parte
del siglo XIV, lo cual se conoce como "el Cautiverio de Babilonia".
Su retorno a Roma supuso el espectáculo desolador de dos pa-
pados, uno en Roma y el otro en Aviñón, lo cual tendría como
desastrosa consecuencia la reivindicación continua y vehemen-
te, por parte de cada uno de ellos, de ser «la única y sagrada iglesia católica y apostólica», acordada por unanimidad en el Credo
Niceno, el año 325.

La renovación del proceso de paz entre Oriente y Occidente,
junto con el éxodo intelectual de eruditos bizantinos que huían
de Constantinopla a Venecia, Florencia y Roma, tuvo además
como resultado, sin que mediara, en general, deliberación alguna, un renacer del estudio del griego en Occidente. Los emi-
grantes griegos que llegaban de Constantinopla encontraban
trabajo como profesores de muchachos en edad escolar y también de adultos. En 1476, Constantino Lascaris publicó –no en
Constantinopla ni en Atenas ni en Tesalónica, donde hubiera co-
rrespondido hacerlo, sino en Italia– el primer libro jamás impreso enteramente en griego. Se trataba de una gramática, que en
ediciones posteriores incluiría una traducción al latín, gracias a
la cual los lectores occidentales podían aprender los matices del
griego clásico. A esto se sumó una febril circulación de textos
antiguos, tanto clásicos como bíblicos, procedentes de tierras bizantinas; con ello, el escaso patrimonio en lengua griega de las
diversas bibliotecas, académicas, monásticas, eclesiásticas o aris-
tocráticas, se enriqueció enormemente. Uno de los más conmo-
vedores monumentos fruto de este tránsito de obras literarias es
una carta de Petrarca, el poeta laureado de Roma, escrita el 10 de
enero de 1354, en la que expresa su regocijo al haber logrado adquirir por fin un manuscrito de Homero en griego, aunque se ve
obligado a admitir que todavía no es capaz de leerlo.

Los estudiosos del Renacimiento han puesto gran empeño
a veces en interpretar la retórica renacentista, vivamente anti-

escolástica y anticlerical, como símbolo de un recrudecimiento del paganismo clásico, o incluso como una anticipación del racionalismo ilustrado del siglo XVIII, llegando a considerar a Erasmo una especie de Voltaire temprano; y, debido a todo ello, con frecuencia han infravalorado el carácter bíblico y cristiano del Renacimiento, cuando, según muestra la estadística, es tan inmenso el volumen de publicaciones de esta índole que cualquier interpretación tendenciosa queda completamente invalidada. Como parte de la labor de erudición emprendida por los humanistas, se imprimieron por vez primera, una tras otra, las obras de los escritores cristianos de la Antigüedad, ya fueran latinas o griegas. *La ciudad de Dios* de san Agustín apareció en diecinueve ediciones independientes antes de que finalizara el siglo XV; y, aunque no tan prolíficas, las numerosas primeras ediciones de los padres griegos de la iglesia, desconocidos hasta la fecha, constituyeron un nuevo capítulo en la historia de la erudición patrística.

De hecho, el griego clásico y el griego cristiano a menudo no estaban claramente delimitados. Philip Melanchthon, el humanista que fue niño prodigio y compañero de juventud de Lutero, enseñaba simultáneamente los clásicos griegos y el Nuevo Testamento griego en la recién fundada Universidad de Wittenberg. En definitiva, griego era griego, y empezaba a ser un componente indispensable de una verdadera educación, así como de una verdadera comprensión del mensaje del Nuevo Testamento. Ya se tratara de la «pura serenidad» de «Homero, el de la frente surcada de arrugas» o de san Pablo, los lectores de toda la cristiandad occidental sentían profunda emoción:

> entonces me sentí como un observador de los cielos
> cuando un nuevo astro deslízase en su visión;
> o como el fornido Cortés cuando con ojos aquilinos
> miró al Pacífico.

En las traducciones que por primera vez se hacían, pero sobre todo en los originales griegos cuando esto era posible, habían empezado a descubrir a sus antecesores espirituales, tanto a Homero como a san Pablo.

LA TAREA DE RECUPERAR
LA BIBLIA HEBREA

En su estudio de la Biblia, la campaña de los humanistas para retornar a las fuentes originales se extendió también al texto hebreo de Moisés y los profetas. Además, a diferencia de lo que había supuesto recuperar la lengua griega, el redescubrimiento cristiano del hebreo tendría una relación, no casi total, sino total, con la Biblia. De todos los manuscritos del texto bíblico existentes en cualquier lengua, el que con mayor fidelidad –escrupulosidad, de hecho– se había preservado era el original hebreo del *Tanaj*; esto significó que, cuando el imparable afán por imprimir la Biblia se trasladó del texto latino al hebreo, la tarea del análisis textual resultó considerablemente más sencilla que en el caso del latino o el griego. El llamamiento que hizo la Reforma protestante a retornar al «original del original» de la Biblia, y que llevaría a Martín Lutero a emprender una traducción del *Tanaj* del hebreo al alto alemán moderno temprano, completada en 1534, haría del hebreo, de su gramática y vocabulario, disciplina obligatoria en la formación de los pastores en las academias y universidades protestantes. Sin embargo, la impresión de la Biblia en hebreo supuso someter el texto al mismo tipo de escrutinio filológico que los eruditos humanistas del Renacimiento por un lado, y, por otro, los eruditos en teología de la Reforma protestante aplicaban al resto de la Biblia. Pues, del mismo modo que al cotejar el Nuevo Testamento griego con la *Vulgata* surgían a veces interpretaciones nuevas, distintas de las que aparecían en cualquiera de los manuscritos griegos, la impresión de la *Septuaginta* mostró, quizá incluso más a menudo, que las traducciones al griego reflejaban a veces una lectura del hebreo, ya desaparecida, muy anterior a la versión que tan meticulosamente habían transmitido los masoretas.

La preparación de la primera gramática hebrea cristiana jamás impresa corrió a cargo de Konrad Pellicanus, fraile franciscano que más tarde se haría protestante, pero sería seguida por la composición mucho más influyente de Johannes Reuchlin. La obra de Reuchlin *Rudimentos del hebreo* se convirtió en el instrumento que los humanistas bíblicos, y luego los reformadores y traductores protestantes, necesitaban para remontarse a un tiempo anterior a la *Vulgata*, e incluso a la *Septuaginta*, y llegar a lo que Jerónimo había llamado «la verdad del hebreo». Este retorno cristiano a los orígenes se vio favorecido por la presencia (casi desconocida hoy día, salvo para algunos libreros poco comunes y los especialistas en estudios judaicos) de varias ediciones impresas del *Tanaj* en hebreo, muy anteriores al Nuevo Testamento griego. En 1488 la prensa judía de Soncino, Italia, imprimió la Biblia hebrea, seguida de otras ediciones de este libro que culminaron en la *Biblia Rabínica* de Daniel Bomberg, una elegante edición que apareció por primera vez en 1516-1517 y después en 1524-1525, y que incluía el *Targum* y otras explicaciones tradicionales. Estas publicaciones incorporaban la tradición masorética tal como se había establecido a principios de la Edad Media, produciendo de este modo un texto del hebreo fijo e impreso que serviría de base a los exégetas judíos y cristianos, así como a las generaciones de intérpretes cristianos que traducirían el libro a las diversas lenguas vernáculas.

El florecimiento de las tradiciones y los estudios bíblicos en el judaísmo medieval había dado origen al cuerpo de la *Cábala*, una de sus más profundas codificaciones de carácter especulativo. Dado que se había conservado únicamente en hebreo, la gran mayoría de los intérpretes cristianos no tenía noticia de su existencia; sin embargo, recuperar el hebreo daría ahora acceso a los cristianos, no sólo al texto hebreo del *Tanaj*, sino al *Talmud*, la *Misná* y la *Cábala*. Johannes Reuchlin se adentró, también, en el misterioso mundo de la *Cábala*, pero, una vez dentro, volvió el método cabalístico de interpretación mística contra sí mismo, consiguiendo así algo nuevo cuyo nombre sonaba a contradicción bíblica: una *Cábala* cristianizada. Esto significaba que el misterioso e inefable, y por tanto impronunciable, Tetragrámaton, elemento fundamental de la *Cábala* judía, que veía en él la clave del la metafísica de la Biblia y del misterio último del Ser, podía manipularse ahora de modo que se convirtiera en la clave de la particular versión cristiana de ese misterio último: la doctrina de la Trinidad.

LORENZO VALLA
Y DESIDERIO ERASMO

Los dos humanistas bíblicos más importantes e influyentes del Renacimiento fueron Lorenzo Valla, en Italia, y, en el Norte, Desiderio Erasmo de Rotterdam y Basel. A Valla, profesor de retórica en París, Nápoles y Roma, se le conoce principalmente por su brillante y devastador desenmascaramiento de la falsificación llamada la Donación de Constantino, que pretendía ser la transferencia de poderes del emperador Constantino al papa Silvestre I, cediéndole la autoridad sobre el Imperio Romano en agradecimiento por haber sido curado de la lepra; y Valla, empleando los métodos de la filología crítica, demostró que dicha Donación sencillamente no podía haber sido lo que se pretendía hacer creer. El mismo criterio de integridad y verdad y, por lo tanto, los mismos métodos de la filología crítica se aplicaron incluso al texto sagrado de la Biblia; en cierto sentido, con más razón aún. Pues, por más consagrada que estuviera la *Vulgata* latina tras los muchos siglos de uso eclesiástico y asociación con la liturgia, continuaba siendo simplemente una traducción, que, como cualquier otra traducción, era necesario cotejar con el original griego y, llegado el caso, corregir de acuerdo con él. Colocando una al lado de la otra las versiones latina y griega de muchos textos de las Escrituras habitualmente utilizados para probar una doctrina y de pasajes individuales del Nuevo Testamento en un libro titulado *Collatio* ("comparación"), Valla identificó numerosas traducciones erróneas, o que al menos podían inducir a error, y que obviamente impedían entender correctamente el texto bíblico a todo aquel que dependiera exclusivamente de su versión latina, es decir, de la *Vulgata*: ni demostraban ni podían demostrar lo que pretendían, puesto que el original griego no decía lo que el latín había dado a entender.

Valla completó su *Collatio* en 1442, pero ésta permaneció como manuscrito, languideciendo en un monasterio, hasta que finalmente en 1505 se encargó de imprimirla Desiderio Erasmo de Róterdam y Basel, el líder del humanismo nórdico, que había emprendido ya él mismo una tarea similar, apelando a elevar el nivel interpretativo: de la teología medieval, a un «retorno a los orígenes». Un año antes de editar el estudio de Valla, había publicado su propia obra, *Manual del soldado cristiano*, en la que expresaba su rechazo de las vanas especulaciones escolásticas y defendía el mensaje liso y llano del Nuevo Testamento, y sobre todo de las enseñanzas de Jesús en los evangelios; el libro era la guía que necesitaba el «soldado cristiano», como desde su sentir pacifista calificaba Erasmo al individuo creyente y «pacificador», para luchar contra las fuerzas del mal, contra la guerra, la violencia y el empleo de la fuerza, tan contrarios al espíritu cristiano. El término que Erasmo acuñó para denominar este mensaje de los evangelios fue el de «filosofía de Cristo», pero lo cierto es que esta «filosofía» nada tenía precisamente de filosófica, dado que era el mensaje divino destinado a ser comprendido y practicado por el simple creyente, sin necesidad de conocimientos previos sobre la metafísica de Aristóteles, aunque pudiera ser también un desafío para la mente erudita.

A fin de despojar al mensaje bíblico de todo el bagaje acumulado a lo largo de los siglos y de facilitar el acceso al Origen, Erasmo emprendió la tarea de preparar una edición crítica del texto griego del Nuevo Testamento acompañado de una nueva traducción hecha por él, esta vez al más puro latín ciceroniano, y obtuvo los derechos de publicación en exclusiva para un plazo de cuatro años. Su aparición en 1516 como primera edición oficialmente publicada marcó un auténtico hito en la historia de la Biblia. El desarrollo progresivo de la imprenta hizo que esta edición no fuera sino el comienzo de un largo proceso, y así, durante siglos, se producirían una tras otra nuevas ediciones del Nuevo Testamento griego, empezando por varias del mismo Erasmo, ya que, como admitió en cuanto a su primera edición (en palabras de las que, con idéntico pesar, más de un autor y editor tendrían que hacerse eco): «Discretamente pasé por alto ciertas cosas, y en muchos lugares, a sabiendas, cerré los ojos; todo ello, poco después de su publicación, me causó gran malestar. Por lo tanto, estoy preparando una segunda edición».

Entre las ediciones impresas que siguieron a la de Erasmo, la más importante apareció en París en 1550. Su composición fue obra de Robert Estienne/Stephanus, y era la primera edición que contenía un rudimentario aparato crítico con diversas lecturas tomadas de un total de quince manuscritos (muchos más, y mejores, que los que tuvo a su disposición Erasmo); y, una vez más, si semejante logro fue técnicamente posible se debió a la iniciativa de llevar la Escritura Sagrada a la imprenta. Pero las Biblias impresas de Estienne hicieron historia también en otro sentido: fueron las primeras en emplear versículos dentro de los tradicionales capítulos en que se había dividido la Biblia desde mucho tiempo atrás, y este nuevo sistema de división sería trasladado a las versiones impresas en lenguas vernáculas, incluido el Nuevo Testamento de la "Biblia de Ginebra" de 1557. Dicha innovación permitiría a partir de entonces, al citar las Escrituras, hacer referencia al «capítulo y versículo» (método actualmente empleado incluso en otros escritos) con inusitada exactitud. La edición de Estienne del Nuevo Testamento griego de 1550 se conocería como el *textus receptus*, "el texto recibido", y serviría de base a las diversas traducciones a lenguas vernáculas.

Gracias a Erasmo, la clientela, cada vez más profusa, de aquellos que para estas fechas habían aprendido a leer la lengua griega podía disfrutar de una edición del Nuevo Testamento griego que, a pesar de todas sus innegables deficiencias, les acercaba sin duda al contenido original como ninguna otra versión ni edición podía hacerlo; en un sentido apasionante y real, podía llevarles «de retorno a los orígenes». La sed cada vez más profunda de Biblias escritas en la lengua del pueblo, una sed que crecería de modo exponencial con la estallido de la Reforma, podía ahora saciarse con Biblias que no eran traducciones de una traducción (o incluso, en algunos casos, traducciones de la traducción de una traducción: la traducción vernácula de una traducción latina de la traducción *Septuaginta* griega del hebreo original), sino que estaban basadas en las propias palabras de los profetas, los apóstoles y del mismo Cristo; como había prometido el Nuevo Testamento, «edificados sobre el fundamento de los apóstoles y de los profetas. La piedra angular de este edificio es Cristo Jesús».

La aparición de la edición de Erasmo del Nuevo Testamento griego desató numerosas controversias, motivadas también en parte por sus obras anteriores, en las que se extendía en una sátira despiadada de la ignorancia de los monjes y la corrupción del clero. La más notoria de estas controversias en torno al texto del Nuevo Testamento era la referente al texto de la primera epístola de Juan; en su traducción al inglés en la versión del Rey Jaime*, los versículos en cuestión (con las palabras causantes de la polémica en cursivas) dicen: «Porque tres son los que dan testimonio *en el cielo: el Padre, el Verbo y el Espíritu Santo; y estos tres son uno. Y tres son los que dan testimonio* en la tierra, el Espíritu, y el agua, y la sangre: y estos tres concuerdan en uno». Las palabras en cursiva no estaban respaldadas por la tradición del manuscrito griego, sino que al parecer se habían introducido en el texto latino del Nuevo Testamento durante la Edad Media; quizá, en un principio, correspondieran a una de las ya mencionadas glosas medievales, y un copista las incluyera por descuido como parte del texto bíblico en sí. Por esta razón, Erasmo las omitió en su primera edición; sin embargo, fue tan grande el estallido de protestas, dado que la omisión parecía amenazar la doctrina de la Trinidad (aunque, de hecho, esta doctrina se hubiera formulado mucho antes de la variación del texto), que las incluyó de nuevo en la tercera edición y en todas las posteriores, de ahí que también se introdujeran en el *textus receptus*, "el texto recibido". Así, la versión inglesa autorizada** ("King James"), que estaba basada en él, incluyó igualmente estas palabras de las últimas ediciones de Erasmo, mientras que la traducción de Lutero, basada en la primera edición de 1516, las omite.

LA EXPLOSIÓN Y SUS REPERCUSIONES

Como repetidamente ha venido demostrándose en la historia de las Escrituras judías y cristianas, cualquier explosión de considerable magnitud, como lo fue el humanismo bíblico, ha de te-

---

* Que coincide exactamente con la versión en español de la Biblia Reina-Valera, y otras. (*N. de la T.*)
** En España, la versión Reina-Valera. (*N. de la T.*)

ner, en la misma proporción, una serie de repercusiones culturales e intelectuales. Tanto en el norte de Europa como en Italia, la Biblia adoptó en este período forma visual, y sus representaciones proliferaron como nunca había ocurrido ni volvería a ocurrir. Basta reflexionar unos momentos para ver cuántas de las obras de arte del Renacimiento italiano eran pura o principalmente de inspiración bíblica. El *David* de Miguel Ángel reúne en una sola escultura las complejas, y a menudo contradictorias, cualidades del espíritu presentes en el retrato bíblico del rey-poeta que aparece en 2 Samuel y en 1 Crónicas, y ha de interpretarse como fiel reflejo de ese retrato. Su *Piedad*, célebre representación de María Siempre Virgen, todavía joven y hermosa, combina el sufrimiento humano de la Madre y el sufrimiento divino del Hijo en un mismo instante. Pero sobre todo, quizá, su *Creación* y su *Juicio final* de la Capilla Sixtina continuaron y expandieron la tradición medieval de Oriente y Occidente de hacer la Biblia visible, en dos e incluso en tres dimensiones. *La última cena* de Leonardo era una representación pictórica de los hechos del evangelio y del sacramento por el que, según la creencia cristiana y católica, la realidad de Jesucristo continúa manifestándose a diario en la vida y liturgia de la iglesia a través de la misa. En el norte de Europa, y profundamente influenciado por Lutero y la Reforma, Alberto Durero dio a sus ilustraciones de la Biblia un significado teológico e incluso polémico y antipapista, como cuando dibujó el retrato de «Babilonia la grande, la madre de las prostitutas y de las monstruosidades de la tierra» tocada con la tiara papal.

En un ámbito de la cultura humana bastante distinto, el ámbito de la política, las repercusiones del humanismo bíblico fueron menos obvias, pero no por eso menos significativas. La interpretación "espiritual" de la Biblia emprendida durante la Edad Media permitió al papa Bonifacio VIII, en su bula *Unam Sanctam* de 1302, utilizar el diálogo entre los discípu-

los y Cristo, que el evangelio incluye en su relato de la pasión
–«Ellos le dijeron: "Señor, aquí hay dos espadas". Él les respondió: "Suficiente"»– para refrendar que «en la iglesia y en el poder
hay dos espadas, la espiritual y la temporal [...] La última, para
ser usada *en bien de* la iglesia; la primera, *por* ella». Pero el retorno al significado original de las fuentes de los evangelios podía llevar a una interpretación menos imaginativa. En una de las
más serias confrontaciones concretas entre «las dos espadas, la
espiritual y la temporal», que tuvo lugar entre Cristo y Poncio
Pilato, el prefecto del César, Cristo había renegado expresamente del poder de la espada temporal: «Mi reino no es de este mundo –dijo, sin preámbulos–. Si mi reino fuera de este mundo, mis
súbditos lucharían para que no se me entregara a los judíos». En
su tratado *Sobre la monarquía*, Dante citó estas palabras en contraposición a las pretensiones políticas del papado, palabras que
se convertirían en la prueba bíblica por excelencia empleada por
los humanistas en su defensa de la autonomía de la espada temporal. Nicolás Maquiavelo no escribió un comentario sobre la
Biblia, pero sí sobre un texto clásico: la *Historia de Roma*, de Tito
Livio. En su obra más conocida, *El príncipe*, Maquiavelo expresa su esperanza –ya fueran intencionadamente cínicas, o no, sus
palabras–, referida al papa León X y al papado bajo su mando,
de que «si otros obtuvieron grandeza con las armas, él obtendrá
grandeza y veneración mucho mayores con su bondad y otra infinidad de virtudes». Aunque todo ello estaba aún muy lejos del
concepto moderno de separación entre iglesia y estado, no hay
duda de que el humanismo bíblico ayudó a entender la Biblia de
un modo que permitiría llegar a ese concepto.

Uno de los logros importantes y duraderos del humanismo
bíblico del Renacimiento sería hacer obligatorio que los intérpretes cristianos de la Biblia, por primera vez desde los tiempos apostólicos, aprendieran a leerla en sus lenguas originales, lo
cual supuso cada vez más que los exégetas occidentales, que no

conocían otra Biblia que la *Vulgata* latina, tuvieran que aprender el griego. Gracias a Reuchlin y sus discípulos, muchos de ellos tuvieron que aprender también el hebreo, y también gracias a él pudieron hacerlo. Las reformas educativas por las que abogaban los humanistas del Renacimiento fueron recogidas por los reformadores protestantes, y su énfasis en la autoridad suprema (o incluso exclusiva) de las Escrituras tuvo como corolario directo e inevitable, en las palabras de la principal confesión de fe de la iglesia presbiteriana, la importancia central de «el Antiguo Testamento en hebreo [...], y el Nuevo Testamento en griego [...], inspirados directamente por Dios, y, por su singular cuidado y providencia, conservados puros a través del tiempo, y consiguientemente auténticos»; autenticidad que ni la *Vulgata* de la iglesia medieval ni las traducciones vernáculas de las iglesias protestantes podrían aspirar a poseer jamás. Sobre todo en las escuelas protestantes de enseñanza secundaria y en las academias jesuitas de distintos lugares, la filosofía educativa del Renacimiento hizo, no sólo del latín, sino también del hebreo y el griego (tanto el griego clásico como el bíblico) asignaturas obligatorias en el currículo de aquellos estudiantes que planeaban iniciar estudios de teología en la universidad o en el seminario, y también de aquellos otros que pensaban estudiar medicina, derecho, erudición y ciencias.

IRONÍAS DEL RENACER BÍBLICO

No obstante, todo este nuevo hebraísmo cristiano sirvió sólo para exacerbar la separación entre cristianos y judíos. Si los lectores cristianos de la Biblia querían conocer el significado de una palabra de la *Torá* que no lograban entender, ya no necesitaban consultar a un rabino, como habían hecho Jerónimo y Lutero, puesto que cada vez eran más los manuales y guías específicamente cristianos que podían examinar. Y la *Cábala* cristiana empeoró, igualmente, las relaciones judeo-cristianas, pues, ahora, incluso la ciencia esotérica del *Zohar*, antes propiedad exclusiva de los rabíes, podía hábilmente ponerse al servicio del dogma cristiano.

Probablemente el legado más duradero del renacer de la antigüedad cristiana que promovieron los estudiosos del Renacimiento ha sido la entronización de la «filología sagrada» y de la gramática como únicas bases legítimas para leer la Biblia de forma correcta. Tomás de Aquino había criticado a Agustín por su interpretación "espiritual" y no literal de los «días» en el relato de la creación con que se inicia el Génesis; ahora los exegetas podían utilizar su erudición "científica" o teórica en filología para demostrar que la palabra hebrea *yōm* debe referirse en este caso a un día de veinticuatro horas. Y siguieron haciéndolo a la vez que otras ramas de la erudición "científica" o teórica en paleontología y biología evolutiva presentaban pruebas cada vez más convincentes de que el mundo de las «plantas, de todas clases, portadoras de semillas», del «ganado, los animales que se arrastran por el suelo y las fieras salvajes de todas las especies», e incluso del hombre creado «a imagen y semejanza de Dios», como enumeraba el Génesis en el relato de la creación, se habían originado, de hecho, a lo largo de un período, no de seis «días» de veinticuatro horas cada uno, sino de muchos millones de años. Irónicamente, al anticuado método alegórico de interpretación "espiritual" le habría resultado mucho más fácil en algunos sentidos aceptar y asimilar esta nueva realidad de lo que le resultó al método "científico" de interpretación gramatical literal, supuestamente más al día.

NUEVE

Nada más que la Biblia

Primera Biblia completa de Lutero en alemán, 1534. (Con permiso de la
Houghton Library, Universidad de Harvard.)

n 1638 William Chillingworth, protestante convertido al catolicismo romano, y que finalmente retornaría a la iglesia anglicana, publicó la obra, de gran difusión en su tiempo, *Religion of Protestants a Safe Way to Salvation*, según la cual «la Biblia nada más, es la religión de los protestantes». En algunas iglesias protestantes, el púlpito se encuentra situado por encima del altar –o, para llamarlo por su nombre, *mesa de comunión,* ya que un "altar", en sentido estricto, es sólo el lugar donde se celebra el sacrificio, e, indudablemente, en las iglesias protestantes el Sacramento no lo es–; en muchas de ellas hay, además, una Biblia colocada en lugar preferente (por lo general, abierta, para simbolizar la conexión directa, inmediata, entre el creyente y la palabra de Dios), precisamente en el lugar que, en una iglesia católica romana, estaría reservado para la celebración de la Eucaristía. No debería sorprendernos, por tanto, que el Segundo Concilio Vaticano de la iglesia católica romana, que tuvo lugar entre 1962 y 1965, hablara con una mezcla de admiración genuina y discretísimo reproche sobre un «amor y reverencia, casi una adoración, a las Sagradas Escrituras» que era común entre los «distanciados hermanos protestantes».

RENACIMIENTO BÍBLICO
Y REFORMA BÍBLICA

El origen histórico de todo esto fue la Reforma protestante del siglo XVI, que es sin duda, en la historia de la Biblia, uno de los períodos más importantes de todos los tiempos. «Erasmo puso el huevo y Lutero lo empolló», bromeaban los oponentes de ambos, lo cual era, en muchos y relevantes sentidos, una simplificación excesiva; pero la conexión causal entre la Reforma y el Renacimiento es de hecho un argumento válido en sentido histórico, puesto que el lema «el poder de la Palabra» se refería al poder del mensaje de las Sagradas Escrituras, emancipado de la autoridad opresiva de la iglesia y de la tradición, y liberado, para que pudiera actuar directamente sobre los corazones y las vidas de los seres humanos; y esa emancipación fue posible gracias a la nueva forma de acceder al mensaje bíblico como fruto de haber recuperado y distribuido los textos originales de la Biblia en sus lenguas originales, empresa que llevaron a cabo, no los reformadores protestantes, sino los humanistas bíblicos, tales como Erasmo.

El acontecimiento que diversas iglesias protestantes conmemoran cada año el 31 de octubre, el "Día de la Reforma", son las Noventa y cinco Tesis (proposiciones para ser sometidas a debate) que Lutero hizo públicas en esa fecha el año 1517. La primera de estas proposiciones apunta: «Cuando Jesucristo nuestro Señor y Maestro dijo "Arrepentíos", quería que la vida entera de los creyentes fuera una vida de arrepentimiento», una proposición provocada por los flagrantes abusos cometidos en la administración del sacramento de la penitencia, con la compra y venta de "indulgencias" que ofrecían la conmutación de las penas temporales, impuestas para reparar un pecado, y, por tanto, el perdón de la iglesia (aunque no, explícitamente, el perdón de Dios del pecado en sí). Pero, en el fondo, la manera como esta tesis trataba ese abuso era invocando a un tribunal superior: oponiendo la autoridad de la Biblia, el mensaje de Jesús tal como lo recogen los evangelios, a la enseñanza sacramental y la práctica de la penitencia que la iglesia venía desarrollando desde mucho tiempo atrás. Jesús no dijo: «Haced penitencia, *Poenitentiam agite*» (como había traducido la *Vulgata*), es decir: seguid los pasos prescritos de contrición por el pecado, la confesión a un sacerdote, y la satisfacción o reparación por medio de las buenas obras, sino «Arrepentíos» (como expresaba el original griego), o sea, literalmente, dejad que el poder purificador de la palabra del evangelio y la fe en él transformen vuestras mentes y vuestros corazones. Ninguna práctica ni enseñanza de la iglesia institucionalizada podía pretender poseer autorización divina a menos que contara con el respaldo de la palabra clara de las Sagradas Escrituras. «Nada más que la Biblia»: ése era exclusivamente el principio que había de aplicarse de modo inflexible a todo, ya se tratara del dogma, la liturgia, las oraciones por los fieles muertos, la educación cristiana de la infancia o el contenido de los sermones; todo, hasta, e incluidos, el episcopado y el papado.

LO QUE LA BIBLIA HIZO POR LA REFORMA

Los teólogos de la Reforma se consideraron a sí mismos, como no lo había hecho ningún destacado pensador cristiano en los mil años precedentes, por encima de todo teólogos bíblicos. La «página sagrada», de la que Tomás de Aquino había sido un «maestro», se convertiría ahora en el centro de atención, de un modo y hasta un punto jamás visto anteriormente. Así, en la edición americana de las *Obras completas de Lutero* en inglés, treinta volúmenes, es decir, más de la mitad de la serie entera, están dedicados a sus comentarios sobre la Biblia: veinte al Antiguo

Testamento y diez al Nuevo, además de otros muchos que no pudieron incluirse.

Como mínimo, las iglesias que siguieron al Reformador de Ginebra, Juan Calvino, declarándose a sí mismas «Reformadas de acuerdo con la palabra de Dios» llevaron la autoridad de la Biblia aún más lejos que las luteranas; pues, según se dice por regla general aunque conviene tomarlo con cierta cautela, Calvino insistió en que toda práctica eclesiástica que no dictaran las Sagradas Escrituras quedaba prohibida, mientras que, para Lutero, esas prácticas estaban permitidas pero no podían exigirse. Calvino compuso comentarios para cada libro de la Biblia, exceptuando el libro del Apocalipsis, y consideró que su monumental *Instituciones de la religión cristiana*, publicado por primera vez en 1536, era una exposición bíblica del Credo de los apóstoles. «Sólo hablaré de cómo deberíamos aprender de las Escrituras», decía al comienzo, y, con mayor o menor éxito, se atuvo a ello.

De acuerdo con estos principios, la Reforma protestante suponía reformar los planes de estudios de teología para la formación del clero; en la práctica esto se tradujo, no tanto en modificar los temas de estudio tradicionales, por ejemplo, las leyes canónicas y cuestiones litúrgicas como en explicar la Biblia verso por verso. Lutero empezó sus *Lecturas del Génesis* en 1535, y fue abriéndose camino y desarrollando el libro, un capítulo tras otro, hasta poco antes de su muerte, aproximadamente diez años más tarde. Así, algunos alumnos de Lutero empezaron sus estudios en Abraham, los terminaron en Isaac, y nunca oyeron hablar de Jacob. Un clero culto, tal como el pensamiento de la Reforma lo definía, significaba por tanto un cuerpo de pastores con una buena formación en las lenguas bíblicas, y una preparación que les permitiera pronunciar sermones explicativos fundada en un exhaustivo conocimiento del Antiguo y del Nuevo Testamento. En muchas iglesias reformadas era, además, requisito imprescindible para la ordenación tener un conocimiento del hebreo y del griego, y en algunas aún lo sigue siendo.

Un indicio de la gran importancia que la Biblia tuvo para la Reforma es el hecho de que fuera el tema central de las controversias doctrinales que tan notablemente caracterizarían a sus iglesias. La Biblia pasó a ser ahora, como no lo había sido nunca, una doctrina por derecho propio; y la autoridad de la Biblia sola constituiría la línea de demarcación entre el protestantismo y el catolicismo romano. Pero para reafirmar esa autoridad parecía necesario definir también la inspiración de la Biblia, ese misterioso proceso por el cual la iniciativa divina del Espíritu Santo había interactuado con las personalidades de los escritores bíblicos, hecho en que se sustentaba el que la autoridad religiosa de la Biblia implicara además fiel veracidad, no sólo en cuestiones de fe y de moral, sino en cada detalle histórico, geográfico y científico que se menciona en sus páginas.

Los sermones explicativos y los doctos comentarios de los reformadores, aun cuando todos trataban sobre una misma Biblia, solían desembocar en conclusiones múltiples. Cuando la Reforma comenzó, decía el refrán, había un papa en las siete colinas de Roma; ahora hay siete papas en cada montón de estiércol de Alemania. Si bien es cierto que siempre había habido enérgicas discrepancias entre los intérpretes de la Biblia, ya fueran rabíes judíos o teólogos cristianos, normalmente éstas habían tenido lugar dentro de una determinada comunidad de fe. Pero ahora eran muchas las comunidades de fe dentro de la cristiandad de Occidente, y cada una de ellas, por otro lado, trazaba las líneas divisorias entre ella y todas las comunidades de fe restantes basándose en cómo interpretaban la Biblia, y no, principalmente, en cómo organizaban sus iglesias y celebraban sus cultos, o en cuál pensaban que debía ser la vida de un cristiano (aunque está claro que todo esto dependía directamente de una correcta interpretación de la Biblia). Así pues, los desacuerdos intelectuales sobre el significado del texto bíblico reflejaban a la vez las divisiones eclesiásticas, y continuaron provocando nuevos cismas e intensificando los ya existentes. La norma según la cual no existía más autoridad que la de la Escritura se tradujo en la práctica en la autoridad incuestionable de cada una de las distintas interpretaciones de la Escritura que caracterizaban como organismo a cada una de las distintas iglesias.

Para el momento en que la Reforma se llevó definitivamente a cabo, había conseguido romper la cristiandad occidental, y las líneas de falla que presentaban sus estratos están a punto de alcanzar los cinco siglos de antigüedad. Nadie que tenga aunque sólo sea una ligera idea de la historia de la Reforma se atrevería a negar que intervinieron en ella, desde todos los ángulos, numerosos factores políticos y "causas" históricas, entre ellas la ambición, la codicia, la falta de entendimiento y el ansia de poder, así como una dosis no desdeñable de orgullo y prejuicios humanos. A lo largo de los cien años que siguieron a la muerte de Lutero, ocurrida en 1546, las guerras religiosas se sucedieron ininterrumpidamente en Europa, estallando en una ciudad tras otra, enfrentando a los cristianos entre sí; hasta que finalmente, en 1648, la Paz de Westfalia puso fin a la Guerra de los Treinta Años, dejando una Europa devastada, y para siempre dividida. Ahora bien, nadie podría negar tampoco que las armas con que se atacaban unos a otros no eran sólo anatemas y excomuniones, ballestas y cañones, sino también pasajes de las Sagradas Escrituras; y, a la inversa, cada vez que se han intentado reconciliar al menos algunas de las diferencias resultantes de la Reforma, ha sido necesario abordar de frente las discrepancias fundamentales en cuanto a la interpretación de la Biblia. De hecho, como testimonio de la importancia central de la Biblia, en ocasiones ha resultado que el resolver dichas discrepancias ha sido –junto con una dosis de buena voluntad y cierta disposición para escuchar y comprender a la otra parte, y permitir así que finalmente la voluntad de Dios se haga en la tierra como en el cielo– un factor decisivo para poner fin a las divisiones que se remontan a la Reforma (o incluso a épocas anteriores).

LO QUE LA REFORMA HIZO
POR LA BIBLIA

¿Qué hizo por la Biblia –o qué le hizo a la Biblia– el mencionado principio de «nada más que la Biblia»? Es una exageración histórica, difundida a veces por los reformadores mismos, suponer que, antes de la llegada de Lutero, la Biblia había estado escondida y que, cuando el monje Martín Lutero se topó con ella por primera vez en la biblioteca, estaba «encadenada». La Biblia estaba encadenada, es cierto, pero por la misma razón que lo está el listín telefónico en una cabina de teléfonos pública: para asegurar que seguirá allí, a disposición de quien lo necesite. Y las cadenas siguieron existiendo en la biblioteca de la Universidad Luterana de Wittenberg.

Desde bastante antes de la Reforma, había Biblias impresas no sólo en latín, sino en una u otra de las lenguas vernáculas; pero nunca antes, ni siquiera en la edad de oro de los discípulos y apóstoles originales, se había definido a sí misma la iglesia, de modo tan estricto, como *la* iglesia de la Biblia. «Aunque el evangelio vino y continúa viniendo a nosotros sólo a través del Espíritu Santo –dijo Lutero en 1524–, no fue una casualidad que Dios hiciera que sus Escrituras se plasmaran únicamente en estas dos lenguas: el Antiguo Testamento en hebreo, y el Nuevo en griego. Luego si Dios no las despreció sino que las eligió entre todas las lenguas de este mundo, entonces nosotros también deberíamos honrarlas por encima de todas las demás», tanto aprendiendo a leerlas como haciendo de ellas elemento fundamental para el estudio y la explicación de las Sagradas Escrituras.

Lo mismo que en cuanto al aprendizaje del hebreo por parte de los humanistas del Renacimiento, sería también en este caso un error deducir que Lutero, por alabar así el hebreo como lengua merecedora del máximo respeto, tenía en la misma gran estima al pueblo judío. La realidad es que, tras la optimista y nada realista esperanza inicial de que la restauración del evangelio verdadero llevada a cabo por la Reforma, después de tantos siglos de oscuridad, provocaría una conversión masiva de judíos al cristianismo, Lutero reaccionó con furia contra aquello a lo que, en el título de uno de sus largos discursos, llamó *Los judíos y sus mentiras*, una furia más hiriente aún por su inigualable dominio del alemán.

BIBLIAS IMPRESAS PARA EL PUEBLO

Sería difícil exagerar la importancia histórica inmediata que tuvo la invención de Gutenberg para el estudio de la Biblia en las tres lenguas clásicas –el hebreo, el griego y el latín– que las comunidades judía y cristiana habían empleado para transmitirla. Sin embargo, dentro de la historia de la cultura occidental en su sentido más amplio, la imprenta tuvo una importancia infinitamente mayor, puesto que haría de la Biblia como libro una fuerza cultural en la vida común de la sociedad europea, y de otras sociedades después, de un modo y hasta un punto que ni se había dado ni hubiera sido posible que se diera antes de ella. Y ése sería, al menos en un principio, el logro de Martín Lutero: erudito bíblico y reformador eclesiástico, y reformador eclesiástico porque primero había sido erudito bíblico.

Con dedicación febril, Lutero tradujo al alemán el Nuevo Testamento griego de Erasmo en menos de tres meses, a fin de que pudiera imprimirse en septiembre de 1522, por lo que se le daría el nombre de «el Testamento de septiembre», para distinguirlo del posterior «Testamento de diciembre» publicado tres meses más tarde. Desde aquellas fechas se han hecho cientos de ediciones y publicaciones de la Biblia de Lutero; todas las Biblias anteriores escritas en alemán –o en cualquier otra lengua vernácula, exceptuando, por supuesto, las hebrea, griega y latina allí donde éstas eran las lenguas vernáculas, como en su origen lo fueron– han quedado tan totalmente eclipsadas por la traducción de Lutero que si en alguna ocasión se hace mención de ellas hoy día es sólo por una cuestión de rigor histórico.

No sería pertinente ignorar en este contexto el aspecto económico de la publicación de la Biblia. Empezando por los editores de Lutero y siguiendo por las editoriales universitarias de Oxford y Cambridge, la licencia para publicar la Biblia en lengua vernácula dio a estas casas editoras un inigualable poder comercial; y uno de los orígenes históricos del moderno concepto de los «derechos de autor», el «copyright», y de la «propiedad intelectual» nace precisamente de la concesión de dichas licencias, ideadas en un principio para proteger el texto de graves o embarazosos errores tipográficos, pero también para conceder posición preferente –que alcanzaría en ocasiones carácter de monopolio– a las editoriales autorizadas.

La disponibilidad de Biblias impresas en la lengua de la gente común contribuiría a originar lo que se llamó una «revolución copernicana» en la historia de la espiritualidad. Aunque las estadísticas son muy poco fiables, existía sin duda una relación simbiótica entre el nivel de alfabetización de la población laica, la piedad protestante y la lectura de la Biblia impresa. La predicación popular de textos bíblicos, que había experimentado un resurgimiento en la última parte de la Edad Media, junto con la representación detallada de historias bíblicas del Antiguo y del Nuevo Testamento en vidrieras y frescos, y los poemas narrativos, que se remontaban a *Heliand* y a otras obras similares en lengua vernácula, fueron todos ellos los canales a través de los cuales se extendió el conocimiento de la Biblia durante el medievo, una expansión mucho más amplia y concienzuda de lo que suele dar a entender la propaganda protestante. Sin embargo, es cierto que la Reforma supuso un desarrollo mucho mayor de una piedad basada estrictamente en la Biblia. Las vidas de los santos y las innumerables celebraciones y festividades dedicadas a su conmemoración, especialmente los numerosos días consagrados a las leyendas de la Virgen María, dieron paso poco a poco a un año eclesiástico y un calendario religioso inspirados en la Biblia de forma mucho más directa; y una señal de este cambio fue la sustitución gradual de los nombres de los santos por nombres bíblicos (sobre todo por aquellos más llamativos y sonoros, como Jedidiah y Hephzibah) en el bautismo.

Las advertencias medievales sobre lo difícil e incluso peligroso que era leer la Biblia en privado sin la adecuada guía de la iglesia y del clero dio lugar a que se aconsejara seriamente leerla entre sermones, incluso llevarla a la iglesia −aunque lo cierto es que, cada vez que esas advertencias medievales parecían empezar a surtir efecto, aparecía otra nueva secta, basada en otra nueva y particular interpretación del texto bíblico en lengua vernácula−. Las fuentes de que disponemos nos dan de hecho, ocasionalmente, alguna información sobre hasta qué punto tenían una base bíblica la fe, la vida y el discurso cotidiano de la gente común; y cuesta imaginar que nada de esto hubiera podido ocurrir si la Biblia no se hubiera traducido y editado para el consumo popular.

Como corolario de la edición y publicación de la Biblia, la predicación bíblica maduró y se perfeccionó. Ya llevaran o no los fieles sus Biblias a la iglesia, el domingo o durante la semana (práctica frecuente en aquellos días, y también actualmente en muchas confesiones), aprendieron a esperar y exigir que el predicador refrendara su mensaje con referencias constantes a las Sagradas Escrituras, que ellos pudieran comprobar en sus propios ejemplares. Al igual que ocurre ahora, los feligreses a veces se quejaban de que los sermones eran aburridos, demasiado largos, demasiado abstractos o desvinculados de la vida cotidiana; pero se quejaban, además, cuando consideraban que un sermón carecía de mensaje bíblico. En manos de Lutero o de Calvino, el sermón bíblico se convirtió verdaderamente en oratoria religiosa de la más alta categoría y en un curso sobre los hechos y personalidades de la Biblia, cuya instrucción moral a menudo se basaba, directa o indirectamente, en los Diez Mandamientos. El sentido intrínseco de la enseñanza del Nuevo Testamento, insistía Lutero, era ser leída y obedecida no sólo por los profesionales religiosos, sino por el artesano en su trabajo y por la madre dedicada a sus tareas domésticas; a eso se refería en parte al hablar del «sacerdocio universal de los creyentes», y ésa fue una de las razones que le impulsaron a hacer una traducción de la Biblia que hablara a la gente en su propio idioma.

La traducción y publicación de la Biblia que llevó a cabo Martín Lutero ha sido calificada de «momento histórico de proporciones míticas en la historia de Alemania». Por eso, cuando el más idolatrado literato alemán, Johann Wolfgang von Goethe, que era él mismo una figura «de proporciones míticas», retrata al anciano filósofo sentado ante su escritorio en la primera parte de su drama poético *Fausto*, le hace recrear la escena de Lutero durante su exilio temporal en el castillo de Wartburg en 1521. Fausto trata de encontrar el equivalente exacto en su «alemán amado» del enigmático término griego *logos* que aparece en el versículo inicial del evangelio de Juan: ¿"palabra", "sentido", "poder", "hecho"? Fue un reto que Lutero hubo de afrontar literalmente miles de veces en el curso de su traducción de la Biblia al, también para él, «alemán amado». Reprimió sus sentimientos antisemitas el tiempo suficiente para poder preguntar a los rabíes alemanes acerca de los nombres de las especies consideradas no *kosher* en el Levítico:

y de las aves, éstas tendréis en abominación [...]: el águila, el quebrantahuesos, el esmerejón; el milano y el buitre de toda especie; toda especie de cuervo; el avestruz, la lechuza y la gaviota; todas las especies del gavilán; y el búho, el somormujo, el ibis; el cisne, el pelícano y el buitre egipcio; todas las especies de garzas, la abubilla y el murciélago.

(Nos da una idea de las dificultades que debió de afrontar Lutero, o cualquier otro traductor cristiano de la *Torá*, ver que, tras cinco siglos y bibliotecas enteras de erudición, la traducción del *Tanaj* que a finales del siglo xx editó la Sociedad Judía de Publicaciones sigue teniendo que añadir, en relación con este pasaje, una nota a pie de página, que dice: «Algunas de estas especies no se pueden identificar a ciencia cierta».

Cuando Lutero emprendió la tarea de traducir la Biblia para sus diversas ediciones, comenzando por la del Testamento de septiembre de 1522, tuvo a su disposición una impresionante variedad de recursos lingüísticos, ya que su pequeña universidad de Wittenberg se había convertido de pronto en una escuela de gran magnetismo, a la que los estudiantes, que hablaban los diversos dialectos del alemán, traían sus distintos vocabularios y maneras de expresarse; y él tenía un oído prodigioso para captar esta diversidad, que era capaz de reproducir –o ridiculizar– a voluntad. Era sobre todo, como incluso sus adversarios, muy a pesar suyo, tenían que admitir, un mago de las palabras en el espectro infinito de maneras de hablar recogidas en la Biblia. El poeta judío alemán Heinrich Heine dijo una vez que Lutero era capaz de chillar como una verdulera y de susurrar como una doncella. Todo esto lo depositó en la Biblia, y justo en un momento en que la lengua alemana empezaba a cuajar, gracias en buena parte a la imprenta. Aunque Alemania no sería una nación políticamente unida hasta el siglo xix, sería una fuerza cultural unificada, debido en gran medida a la estabilización y estandarización de la lengua alemana como resultado de la edición de la Biblia en alemán de Lutero. «La Palabra que aún permitirán que perdure», había cantado en la estrofa final de "Una poderosa fortaleza es nuestro Señor"; y, de un modo que no podía haber imaginado, demostró que esto era verdad y ayudó a que lo fuera.

A medida que la Reforma fue brotando en un país tras otro o se fue extendiendo de país en país, fueron apareciendo Biblias en lenguas vernáculas. Se hicieron varias traducciones de la Biblia al checo, realizadas por los husitas, que culminaron en los seis volúmenes de la Biblia de Kralice, completada en 1613. En Francia y en la Suiza francoparlante, la Reforma liderada por Calvino produjo una serie de Biblias vernáculas, entre las que destaca la traducción del Nuevo Testamento hecha por el primo de Calvino, a quien generalmente se le llama Robert Olivétan.

LA BIBLIA INGLESA

En cuanto a la historia de las Biblias editadas a raíz de la Reforma, hay una transición natural de la Biblia alemana a la Biblia inglesa, de la traducción alemana de Lutero a la versión inglesa de William Tyndale. Un examen reciente de las traducciones de Tyndale, el Nuevo Testamento en 1526 y el Pentateuco en 1529-1530, que incluye ahora, en una nueva publicación muy cuidada, el texto completo, le ha exonerado de la habitual acusación de haber seguido o copiado ciegamente la traducción alemana de Lutero, aunque es obvio que, en su introducción y en sus notas, Tyndale a menudo hizo poco más que traducir a Lutero. Por otra parte, el examen de esas traducciones ha confirmado detalladamente cuánto hay aún de Tyndale en las Biblias inglesas posteriores, sobre todo en la King James Version [la versión del Rey Jaime]. En 1535, más o menos diez años después del Nuevo Testamento de Tyndale, Miles Coverdale publicó la primera traducción inglesa de la Biblia entera, que tomó como base la *Vulgata* latina, la Biblia alemana de Lutero y la inglesa de Tyndale, y no, de un modo independiente, los originales hebreo y griego. Más allá de la importancia intrínseca de ser la primera Biblia inglesa, la traducción que Coverdale hizo del libro de los Salmos fue la que se incorporó al *Libro de oración común* de la iglesia anglicana, donde se ha conservado incluso cuando la versión del Rey Jaime fue sustituida por versiones anteriores de las lecciones prescritas de las Epístolas y de los Evangelios.

En 1539, cinco años después de que el Acta de Supremacía proclamara a Enrique VIII "cabeza suprema" de la Iglesia Anglicana en un acto de rebeldía contra la autoridad del papa, la "Gran Biblia", que estaba, como su subtítulo anunciaba, «verdaderamente traducida en honor de la veracidad de los textos hebreo y griego», fue difundida para uso oficial en los servicios eclesiásticos. En la portada presentaba un dibujo de Hans Holbein, que muestra al rey Enrique VIII haciendo entrega de ella al arzobispo Thomas Cranmer y a Thomas Cromwell, y su nombre se debe a su tamaño, pues era una Biblia para ser colocada en el facistol de una iglesia, no para la lectura personal; y fue, también, obra de Coverdale, aunque se mantuvo en el anonimato. La Biblia de Ginebra, por el contrario, se imprimió deliberadamente en un tamaño que resultara cómodo a los exiliados protestantes de Inglaterra bajo el reinado de la reina María, que se habían refugiado en la Ginebra calvinista. Era en esencia una revisión de Tyndale y de la Gran Biblia, con contribuciones de los anfitriones protestantes que les habían dado cobijo. Al igual que varias de su predecesoras, la Biblia de Ginebra no sólo alcanzó una amplia difusión entre los anglicanos, que siguieron leyendo de ella después de su retorno a Inglaterra al ocupar el trono la reina Isabel, sino que dejó una profunda huella tanto en el lenguaje religioso como en su ulterior sucesora.

La más importante e influyente, con mucho, fue la Versión Autorizada de 1611, conocida como la versión del Rey Jaime, por habérsele dedicado al rey Jaime I. Su célebre prólogo, «Los traductores al lector», justificaba no sólo su propia traducción, sino la empresa entera de traducción de la Biblia llevada a cabo por la Reforma, y hablaba, por tanto, del movimiento como un todo: «Pero ¿cómo meditarán los hombres en aquello que no comprenden? ¿Cómo comprenderán aquello que se conserva cerrado en una lengua desconocida? Como está escrito: "A menos que conozca yo el poder de la voz, seré para el que habla un bárbaro, y el que habla será un bárbaro para mí"». La Versión Autorizada, que decía de sí misma haber sido «al igual que las traducciones anteriores, comparada y revisada a conciencia», fue, con diferencia, la más célebre de todas las traducciones inglesas de la Biblia.

Demostró ser, además, en su primera edición o en las varias revisiones hasta llegar a la Versión Estándar Americana de 1901, la Versión Estándar Revisada de 1952, y la Nueva Versión Estándar Revisada de 1990, la más duradera de las numerosas traducciones de la Biblia al inglés, habiendo sido «el texto favorito de la gran mayoría de los escritores ingleses posrenacentistas, e incluso de escritores modernos, tales como D.H. Lawrence, James Joyce, Toni Morrison y John Updike». Junto con la anterior adaptación y revisión anglicana de la liturgia tradicional a la luz de los principios de la Reforma, es decir, *El libro de la oración común*, la Versión del Rey Jaime constituye un monumento de la prosa inglesa así como una inmortal contribución de la Reforma inglesa no sólo a la espiritualidad, sino a la cultura de la totalidad del mundo angloparlante, donde, con razón, generalmente se la sitúa por su lenguaje junto a los escritos de Shakespeare.

EL «REINADO DE LOS SANTOS BÍBLICOS» Y LA LIBERTAD RELIGIOSA

El nuevo énfasis que la Reforma protestante puso en la autoridad de la Biblia como fuente normativa para conocer la voluntad de Dios había de tener, forzosamente, consecuencias políticas trascendentales. «Cuando no hay visión profética –se dice en los Proverbios– el pueblo vive sin freno». Basta una rápida lectura de los profetas hebreos para ver que no dirigían sus denuncias del mal y exhortaciones al bien sólo a los individuos, tomados de uno en uno, sino a la nación entera de Israel. El Nuevo Testamento en cambio, escrito en el marco, enteramente distinto, del Imperio Romano y por obra de aquellos que carecían de poder político, es mucho menos explícito en su mensaje político y social. Encontramos, así, la advertencia de Pablo: «Que cada uno se someta a las autoridades que están en el poder, porque no hay autoridad que no venga de Dios, y los que hay han sido puestos por Dios», escrita bajo el reinado del emperador Nerón, que acabaría persiguiendo a los cristianos, o la distinción que hizo Jesucristo: «Dad al César lo que es del César, y a Dios lo que es de Dios», y que deja sin resolver la cuestión de qué puede pertenecer al César sin pertenecer a Dios en primer lugar... y en último. Y nada de esto, claro está, preparó a los cristianos para lo que ocurriría en el siglo IV, cuando el "César" en la persona del emperador Constantino empezó a creer en el Dios de los cristianos y a considerarse (utilizando sus mismas palabras) «obispo de exteriores» de la iglesia.

Cuando, a los ojos del protestantismo, quedó restaurada la auténtica interpretación de la Biblia como vehículo de la voluntad de Dios –según los protestantes más radicales, por primera vez desde los tiempos de los apóstoles–, y ahora que se había puesto fin a la dominación del papado sobre los gobernantes temporales en territorio protestante, el orden del día se llenó de toda una serie de nuevos problemas y oportunidades. En la ciudad de Münster, entre los años 1534 y 1535, un grupo protestante radical, con una visión apocalíptica, se basó en la autoridad de la Biblia para tratar de instaurar un «Reino de Sión», teocrático y completo, que incluyera la poligamia practicada por los patriarcas bíblicos y la comunidad de bienes de la antigua iglesia del libro de los Hechos. El intento condujo a la debacle, y serviría en adelante de moraleja; de todos modos, la idea del reinado de los santos bíblicos tendría una manifestación menos extrema en la corriente principal del protestantismo reformado o calvinista y en el puritanismo inglés y americano. Una confesión suiza de 1536 apeló al gobierno civil para que hiciera uso «de toda diligencia posible a fin de promover y poner en vigor la normativa *sobre lo que un ministro de la iglesia y predicador del evangelio enseña y expone sobre la palabra de Dios»*, asignando, por tanto, una relevancia política directa al mensaje de la Biblia (siempre que fuera interpretado correctamente).

Varias de las colonias de Nueva Inglaterra servirían, de hecho, de terreno donde experimentar el ideal de ese «reinado de los santos». Es más, el ideal de un gobierno civil que estuviera en consonancia con la voluntad de Dios, tal como se revelaba en la Biblia, persistiría hasta después, incluso, de la Primera Enmienda de la Constitución de los Estados Unidos y la separación de los poderes eclesiástico y civil en varios estados, que en algunos casos llegaría mucho después de la Primera Enmienda: 1816 en Nueva Hampshire, 1818 en Connecticut, y 1833 en Massachusetts. Al mismo tiempo, como siguen indicando los juicios entablados en torno al tema de la oración y la lectura de la Biblia en las escuelas, y como expresa el mensaje de carácter profundamente bíblico del doctor Martín Lutero King Jr., la cuestión que la Reforma planteó sobre la relevancia de la Biblia para el poder político y sobre qué posibilidades reales había de aplicar el Sermón de la Montaña, o al menos algunos de los Diez

Mandamientos, en una sociedad donde no existía una religión establecida ha continuado siendo objeto de seria atención y profundos desacuerdos.

Una inesperada y beneficiosa consecuencia de las divisiones y disputas de la Reforma fueron la actitud religiosa tolerante y la doctrina de la libertad religiosa. Pues, aunque «si algo puede decirse a ciencia cierta sobre la Reforma en Inglaterra es que tuvo carácter de ley de Estado» –lo cual, hechos los ajustes pertinentes, es igualmente aplicable a Alemania y Escandinavia, e incluso a Suiza–, las intenciones estatales no pudieron evitar que el pluralismo religioso y la disensión política afloraran de todos modos; y, pese a las intenciones de la mayoría de los combatientes de los distintos bandos, la Reforma desembocaría finalmente en una libertad religiosa, que parecía la única forma de mantener a flote la sociedad sin entrar en una guerra civil. Empezando por una serie de grupos en Inglaterra, con su gran variedad de creencias religiosas, y luego en los Estados Unidos y en la mayor parte de Occidente, el principio de que las autoridades civiles «no promulgarán ninguna ley [...] que prohíba el libre ejercicio de la religión» ha ido poco a poco influyendo en la conciencia y en la legislación, no sólo como una cuestión de conveniencia política sino, en última instancia, de derechos morales y legales; y, por supuesto, de una correcta exegesis bíblica.

LA BIBLIA Y LA CULTURA
DURANTE LA REFORMA

Dejando los temas políticos a un lado, la Biblia representó en el período de la Reforma una fuerza cultural muy importante, y, de entre las distintas áreas culturales de alto nivel, ninguna estuvo tan influenciada por ella como la música. El mismo Lutero fue un músico de gran talento, y se esforzó por componer himnos cantables con un marcado contenido bíblico. Dio un recital de los Diez Mandamientos, estrofa a estrofa, en forma de himno, y su himno más conocido, «Una poderosa fortaleza es nuestro Dios» (*Ein' feste Burg ist unser Gott*), que los aficionados a los conciertos conocerán como el cuarto movimiento de la *Quinta Sinfonía* de Félix Mendelssohn, es una versión libre de las palabras de la Biblia «Dios es nuestro refugio y fortaleza». En la tradición calvinista y luego puritana del protestantismo, la aplicación de la autoridad de la Biblia condujo a una ausencia de poemas inventados, en favor del "himnario de Dios", el Salterio, traducido con metro y rima y adaptado a melodías para ser cantado por la congregación. Pero la traducción y posterior publicación de los Salmos y de la Biblia tuvieron resonancia en la literatura poética más allá de los himnos, como atestiguan *Paradise Lost* [*El Paraíso Perdido*], de John Milton, en Inglaterra, y *Der Messias*, de Friedrich Gottlieb Klopstock, en Alemania. Más adelante, el himno bíblico de la Reforma florecería dando lugar a la cantata y al oratorio bíblicos, que adquirirían relevancia como formas musicales propias justo cuando la autoridad y la veracidad de la Biblia empezaban a ser puestas en entredicho.

En cuanto a las artes visuales, ese papel central que desempeñó la Biblia en la cultura de la Reforma tuvo aquí unos efectos más ambivalentes. Por primera vez desde las controversias iconoclastas bizantinas de los siglos VIII y IX, sería ahora la legitimidad misma de las representaciones plásticas de contenido bíblico lo que constituiría el gran motivo de controversia, dando lugar a la campaña calvinista y puritana contra la "idolatría". Pues aunque también Lutero había criticado con dureza la superstición y la adoración excesiva de estatuas y pinturas religiosas, concentradas sobre todo en el culto de la iglesia católica romana a la Virgen María y a los santos, él no había propugnado la destrucción de las imágenes, que los soliviantados protestantes radicales empezarían a poner en práctica en 1520. En realidad, Lutero llegó incluso a considerar que dichas obras de arte no estaban exentas de cierto valor didáctico, y su admirador, el artista Alberto Durero, empleó planchas de madera, grabados en metal y pinturas al óleo para dar forma pictórica a la interpretación de la Biblia que dio la Reforma. Por el contrario, en la Suiza protestante y después en la Inglaterra puritana, apoyándose en la autoridad bíblica, la Reforma hizo fundir los grabados de oro y plata, y sustituir las vidrieras policromas por simple cristal, por considerarse que sus representaciones de la Biblia atentaban contra el segundo mandamiento.

LA BIBLIA DURANTE
LA REFORMA CATÓLICA

La historia de la Reforma y del lugar que la Biblia ocupó en ella suele centrarse, comprensiblemente, en el protestantismo, al igual que se ha hecho hasta ahora en este capítulo. Sin embargo, tanto por la reacción contra la Reforma protestante como por ser continuación, e incluso intensificación, de las fuerzas reformadoras que habían estado presentes y activas en el catolicismo occidental antes del protestantismo y bastante al margen de él, el período de la Reforma debe considerarse, también, como una época de enorme trascendencia para la historia católica romana de la Biblia.

Como resultado de la Reforma, las diferencias, no sólo en cuanto a la interpretación de la Biblia, sino también en cuanto a la extensión y constitución de su canon, ayudaron a dividir la cristiandad occidental. La tensión surgida muchos siglos atrás, y –al menos oficialmente– aún no resuelta, entre quienes defendían el canon palestino del *Tanaj* (preferido de Jerónimo) y la lista de libros más global contenida en las traducciones *Septuaginta* y *Vulgata* (que defendía Agustín) estalló abiertamente con la Reforma protestante. Debido en parte a la nueva estima en que se tenía «la verdad del hebreo», los reformadores protestantes favorecieron el hebreo "original" tanto en lo concerniente a sus textos como a su canon. Por otra parte, algunas prácticas católicas, las oraciones por los muertos del purgatorio, por ejemplo, y la invocación a los santos, se consideraban (en el inglés isabelino de una confesión de fe anglicana) «tonterías, de las que no dan ninguna garantía las Escrituras, y que deben resultarle más bien repugnantes a la Palabra de Dios», y esto se debía a que la tradicional «garantía de las Escrituras» a ellos les había llegado, no a través del hebreo del canon palestino, sino del texto apócrifo del Segundo libro de los Macabeos. Tanto por defender la autoridad de la *Vulgata* latina frente a los reformadores protestantes, que insistían en la superioridad de los textos originales y en la necesidad de hacer traducciones vernáculas de la Biblia para el pueblo, como por defender una lista de libros canónicos que incluyera pasajes tales como éstos de los apócrifos, el concilio que la Iglesia católica romana celebró en Trento entre 1545 y 1563 dio a la *Vulgata* carácter oficial y de autoridad, lo mismo en cuanto al canon que en cuanto a su texto.

A la vez, cuando se lee con detalle cada uno de los decretos del Concilio de Trento, resulta evidente que el renacer bíblico que normalmente asociamos con el Renacimiento y con la Reforma protestante resonaba con potencia también en este concilio. Consciente de los excesos y abusos que habían surgido dentro de la iglesia, el Concilio de Trento tomaría repetidamente medidas para ponerles freno, así como para aplicar la autoridad redescubierta de las Sagradas Escrituras a esta tarea. Uno de los más flagrantes abusos, en la opinión de los reformadores protestantes pero también en la de muchos distinguidos prelados que se reunieron en Trento, era el lamentable estado de la predicación bíblica en numerosos sectores de la iglesia. El concilio abordó expresa y directamente esta cuestión, decretando que era labor prioritaria de todos los obispos predicar la palabra de Dios –lo cual, como muestran con claridad los documentos, muchos de ellos no habían hecho nunca hasta entonces–, y exigió, además, que cada diócesis estableciera un seminario para la formación de sacerdotes, lo cual, dadas las circunstancias del momento histórico, acarrearía una reforma del currículo del seminario, introduciendo un mayor estudio de las Escrituras, o, en cualquier caso, mayor de lo que lo había sido hasta la fecha. La predicación católica romana de la Biblia en sí misma experimentó una reforma. Claro que ésta quedaba aún muy lejos de la drástica renovación de los estudios bíblicos de la iglesia católica romana que provocarían la encíclica *Divino afflante Spiritu* del papa Pío XII en 1943 y el decreto *Dei Verbum* del Concilio Vaticano Segundo, pero bastó para avalar el cambio de la nomenclatura histórica, y lo que solía denominarse «Contrarreforma» ha pasado a ser «la Reforma católica».

La *Biblia Vulgata*, así concebida y realizada, era, no obstante, sólo una parte –la parte principal, sin duda, pero de todos modos una parte solamente– de un sistema integral de autoridad cuyos otros componentes eran, como dijo el Concilio de Trento, «las tradiciones escritas y no escritas» y la autoridad siempre actual de la iglesia viva, en la que destaca, por encima de todo, la autoridad del papa. Al engastar así la Biblia en un sistema de autoridad más amplio, el Concilio de Trento daba respuesta, al mismo tiempo, a una crítica fundamental de la idea misma de *sola Scriptura*, o sea, «Nada más que la Biblia». De hecho, desde una perspectiva histórica (y, por tanto, de precisión teológica), la *Scriptura* cristiana nunca ha existido *sola*. Cuando empezó el movimiento cristiano, tenía el *Tanaj* (en la mayoría de los casos la *Septuaginta*) como *Scriptura* y, a su lado, la primitiva proclamación de Jesús como su cumplimiento. Por otro lado, para la fecha en que esta proclamación fue escrita y desarrollada en la *Scriptura* del Nuevo Testamento, la iglesia contaba también con los credos y la liturgia, basándose en los cuales decidiría lo que el Nuevo Testamento, y detrás de él el *Tanaj*, significaba para la vida y la fe cristianas. Algo que el conflicto entre los reformadores protestantes y el Concilio de Trento en torno al canon bíblico dejó bien claro fue que, incluso en una doctrina de *sola Escriptura*, la autoridad de la Biblia no quedaba automáticamente autentificada (lo cual habría requerido algún tipo de doctrina inspirada que se repitiera en cada generación de la historia de la iglesia), sino que dependía, para obtener reconocimiento, de la tradición, y, para obtener aprobación, de la iglesia. Un último aspecto de la divina ironía que tan a menudo hemos visto en la historia de la Biblia y de su uso en el judaísmo y en el cristianismo es que su cualidad, añadida, de poder convertirse en arma con la que atacar a la tradición y a la iglesia había salido en realidad del arsenal de la iglesia, y había sido conservada y protegida por la tradición.

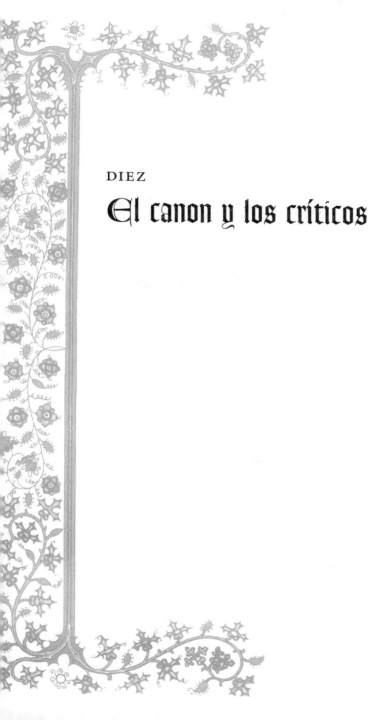

DIEZ

El canon y los críticos

The

Life and Morals

of

Jesus of Nazareth

Extracted textually

from the Gospels

in

Greek, Latin

French & English.

Portada de *The Philosophy of Jesus of Nazareth* [*La filosofía de Jesús de Nazareth*], de Thomas Jefferson (de su puño y letra): Thomas Jefferson Papers, Biblioteca del Congreso.

uando a la invención de la imprenta se unieron el fervor de la teología de la Reforma por la doctrina bíblica y el entusiasmo del humanismo renacentista por el conocimiento literario e histórico de la Biblia, la combinación provocó una explosión intelectual y una revolución académica. La erudición bíblica como campo de estudio, y de hecho como profesión en sí misma, llegó a la mayoría de edad gracias al libro impreso, ya que empezó a ser cada vez más fácil para los estudiosos, y también cada vez más obligado, publicar los resultados de sus investigaciones, inspirarse en las publicaciones de sus colegas, así como criticarlas, y difundir el conocimiento de la Biblia a un público cada día más numeroso. Una de las principales aportaciones que en determinado momento hizo la invención de la imprenta fue la creación de una revista de erudición, que constituiría un género literario propio, y de un foro académico especializado donde era posible obtener información sobre el trabajo de las academias y publicar los resultados de las investigaciones. En ninguna de las tres grandes circunscripciones bíblicas –la judía, la católica romana y la protestante– hubiera podido concebirse todo este desarrollo de no haber sido por el libro impreso; en cada una de ellas se estableció un patrón que continuaría hasta el presente, o que, en algunos casos, se reafirmaría en el presen-

te. Quizá un ejemplo destacado de cada una de ellas sea suficiente como punto de referencia para lo que estas páginas in-
tentan mostrar.

Tal vez debido a su mismo aislamiento del orden cristiano establecido, ya fuera católico romano o protestante, la erudición
bíblica del judaísmo ocupaba una categoría propia. La aparición,
no sólo las primeras ediciones de la Biblia hebrea, sino también
de textos posbíblicos hebreos y arameos data de una época muy
temprana: el *Targum Onkelos* se imprimió alrededor de 1480 (y
los cristianos lo incluirían más adelante en la Biblia Políglota
Complutense), y la Biblia en hebreo apareció en torno al año
1488. La magnitud y alta calidad de los estudios bíblicos judíos
en los primeros tiempos de la imprenta están plasmadas en las
ediciones académicas y otras publicaciones hebreas preparadas
por Daniel Bomberg, quien, probablemente entre 1516 y 1517,
publicó los cuatro enormes volúmenes de la *Biblia Rabbinica*,
que contenía no sólo el texto de la Biblia sino los *Targums* y una
larga serie de inestimables comentarios rabínicos. Pocos años
más tarde, la obra sería sometida a una exhaustiva revisión a
cargo de Jakob ben Chayyim, cuya edición del texto masorético en los años 1524-1525 alcanzó categoría normativa para muchas generaciones de estudiosos judíos y cristianos. En muchos
aspectos, la autoridad de la *Torá* en el judaísmo posbíblico fue, a
efectos prácticos, la autoridad del *Talmud*, luego es incluso posible colocar el *Talmud* y el Nuevo Testamento uno al lado de otro
como los dos principales sistemas alternativos –que en un sentido se excluyen uno al otro pero que son a la vez interdependientes– para la lectura del *Tanaj*. Fue por tanto todo un logro de la
erudición el que Bomberg publicara a continuación de la *Biblia
Rabbinica* una edición del *Talmud* babilónico entre los años 1522
y 1523. Especialmente en un principio, el efecto de todas estas
publicaciones en el estudio erudito de la Biblia estuvo limitado
a los estudiosos judíos e incluso contribuyó a separar a los estu-

diosos en judíos y cristianos (y a los cristianos, en católicos romanos y protestantes).

Sin lugar a dudas, la erudición bíblica del catolicismo romano durante este período (y hasta mucho después de este período) fue a la zaga de la protestante en muchos sentidos –y la ortodoxia oriental, mucho más a la zaga del catolicismo romano–, y una notable excepción sería la presteza de los estudiosos romanos católicos en publicar los hallazgos de la arqueología bíblica, sobre todo del Nuevo Testamento. Sin embargo, conviene recordar que uno de los primeros grandes monumentos de la erudición bíblica en la era de la imprenta, y uno de los más grandes de todos los tiempos, fue una obra católica, que no debía nada a la Reforma ni al protestantismo (aunque debía mucho al Renacimiento): la suntuosa y erudita Biblia Políglota Complutense de 1514-1517, publicada en España, en Alcalá de Henares, en seis volúmenes, con el apoyo y patrocinio de un notable clérigo y humanista, el cardenal Francisco Ximénez de Cisneros, arzobispo de Toledo y gran inquisidor, que ha sido lacónicamente descrita por David Price como sigue:

> Hay cuatro volúmenes del Antiguo Testamento, con la *Vulgata* de Jerónimo en el centro de la página entre el texto hebreo (con las raíces impresas en el margen) y la *Septuaginta* (con una traducción latina interlineal); el *Targum Onkelos*, impreso para el Pentateuco, aparece junto a una traducción latina. El volumen 5 es el Nuevo Testamento en griego, y el volumen 6 incluye varios índices y ayudas para el estudio, entre ellas un diccionario hebreo y arameo, una gramática hebrea, y las interpretaciones de los nombres griegos, arameos y hebreos.

Tanto el texto griego de la *Septuaginta* como el texto griego del Nuevo Testamento fueron los primeros textos jamás impresos (en 1514), aunque, como ya se ha mencionado anteriormente, el

Nuevo Testamento de Erasmo fue el primero en publicarse, en 1516. La inclusión del *Targum Onkelos* fue un reconocimiento –hecho, quizá más que por una coincidencia cronológica, en el veinticinco aniversario de la expulsión de los judíos de España el año 1492– de que toda interpretación cristiana seria de la *Torá* debía tener también en cuenta la tradición exegética judía. Esta colosal compilación de conocimientos bíblicos se basaba en el principio, como pronunció el cardenal Cisneros, de que la Biblia traducida, considerando aquí incluso la valiosísima *Vulgata*, «no puede comprenderse de ninguna otra manera que desde la fuente de la lengua original»; y así, aunque el Concilio de Trento establecería por ley treinta años más tarde la autoridad jurídica de la *Vulgata* latina, la dedicación que, con espíritu renacentista, se había puesto en los estudios derivados «de la fuente misma de la lengua original» persistiría, especialmente en los centros de estudio que habrían de estar bajo la dirección de la Compañía de Jesús. La reafirmación de la autoridad primordial del «texto original de los libros sagrados» que en el siglo XX hicieron el papa Pío XII y, después, el Concilio Vaticano Segundo puede considerarse como una última reivindicación, hecha al cabo de más de cuatro siglos, de la filología sagrada del Renacimiento tal como la había encarnado el Cardenal Cisneros, gran inquisidor de España, y como la había hecho posible la invención de la imprenta.

Sobre todo en el protestantismo de la Europa del Norte y de la Gran Bretaña, la erudición bíblica fue asimismo producto de la ulterior evolución de la universidad medieval dando lugar a la universidad moderna, que sería el principal motor del cambio intelectual de la cultura moderna y, debido a ello, el principal foco, tanto de descubrimientos como de controversias. En el marco político, cultural y educativo de Europa surgido de los conflictos nacionales y de las guerras de religión entre católicos y protestantes, e incluso entre protestantes reformados y protestantes luteranos, las universidades estaban separadas, y las academias judías de aprendizaje bíblico, más separadas de ellas aún. Una gran excepción al aislamiento entre los estudios de investigación judíos y cristianos fue la extraordinaria familia Buxtorf de la Basilea reformada (todos sus miembros con Johann como nombre de pila), que durante varias generaciones cultivó no sólo el aprendizaje del hebreo, sino también los estudios rabínicos. A su fundador, Johann Buxtorf, se le ha llamado «el más grande erudito protestante de literatura rabínica». Las numerosas publicaciones de sus estudios, tal vez especialmente los cuatro volúmenes de la *Biblia Hebraica* con *Targum* y otros comentarios rabínicos, fueron una generación tras otra la principal vía de acceso a la tradición exegética judía, tanto para sus compañeros de fe calvinistas como para otros intérpretes cristianos del Antiguo Testamento; y ni siquiera hoy día han perdido su utilidad. Esta actitud reverente hacia el texto masorético hizo que se extendiera a los puntos vocálicos –añadidos siglos después de ser escritas las consonantes– la misma autoridad incuestionable e inspiración verbal del Espíritu Santo que se atribuía al texto consonántico.

CRÍTICA DE LOS PUNTOS DE VISTA TRADICIONALES DE LA BIBLIA

En 1779, punto álgido de lo que se ha descrito como «el carácter antidogmático y antientusiasta de una época cansada y asqueada de controversias religiosas», el literato alemán Gotthold Ephraim Lessing publicó un drama filosófico titulado *Nathan der Weise* (Natán, el sabio). Está ambientado en los tiempos de las Cruzadas, y sus tres protagonistas son Natán, un judío sabio y tolerante, Saladino, un sultán musulmán, y, por último, un miembro de los caballeros templarios cristianos, es decir, seguidores, respectivamente, del *Tanaj* hebreo, del Corán musulmán y de la Biblia cristiana. En el transcurso de la obra, Natán le cuenta una leyenda a Saladino (basada en parte en Boccaccio), que dice así: Había una vez un hombre en Oriente que poseía un anillo de valor inestimable, pues tenía el poder de otorgar a su dueño grandes bendiciones y el favor de Dios y de los hombres. En cada generación, el que en aquel momento fuera su dueño lo legaba a aquél de sus hijos que más lo mereciera. Y todo iba bien hasta que en una generación resultó haber tres hijos iguales en virtud y capacidades, debido a lo cual su padre era incapaz de elegir a uno de ellos como receptor del milagroso anillo. ¿Qué se había de hacer? El padre llevó el anillo a un maestro artesano y le pidió que fabricara otros dos tan completamente iguales al original que nadie, ni siquiera el artesano, ni él mismo, fuera capaz de distinguirlos. En su lecho de muerte el padre hizo llamar a sus hijos de uno en uno, y a cada uno de ellos le entregó un anillo como si aquel anillo fuera el único. Después de su muerte, surgieron, como era de esperar, las peleas entre los hermanos por decidir quién de los tres tenía el anillo verdadero, y finalmente el caso se llevó ante un juez: la única solución era que cada uno de ellos reconociera que existían dos anillos más y actuara en consecuencia, pero, a la vez, se comportara moralmente como si el suyo fuera el anillo auténtico, ya se tratara del *Tanaj*, del Nuevo Testamento o del Corán.

> Buscan, disputan y se lamentan,
> en vano; el anillo verdadero no se pudo
> encontrar; estaba escondido, casi tanto
> como para nosotros lo está hoy la verdadera fe,

explica Natán el sabio a Saladino. La clave del dilema estaba en que cada uno de los tres, cada uno a su manera particular, descubriera y practicara hacia los otros dos un «amor libre de prejuicios, como prometía el anillo».

En 1804, exactamente veinticinco años después de *Natán el sabio*, otro distinguido literato, que resultaba ser además presidente de los Estados Unidos, Thomas Jefferson, halló su propia solución a las reivindicaciones absolutas de la religión bíblica. Trabajando, como él mismo explicó, durante «sólo dos o tres noches en Washington, tras acabar la lectura de las cartas y los documentos del día», Jefferson emprendió la imponente tarea, en *The Philosophy of Jesus of Nazareth* (La filosofía de Jesús de Nazaret), de separar –literalmente con una navaja– las que él percibía como enseñanzas auténticas de Jesús de las «tonterías» de los evangelios tradicionales. Después de dejar la presidencia, y disponiendo de más tiempo, retomó la labor, componiendo esta vez la obra más global *The Life and Morals of Jesus of Nazareth* (La vida y sentido moral de Jesús de Nazaret) en columnas paralelas, escritas en griego, latín, francés e inglés. Durante la mayor parte del siglo XX, la versión inglesa le sería entregada, normalmente bajo el título de *La Biblia de Jefferson*, a cada nuevo miembro del Senado de los Estados Unidos. Con esta empresa, tanto Lessing como Jefferson estaban expresando y encarnando el espíritu de su época, la Ilustración; pero también estaban dando continuidad y llevando a cabo una tarea a la que se habían entregado muchos de sus contemporáneos: el estudio histórico-crítico de las escrituras canónicas, trabajo literario y teológico que traspasó las tradicionales barreras confesionales, entre católicos y protestantes, entre protestantes y protestantes, y entre judíos y cristianos.

HASKALÁ-ILUMINISMO-*AUFKLÄRUNG*

El atractivo personaje de Natán el sabio de la obra de Lessing estaba basado en el eminente filósofo judío alemán y destacada figura de la *Haskalá*, o Iluminismo judío, Moisés Mendelssohn, amigo de Lessing y abuelo del compositor Félix Mendelssohn. Pero a diferencia de su nieto, que se convirtió al cristianismo y compuso el oratorio *Paulus* así como la *Sinfonía de la Reforma* en 1830, Moisés Mendelssohn se mantuvo siempre fiel a los principios del judaísmo (tal como él los entendía). Fue autor de libros y tratados que abogaban por un mayor entendimiento y una mayor tolerancia entre judíos y cristianos, y con ese fin tradujo la *Torá* y los Salmos al alemán, tanto para los judíos alemanes como para el público lego. Ya se le llame "*Haskalá*" en hebreo, "*Aufklärung*" en alemán o "*Éclaircissement*" en francés, el Iluminismo fue un movimiento complejo que comprendía multitud de ideas y teorías. Pero en la búsqueda de una «religión de la naturaleza» que tuviera un sentido racional, muchos que llegaron de la tradición judía o de la cristiana, católicos o protestantes, esperaban encontrar una fe común que fuera parte y a la vez fundamento –y, aun así, de algún modo lograra ir más allá– de todos los credos, rivales a lo largo de la historia; y esa fe común sería el «anillo verdadero» de la leyenda de Natán. En teoría, dicha reducción de las distintas creencias a lo que podría llamarse un "mínimo común *inter*denominador" parecía contener la promesa de que las amargas controversias del pasado podían trascenderse si se descubría lo que los libros sagrados de todas las tradiciones tienen en común. Así, los cinco puntos fundamentales propuestos por lord Herbert de Cherbury se convirtieron en una especie de tema con variaciones para los pensadores del Iluminismo, procedentes de ambientes y marcos muy diversos; y éstos eran: la existencia de un Dios, el deber de venerar a ese Dios, el papel crucial de la virtud en esa veneración, la obligación de arrepentirse por cada desviación de esa virtud, y la perspectiva de una vida venidera de recompensas para la virtud y de castigos para el pecado. Todo lo demás que estuviera contenido en las Sagradas Escrituras y santas tradiciones –los cultos, las doctrinas, la institución que simbolizaba la autoridad, e incluso el fundador de cada una de ellas, ya se le considerara humano o divino– ocupaba un lugar secundario, muy inferior a los cinco principios, y era por tanto una adición superflua, un accidente histórico o ambas cosas.

Lo que se interpuso en el camino de un reduccionismo de tales características fue, por supuesto, el institucionalismo de la religión organizada y, sobre todo, la ingente cantidad de credenciales que la Biblia aportaba a la religión organizada, tanto a la judía como a la cristiana, credenciales a las que la sinagoga, la iglesia y la secta, así como los creyentes individuales, habían apelado a través de los siglos a fin de reivindicar sus propias particularidades dogmáticas, éticas o litúrgicas. Ésta fue la razón por la que Thomas Jefferson, navaja en mano, sintió que era responsabilidad suya eliminar del texto de los evangelios cristianos relatos tales como el del alumbramiento virginal, la resurrección y el resto de los milagros, además de numerosos dichos de Jesús, sobre todo del evangelio de Juan, en los que declaraba mantener una especie de relación única con Dios. No había nada en el retrato de Jesús y de su enseñanzas hecho por Jefferson que, al menos de entrada, pudiera ofender justificadamente a los lectores no cristianos, es decir, judíos o gentiles, y los oponentes de Jefferson simplemente se preguntaban cómo era posible que una persona tan desnaturalizada como este Jesús hubiera acabado muriendo en la cruz.

Ya se considere un instrumento quirúrgico o un utensilio cosmético (o un arma letal), lo cierto es que la navaja de Jefferson cortó la larga tensión o contradicción mantenida en la concepción cristiana (y judía) de la Biblia entre su carácter de texto autorizado y de inspiración divina, y texto que, no obstante, era legítimo e incluso obligado estudiar con las mejores herramientas filológicas a disposición de uno. Debido a su inspiración divina, y por tanto a su autoridad, ocupaba un lugar aparte respecto a todos los demás libros, y por eso tradicionalmente el título que aparecía en su lomo o en su portada era el de *Sagrada Biblia*, *Sacra* Scriptura, *Heilige* Schrift. La declaración inglesa primera y principal de las doctrinas de la Reforma hablaba en nombre del consenso protestante cuando establecía que «el juez supremo que ha de decidir sobre todas las controversias religiosas, que ha de examinar todos los decretos de los concilios, las opiniones de los escribas de la Antigüedad y los espíritus individuales, y en cuya sentencia hemos de confiar no puede ser otro que el Espíritu Santo que habla en la Escritura», definida ésta como: «el Antiguo Testamento en hebreo y el Nuevo Testamento en griego, inspirados directamente por Dios, y, por su singular cuidado y providencia, conservados puros a través de los tiempos». Algunos seguidores de esta doctrina de la inspiración divina llegaron a argumentar que las conocidas y (al menos para el estudioso de las lenguas clásicas) a menudo sorprendentes desviaciones que mostraba el Nuevo Testamento griego incluso de las bases gramatical y literaria mínimas y más elementales del griego clásico se debían a la deliberada voluntad del Espíritu inspirador, que había querido escribir en «el griego del Espíritu Santo» y separarlo así de su pasado pagano, aun cuando las pruebas aportadas por los papiros y otras fuentes demostrarían en los siglos XIX y XX que el griego del Nuevo Testamento era básicamente el griego cotidiano (generalmente denominado "*koiné*") que se hablaba y escribía en aquella época en toda la civilización helenística mediterránea.

Pero dado que el «Iluminismo», según la definición de Emmanuel Kant en el célebre ensayo "¿Qué es *Aufklärung*?", se consideraba «el éxodo de la tutela que el hombre se había impuesto a sí mismo, [y que había significado] la imposibilidad de hacer uso del propio entendimiento sin la guía de otra persona», liberarse de esa tutela implicaba estar dispuesto a someter a un examen crítico toda autoridad y toda tradición, por más respetada y querida que fuera para uno. Así pues, durante el período del

Iluminismo, este examen crítico se aplicó a todos los diversos tipos de autoridad, tanto política (la monarquía, por ejemplo) o eclesiástica (por ejemplo, el papa) como intelectual (la reivindicación absoluta, por ejemplo, del judaísmo o del cristianismo de ser la única revelación divina), y se aplicó también a muchos textos de la tradición: legales, literarios… o bíblicos.

Pero al ir retrocediendo en el tiempo, este estudio histórico no pudo por menos de detenerse cuando llegó al privilegiado santuario del primer siglo, y pronto fue obvio que la pregunta crucial era: ¿podemos aplicar a los documentos de la Biblia los mismos métodos de estudio histórico-crítico que son apropiados para otros componentes de nuestra tradición? En un sentido, desde el Renacimiento y la Reforma, los estudiosos literarios habían dado por hecho en todo momento que la respuesta tenía que ser afirmativa. Erasmo había comparado los manuscritos que se conservaban del Nuevo Testamento griego para componer su primera edición de 1516, siguiendo los mismos procedimientos que empleaban sus colegas humanistas en la preparación de las primeras ediciones críticas de los clásicos paganos romanos y griegos; por otro lado, averiguar el significado de un vocablo griego difícil o resolver una construcción gramatical desconcertante sólo era posible mediante el mismo tipo de minuciosa investigación que emplearía un estudioso para hacer un análisis sintáctico del griego de Sófocles o del latín de Cicerón. Todo esto formaba parte de lo que en un momento dado empezó a llamarse crítica "inferior". Pero los investigadores literarios del Iluminismo no se contentaron con llegar sólo hasta ahí. Siguiendo los precedentes todo el camino de vuelta hasta la Antigüedad, Friedrich August Wolf puso en entredicho, en su obra *Prolegómenos de Homero* del año 1795, la tradicional autoría y unidad literaria de clásicos como la *Ilíada* y la *Odisea*, llegando a la conclusión de que "Homero" era el nombre con el que tradicionalmente se había designado a una diversidad de autores,

cuyas obras se habían agrupado en una y así se habían transmitido, en forma de dos poemas épicos que, supuestamente, eran
la creación de un solo escritor: Homero, el bardo ciego. ¿Podía
(o debía) este "elevado" método histórico-crítico llegar a conclusiones similares en cuanto a la autoría de los libros de la Biblia? Y
¿qué sucedería en caso de que así fuera?

AUGE DEL MÉTODO HISTÓRICO-CRÍTICO

Dentro del judaísmo, y también de las dos ramas principales del
cristianismo occidental, es decir, el catolicismo romano y el protestantismo, los investigadores del Iluminismo emprendieron en
este período el estudio histórico-crítico de las Escrituras judías
y cristianas. Tres personalidades, correspondientes a las tres tradiciones religiosas de esta historia, destacan como críticos pioneros de la Escritura canónica: Benito Baruch de Spinoza en el
judaísmo, Richard Simon en el catolicismo romano, y Johann
Salomo Semler en el protestantismo. Los patrones que en cada
una de estas tres tradiciones determinaron la manera particular
de desarrollarse esta controversia en cuanto al método adecuado
que debía aplicarse a la Biblia son la clave para comprender tanto cada tradición en sí misma como el lugar que la Biblia ocupa
en la cultura y tradición modernas. Desde cierto punto de vista,
cada una de ellas tenía en principio fundadas razones para no temer las consecuencias de la crítica histórica, y, sin embargo, resultó que las tres la recibieron como una gran amenaza, no sólo
en los siglos XVII y XVIII sino hasta mucho tiempo después.

Considerando el lugar tan importante que ocupa el *Talmud*,
puede decirse que un enfoque histórico-crítico a la hora de estudiar la *Torá* y el *Tanaj* es un método similar al aplicado al estudio de aquél, y por consiguiente igual de legítimo. Cualquiera
que tenga unas nociones de historia debería saber, primero, que

hubo un tiempo en que el *Talmud* no existía; segundo, que fue
fruto de unas circunstancias históricas específicas; tercero, que
no hizo su aparición de una sola vez, sino que se creó y desarrolló a lo largo de un extenso período de tiempo y en marcos culturales diversos, y, cuarto, que, por tanto, debemos estudiarlo re-
uniendo toda la información histórica posible sobre cada una de
estas afirmaciones (lo cual constituye, de hecho, un vasto cuerpo
de información). En un sentido, Spinoza y otros estudiosos judíos que emplearon el método histórico-crítico podían argumentar que no estaban haciendo más que aplicar ahora las mismas
cuatro afirmaciones al texto de la *Torá* y del *Tanaj*, que habían
precedido al *Talmud* y en los que el *Talmud* se había basado. Esto
podría parecer inocuo en sí mismo, pero las hipótesis históricas
y literarias de Spinoza que cuestionaban el que tradicionalmente
se hubiera atribuido la autoría del Pentateuco a Moisés no eran
puramente literarias e históricas; esa clase de hipótesis rara vez
lo son. Por el contrario, dentro del contexto completo del pensamiento de Spinoza, esas hipótesis parecían actuar como filo de su
admirable, aunque herético, sistema metafísico, calificado a menudo de «panteísta», en el que los términos «Dios» y «Naturaleza»
eran equivalentes, y el trascendente Creador no se consideraba
distinto del universo inmanente. A causa de éstas y otras doctrinas filosóficas similares, la Gran Sinagoga de Amsterdam ex-
comulgó a Spinoza en 1656. Pero, además, dado que sus doctrinas contradecían fundamentalmente la enseñanza tradicional
contenida ya en el primer capítulo de la *Torá*, que establecía a
Dios como el Creador y al mundo como criatura, «En el principio Dios creó el cielo y la tierra», y dado que las teorías históri-
co-críticas de Spinoza contradecían la tradicional creencia judía
sobre cómo Moisés había escrito la *Torá* por inspiración divina,
la condena por lo que se consideraba una desviación herética
del judaísmo normativo le fue aplicada al Spinoza crítico literario así como al Spinoza teólogo filosófico (o filósofo teológico).

Como comprometido defensor de la enseñanza católica romana y miembro de la Congregación de la Oratoria, Richard Simon se unió a los ataques dirigidos contra las especulaciones de Spinoza sobre el *Tanaj*. No obstante, en su *Historia crítica del Antiguo Testamento*, publicada en 1678, Simon presentaría sus propias interpretaciones basadas en una investigación del Antiguo Testamento contemplado en el contexto del antiguo Oriente Próximo. Tras aplicar al texto bíblico, y en especial al Pentateuco, su impresionante dominio de la lingüística y sus conocimientos sobre documentos comparados, Simon declaró que los "Cinco libros de Moisés" no podían haber sido escritos por Moisés ni por cualquier otro autor individual, sino que el texto provenía de múltiples fuentes anteriores. Aunque su punto de vista le causó, ciertamente, problemas con las autoridades eclesiásticas, la posición de la que gozaba el catolicismo romano, gracias a su manera de entender la relación coordinada entre Escritura y tradición –tal como había codificado el Concilio de Trento en 1546, frente a la *Scriptura sola* de la Reforma protestante– era mucho menos vulnerable a las investigaciones históricas de los críticos que la posición del protestantismo, donde la única autoridad de la que todo depende por completo es la letra de la Escritura. Tanto el hecho de que la tradición sagrada de la que el catolicismo romano dependía fuera considerada, en cierto sentido, una «segunda fuente de revelación» junto a la Biblia, como el hecho de que la exegesis del catolicismo romano hubiera estado dedicada a la interpretación espiritual y alegórica de la Biblia, hacían pensar que éste quedaba fuera del alcance de los críticos. En la práctica, sin embargo, nada de esto pudo impedir que los críticos cuestionaran principios del catolicismo romano cada vez más insostenibles, tales como la autoridad normativa de la *Vulgata* latina (con todos sus errores de traducción) o la pretensión de que el apóstol Pablo era el autor de la epístola a los hebreos (lo cual ya habían puesto en entredicho numerosas autoridades destacadas y ortodoxas de la antigua iglesia) o la autenticidad de varias interpretaciones dudosas de los textos bíblicos en el Nuevo Testamento griego (a medida que empezaron a acumularse las pruebas en su contra, aunque fueran mayormente los estudiosos bíblicos protestantes quienes las habían recogido).

La realidad, indiscutiblemente, era que en las filas de la crítica histórica el número de estudiosos bíblicos protestantes superaba con creces al de todos los demás. El erudito Johann Salomo Semler investigó muchos capítulos problemáticos de la historia de la iglesia, incluido el accidentado proceso de la estabilización gradual del canon de la Biblia. Como muchos de los críticos protestantes que le siguieron, Semler podía afirmar que seguía los pasos de Lutero y de la Reforma, y que lo hacía con mayor coherencia de lo que la situación política del siglo XVI había permitido alcanzar incluso a los primeros reformadores protestantes. Era hora de que el mismo tipo de escrutinio histórico-crítico al que Lutero y sus compañeros reformadores habían sometido las veneradas tradiciones y doctrinas de la iglesia medieval, tales como las reivindicaciones del papado o incluso el sistema sacramental, pudieran y debieran hacerse retroceder hasta los primeros siglos de la historia de la iglesia; y ni siquiera el siglo primero, reverenciado como «apostólico», debería estar fuera del alcance de la crítica histórica. El importante resultado al que dicho examen llevó a Semler y a los demás críticos protestantes no fue una u otra conclusión específica y radical sobre la Biblia, que quizá no se sostendría en un escrutinio histórico similar hecho hoy día, sino la justificación permanente de este examen como método –o como *el* método– para el estudio serio de las Escrituras. No obstante, durante los siglos XIX y XX, aquellos que más tarde recibirían el calificativo un tanto impreciso de «fundamentalistas» arremetieron contra varias confesiones protestantes por su ilegitimidad, rechazando no sólo las respuestas, sino las preguntas mismas del método histórico-crítico.

Mirada desde un determinado ángulo, la cuestión de quién escribió uno u otro libro individual de la Biblia podría parecer de escasa relevancia a los ojos de la fe. Si el Espíritu Santo de Dios es el verdadero Autor de toda la Escritura, ¿por qué habría de tener tanta importancia, como obviamente la tuvo, si fue Moisés en persona quien escribió el relato de cómo «Moisés, siervo de Dios, murió allí, en la tierra de Moab, tal como lo había dispuesto el Señor», lo cual quienes defienden la autoría mosaica del Pentateuco entero se ven obligados a sostener, en aras de la coherencia? Los rabíes se habían sentido forzados a ingeniar complicados argumentos para explicar cómo pudo Moisés, aun asistido por la inspiración divina, escribir su propio obituario. Para los cristianos, ya fueran católicos o protestantes, la cuestión estaba ligada al hecho de que continuamente el mismo Jesús, al menos según los evangelios, se refiriera al Pentateuco, completo o a una parte de él, como «el libro de Moisés». ¿Era lícito preguntar siquiera si Jesús pudo haber cometido una equivocación al seguir ciegamente las ideas de sus contemporáneos judíos en cuanto a la autoría del Antiguo Testamento, o si, quizá, simplemente había decidido complacerles sumándose a su ignorancia? ¿Qué implicaba eso para la fe y la doctrina cristianas, no ya sólo respecto a la Biblia, sino fundamentalmente respecto a la persona de Jesucristo? ¿Era, así pues, esta pregunta acerca de la autoría de los libros de la Biblia la primera ficha del dominó, que, al caer, provocaría el colapso total de la autoridad de fe y moralidad tradicional?

La autoría de la Biblia no era, por supuesto, una cuestión aislada; lo que en última instancia estaba en juego era la credibilidad de la Biblia, para la que los sucesivos descubrimientos y teorías científicos de la edad moderna han representado un continuo reto. Si Galileo estaba en la cierto al identificar, valiéndose de su telescopio, al Sol, y no a la Tierra, como el centro del universo, y por lo tanto al demostrar que la Tierra da vueltas alrededor de un Sol inmóvil, ¿qué podía pensar uno sobre el largo día de Josué cuando, según palabras del *Tanaj*, «el Sol se detuvo y la Luna se paró»? Si Charles Darwin había descubierto verdaderamente, como explicaba en 1859 en *El origen de las especies*, que todas las especies eran fruto de la evolución de especies anteriores y, por consiguiente, no tenían carácter permanente y fijo, y que, como explicaba en 1871 en *El origen del hombre*, la especie humana no era una excepción a esta ley universal sino que participaba del mismo proceso evolutivo, ¿qué pasaba ahora con los relatos de la creación narrados en el primer y segundo capítulos del libro del Génesis y, sobre todo, qué pasaba con la trascendental enseñanza teológica y ética de que «Dios creó al hombre a su imagen, a imagen de Dios los creó; macho y hembra los creó»? Si el matrimonio no había sido instituido en el Jardín del Edén por especial decreto de Dios, sino que también en este caso había ido evolucionando, muchos sintieron que los cimientos mismos del matrimonio monogámico y de la familia nuclear se tambaleaban.

De modo similar, surgirían preguntas que harían que se tambaleara, también, la credibilidad de la Biblia en temas de historia. Las aseveraciones en cuanto a la verdad fundamental de la documentación bíblica eran aseveraciones históricas sobre acontecimientos ocurridos –así se creía– no en un cuento de hadas, «érase una vez», o en una dimensión más allá del tiempo y del espacio, sino en fechas y lugares concretos que pertenecían a la historia total de la raza humana y que podían localizarse en un mapa. El mensaje moral e incluso doctrinal de la Biblia se apoyaba sustancialmente en una base narrativa. La sentencia «Yo soy el Señor vuestro Dios que os sacó de la tierra de Egipto, casa de esclavitud» no era simplemente el prólogo literario sino el postulado histórico y teológico de cada uno de los Diez Mandamientos de la *Torá*; cuando Pablo dice: «Si Cristo no ha resucitado, vano es nuestro evangelio y vana nuestra fe», de un modo fundamental, este «evangelio» y esta «fe» no son una serie de principios doctrinales o preceptos éticos, sino una aseveración histórica, y, por lo tanto, si la resurrección de Cristo no había sucedido realmente, el mensaje y la fe en el mensaje, según había dicho con autoridad el apóstol Pablo, sólo podían ser «vanos».

Así, a las palabras del Nuevo Testamento sobre cómo en Viernes Santo, durante la crucifixión de Jesús, «Era ya casi la hora sexta; *toda la tierra* se cubrió de tinieblas hasta la hora novena», el historiador no creyente Edgard Gibbon responde con el sarcástico comentario: «Incluso este acontecimiento milagroso, que hubiera debido provocar el asombro, la curiosidad y la devoción de la humanidad, pasó inadvertido en una era de ciencia e historia» y no fue tan siquiera mencionado por ningún escritor contemporáneo pagano, ni romano ni griego. La narración de la Navidad que presentan los evangelios pone especial empeño en situar los hechos en el contexto de «un decreto de César Augusto para censar a todo el mundo», y continúa diciendo: «Este primer censo se hizo siendo Quirino gobernador de Siria»; sin embargo, la investigación histórica de fuentes independientes no consiguió verificar dicho «censo» imperial ni identificar al mencionado «Quirino». Y pese al detallado relato del libro del Éxodo, e incluso tras esforzadas excavaciones arqueológicas realizadas en los emplazamientos históricos del antiguo Egipto, siguió siendo imposible verificar, y mucho menos datar, el hecho basándose en fuentes egipcias, o responder a la sencilla pregunta de quién fue el faraón del éxodo.

Los siglos XVIII y XIX fueron una época de gran confianza en el método histórico como clave para comprender las distintas áreas de la vida humana. El estudio de la literatura significaba el estudio de la historia de la literatura nacional, desde *Beowulf* a Shakespeare y a Milton. La clave para comprender el derecho era la relación histórica entre el derecho romano y los códigos de leyes de los pueblos bárbaros que se adentraron en el Imperio

Romano. En las manos de un pensador como Georg Wilhelm Friedrich Hegel, la historia de la filosofía resultó la mejor manera de poner las doctrinas y los sistemas en la perspectiva correcta; y, paralelamente, la historia de la doctrina cristiana se consideró el medio correcto para penetrar en la teología, de tal modo que, como explicó Karl Barth, «en la historia de la teología protestante, el siglo XIX trajo consigo la imagen no muy dignificada de una desbandada general de las que eran las mentes más sabias, volcadas todas en el estudio de la historia». Le debemos al «historicismo» la suposición de que seguir el rastro de estos fenómenos siglo por siglo era el mejor modo de comprenderlos; pero resultó que, en vez de corroborar los relatos de la Biblia, esta historiografía se convirtió en una importante fuerza promotora de dudas en cuanto a la veracidad de la documentación bíblica.

En muchos sentidos, el *Tanaj* se encontraba en una posición más inmune y, al mismo tiempo, más vulnerable que el Nuevo Testamento; pues, de todos los libros de la Biblia, *Qohélet* (el libro del Eclesiastés) era el que más cerca estaba del racionalismo y el escepticismo de los filósofos del Iluminismo, que veían en él un alma gemela; pero, por otro lado, la sombra antijudía que perduraba en el pensamiento cristiano creó la sensación de que la crítica histórica del Antiguo Testamento era de algún modo menos peligrosa, y es significativo que el método histórico-crítico empezara de hecho por el Pentateuco, y no por los evangelios. La larga historia que abarcan la *Torá*, el *Nebi'im* y el *Ketubim*, llena de múltiples ecos de las religiones con las que Israel había entrado en contacto, era un fértil campo para los historiadores, comparatistas y críticos. Así resumía Peter Gay las actitudes del Iluminismo hacia estos textos: «El Antiguo Testamento, incluso en sus momentos más racionales, ahogó la ley con el carisma, el orden cosmológico con mitos de la creación, los mandamientos morales con una magia de palabras y de números, la concepción del individuo ético con el mito del Pueblo Elegido y de la Tierra Prometida, la historia con la escatología». No era difícil desestimar mucho de ello; bastaba con referirse con condescendencia a la estrechez de miras de la religión nacional judía, que supuestamente había sido trascendida por el mensaje, más espiritual, de Jesús. Apenas dos semanas antes de morir, Goethe dijo: «Más allá de la grandeza y de la altura moral de la cristiandad, *como centellea y brilla en los evangelios*, no avanzará la mente humana».

Así pues, inicialmente no parecía que el estudio histórico-crítico supusiera una amenaza para la persona de Jesucristo «como centellea y brilla en los evangelios», ni tampoco para la doctrina ortodoxa en torno a él. Pero una vez se derramó de la botella, el ácido corrosivo de la crítica racionalista no se detuvo ni siquiera ante los más preciosos capítulos de la Biblia cristiana y de la persona del mismo Jesucristo. En silencio y a título anónimo, Hermann Samuel Reimarus escribió y trabajó, al parecer sin afán de que se publicaran los resultados –al menos durante su vida–, y dejó tras de sí un manuscrito titulado *Apología o defensa para los adoradores racionales de Dios*. Sería Gotthold Ephraim Lessing, el autor de *Natán el sabio*, y quizá no debería sorprendernos que fuera precisamente él quien publicó por primera vez algunos fragmentos de la obra de Reimarus entre 1774 y 1778; el manuscrito completo no se publicaría hasta 1972. Aquí no se desacreditaban sólo los milagros de Moisés, sino los de Jesús. Jesús había profetizado, había hecho que sus seguidores esperaran, y había esperado él mismo, la llegada del fin del mundo y el advenimiento del reino de Dios; y cuando su crucifixión puso un amargo fin a esa esperanza, llevado por la desesperación, clamó, citando el Salmo veintidós (en arameo): «*Eli, Eli, lama sabachthani?*», es decir, «Señor, Señor, ¿por qué me has abandonado?». Por consiguiente, la religión del Nuevo Testamento en su totalidad, empezando por las epístolas de Pablo, y después de él

todo el proceso de desarrollo de la cristiandad tradicional, con
la evolución de los credos y la aparición del episcopado, había
sido un laborioso intento de compensar o de racionalizar ese
brutal desengaño. Lejos de ser la encarnación del Hijo de Dios y
el Salvador del mundo, tal como los cristianos, independientemente de sus confesiones particulares, le habían creído a través
de los tiempos, Jesús era el líder, derrotado, de las aspiraciones
de sus seguidores; engañado él mismo, y que engañó a los demás.
Era por tanto apropiado que Albert Schweitzer iniciara su *Quest
of Historical Jesus* con la obra de Reimarus.

Aun teniendo total conocimiento de todo esto, los creyentes judíos y cristianos, a millones, continuaron leyendo sus
Escrituras, rezando sus Salmos y enseñando la Biblia con diligencia a sus hijos. No es una exageración decir que se abrió un
abismo entre los bancos de la iglesia y el estudio bíblico. Al igual
que el Gran Inquisidor de Dostoievski, los pastores protestantes,
que habían aprendido a tratar la Biblia con escepticismo, siguieron recitando el credo y enseñando el catecismo como si la fe ortodoxa de la iglesia fuera verdad, cuando ellos mismos habían
dejado de creer en ella. Y Reimarus es sólo un ejemplo de este
enfoque esquizofrénico. El abismo fue probablemente más pro-
nunciado en el protestantismo, donde provocaría diversas controversias y cismas durante los siglos XIX y XX en distintas confesiones, pero las protestas antinacionalistas dentro del judaísmo
y los decretos antimodernistas de varios papas, incluido el juramento antimodernista impuesto por Pío X en 1910, son también
prueba de la severidad del peligro que se presentía. No obstante,
sería un error –y, de hecho, un error en el que muchos historiadores del cristianismo y del judaísmo cayeron con suma facilidad en los siglos XVIII y XIX– considerar estos forcejeos entre la
actitud crítica y la actitud opuesta a la crítica como si esto fuera
lo único que ocurrió en torno a la Biblia en este período, que, al
mismo tiempo, conoció un desarrollo sin precedentes de la difu-

sión y traducción de la Biblia, literalmente al mundo entero, ya que los libros de la Biblia viajaron a más partes de la tierra que en ningún momento anterior de la historia.

Mientras tanto, a través de diversas obras maestras compuestas durante los siglos XVIII y XIX, de las que aquí hemos seleccionado únicamente tres, «su sonido se extiende por la tierra entera, y hasta el confín del mundo sus palabras», como decía una de ella citando el *Tanaj* y el Nuevo Testamento juntos.

Aunque John Milton, en su obra póstuma *La doctrina cristiana*, en la que había «decidido no depender de la creencia o el juicio de otros en cuestiones religiosas», sino «resolver solo y explicar un credo religioso mediante los propios esfuerzos», mostraba cuánto se había desviado del consenso ortodoxo sobre la Trinidad y la persona de Jesús, consenso del que participaba también, junto con el resto de la cristiandad, su propio partido puritano dentro de la iglesia anglicana, en *El paraíso perdido*, de 1667, y en *El paraíso recobrado*, de 1671, dio al recorrido de la historia bíblica una expresión literaria como no se había conocido desde Dante. Invocando al mismo Espíritu Santo a cuya inspiración se atribuía la composición de la *Torá* de Moisés como la

> Musa celestial, que en la secreta cima
> del oreb o del Sinaí tú inspiraste
> a aquel pastor que fue el primero en enseñar a la escogida grey
> cómo en su principio salieron del caos los cielos y la tierra

Milton rezó:

> para que desde la altura de este gran propósito
> pueda glorificar a la Providencia eterna
> justificando las miras de Dios para con los hombres.

La respuesta a esta plegaria suplicando inspiración era una re-creación del relato bíblico escrito por su contemporáneo Spino-za en el que muchas generaciones de lectores han encontrado su inspiración propia, tanto artística como religiosa.

Johann Sebastián Bach y George Frideric Händel nacieron ambos en 1685, una década después de la muerte de Milton. El extenso cuerpo de las composiciones y cantatas sagradas de Bach, y sobre todo su *Misa en Si menor* y sus *Pasiones*, bastan para dar prueba de cómo un compatriota y casi contemporá-neo de Hermann Samuel Reimarus leía la misma Biblia que éste, y no para desacreditar su autoridad sino para celebrar su men-saje. En manos de Bach, incluso las palabras de la *Pasión según San Mateo* «Dios mío, Dios mío, ¿por qué me has abandona-do?» (que, por alguna razón su libretista tomó del hebreo del *Tanaj*, y no del arameo citado por Mateo) se convierten, no en un grito de desesperación de un Mesías desilusionado que ha-bía esperado la llegada del «reino de Dios en la tierra», sino en una misteriosa expresión de la fe del creyente en el expiatorio sacrificio de Cristo. Con su mezcla de intensa reflexión priva-da en las Sagradas Escrituras, sombría recreación del relato bí-blico de la pasión, y vertiginosa doxología, la *Pasión según San Mateo* de Bach ha hecho que los evangelios sigan vivos para mu-chas generaciones para las que las obras de los críticos quizá, de otro modo, habrían supuesto una impenetrable barrera. Como dijo al respecto el teólogo ortodoxo ruso americano Alexander Schmemann: «Cada vez que la escucho, en especial algunos pa-sajes como el clamor de las hijas de Sión y el coro final, llegó a la misma conclusión: ¿cómo es posible, en un mundo en el que na-ció y se escuchaba una música como ésta, no creer en Dios?».

Menos profunda, tal vez, que la *Pasión según San Mateo*, pero compensándolo sobradamente por la facilidad con la que al ins-tante puede acceder a ella cualquier oyente y por su atractivo universal para todos los oyentes, el *Mesías* de Händel es, durante sus innumerables representaciones en la época de la Navidad, el más largo contacto continuado que tienen muchos espectadores modernos con una porción sustancial de la Biblia. Es también la dramática encarnación del ambiguo lugar que ocupa la Biblia en el contexto de las relaciones entre judíos y cristianos. Su coro más célebre, lo bastante conocido como para que se hagan más caricaturas de él que representaciones, es el «Aleluya», manifestación cristiana de una palabra hebrea y de un himno de alabanza judío. Su asociación actual con la Navidad no forma parte de su intención original: la obra se representó por primera vez el 13 de abril de 1742 en Dublín, y la «Parte primera», relacionada con el nacimiento de Cristo, es simplemente (como lo es en los evangelios mismos) una introducción a gran escala a los relatos de la pasión y de la resurrección. Esto es lo que celebra el Coro de Aleluya, no la natividad como tal. En torno al tema de la profecía y su cumplimiento, el *Mesías* entreteje con habilidad textos del Antiguo y del Nuevo Testamento de la Versión del Rey Jaime, como en el aria que sigue al Coro de Aleluya y que da comienzo a la tercera parte:

> Yo sé que mi Redentor vive, y al fin se levantará
> sobre el polvo;
> y después de deshecha ésta mi piel, en mi carne he de ver a
> Dios;
> y ahora, Cristo ha sido levantado de los muertos,
> los primeros frutos de aquellos que duermen.

Incluso algunos predicadores, lo cual es poco menos que imperdonable, han citado esto como si se tratara de un solo pasaje del Nuevo Testamento.

Como decíamos, al igual que ocurrió en la edad de la Reforma, el período *Haskalá*-Iluminismo-*Aufklärung* hizo surgir la posibilidad y la esperanza de que las nuevas maneras de interpretar el Libro que judíos y cristianos tenían en común lograran, tal vez, crear un acercamiento entre ambos. Sin embargo, a pesar de Moisés Mendelssohn y del llamamiento casi irresistible que hacía la obra de Lessing, *Natán el sabio*, el tono de gran parte de la actitud del Iluminismo estuvo marcado, en cambio, por el antisemitismo de Voltaire. Esta absurda situación fue un estremecedor anticipo de la Alemania del siglo XX, donde los gentiles poscristianos y los judíos asimilados vivían codo con codo en un ambiente de relativa paz y tolerancia hasta que se vieron arrastrados por las fuerzas del odio, que vestían uniformes nuevos pero recitaban eslóganes ancestrales; muchos de los cuales, fruto de un nuevo paganismo, eran una tergiversación de palabras tomadas de la Escritura judeocristiana.

ONCE

Mensaje dirigido
a toda la raza humana

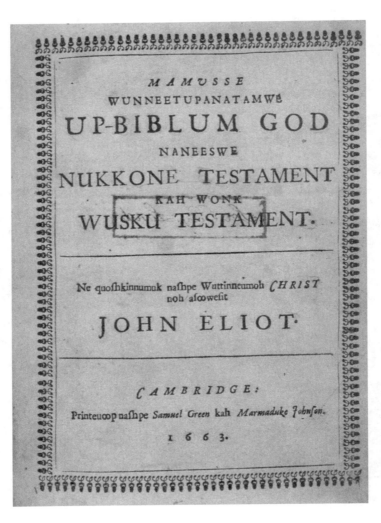

(Portada de la Biblia natick-algonquina, la primera Biblia impresa en América (Cambridge, Massachusetts, 1663, 1661). (Con permiso de la Houghton Library, Universidad de Harvard.)

el mismo modo exactamente que los defensores de la vieja fe habían interpretado la rápida expansión del catolicismo en Latinoamérica y en el Canadá francés durante el siglo XVII como una compensación por las terribles pérdidas que en el siglo XVI había sufrido el papado en la Gran Bretaña y el norte de Europa a consecuencia de la Reforma, también podría parecer que la posición que la Biblia ocuparía en la cultura de los siglos XVIII, XIX y XX era obra de algún tipo de ley compensadora. Por cada deconstrucción científica o especulativa de su mensaje, y consecuente merma de autoridad, que realizaban los críticos en Europa y los Estados Unidos, aparecía una nueva traducción de las Sagradas Escrituras a alguna lengua de Asia o de África, lo que suponía una ganancia neta de miles o millones de nuevos lectores de la Biblia.

Como ponían de manifiesto los debates recogidos en el *Talmud* sobre la «universalidad de la *Torá*», había sido desde hacía mucho la profecía y la esperanza de los profetas hebreos que todas las naciones fueran un día iluminadas por la luz de la *Torá*, cuyo mensaje estaba destinado, no sólo a los israelitas, sino a toda la raza humana:

Oh, Señor, mi fuerza y mi fortaleza,
mi refugio en el día

de la tribulación;
a Ti vendrán las naciones
desde los confines de la tierra
y dirán:
«Sólo mentira poseyeron
nuestros padres,
y vanidad e impotencia».
Por eso he aquí
que voy a manifestarles,
¡esta vez se lo manifestaré!,
mi mano y mi poder,
y sabrán que mi nombre es el Señor.
Vendrán pueblos y habitantes de ciudades populosas;
Desde oriente a occidente mi nombre es grande en todas
las naciones.

Pero el hecho histórico es que el nombre del Señor y el mensaje de su palabra han traspasado las fronteras del Oriente Próximo y de Europa, y finalmente han llegado a «todas las razas y tribus, naciones y lenguas» de la raza humana a través, sobre todo, de la labor de los misioneros cristianos, que llevó la Palabra «a todas las partes del mundo».

«SUMIDO EN UN MAR DE BIBLIAS»

El mundo angloparlante ha sido desde la Reforma un jardín especialmente fértil para la producción de Biblias. Con la difusión en 1640 del *Bay Psalm Book*, que contenía la totalidad de los 150 salmos, dispuestos en versos por obra de Richard Mather, John Eliot y otros, se inició la edición de libros en las colonias del Nuevo Mundo. Por extensión del principio de *sola Scriptura* propio de la Reforma al ámbito del culto y de la himnodia, los puritanos y algunos otros calvinistas insistieron en que el libro de los Salmos, «el himnario de Dios», tenía tan indiscutible preferencia sobre cualquier poema o himno compuesto por el ser humano, que lo apropiado era obedecer los mandamientos del Nuevo Testamento, «con salmos e himnos, y cánticos espirituales, cantad desde el corazón en agradecimiento a Dios», y limitarse a los salmos, traducidos literalmente pero convertidos en verso cantable. Es a esta adaptación métrica del Salterio a la que debemos algunos de los más famosos himnos en lengua inglesa. John Eliot fue asimismo el encargado de la producción de *Mamusse Wunneetupanatamwe Up-Biblum God* (1661-1663), traducción de la Biblia al "Massachusetts", como se llamaba a la lengua natick-algonquina, y de la cual Cotton Mather diría, con justificado orgullo: «He aquí, americanos, el mayor honor que jamás se os haya invitado a compartir. La Biblia se ha editado aquí, en nuestro Cambridge, y es la única Biblia jamás impresa en todo América, desde la fundación del mundo».

Por supuesto, no sería «la única Biblia jamás impresa en todo América» por mucho tiempo. De los cientos de millones de Biblias que se han editado en América desde entonces, la mayoría, con mucho, han sido ejemplares de la Versión del Rey Jaime, que por ello merecería llamarse, en un sentido especial, «*la* Biblia americana». De hecho, en la decisión tomada por el Tribunal Supremo de prohibir la práctica ritual de leer la Biblia en las escuelas como una violación de la cláusula que establece el estado laico en la Primera Enmienda a la Constitución de Estados Unidos, en el juicio de *Abington School District* contra *Schempp* de 1963, el Tribunal mismo señaló que «los únicos ejemplares proporcionados por la escuela eran Biblias de la Versión del Rey Jaime, ejemplares que había entregado a cada profesor el distrito escolar», aunque estaba permitido el uso de otras versiones, incluida la Biblia católica romana Douai-Reims. De todos modos, deberían al menos mencionarse otra serie de versiones americanas del siglo xx; curiosamente, todas, excepto una, son revisiones de la Versión del Rey Jaime. La Versión Estándar Americana de 1901 fue el texto compuesto por los miembros americanos del comité británico para la Versión Revisada de 1881-1885, que tenía como fin eliminar el lenguaje arcaico e incorporar ciertos cambios que el estudio crítico de los textos originales y los avances modernos en el conocimiento del hebreo y del griego bíblicos habían hecho necesarios. La Versión Estándar Revisada de 1946-1957, la más célebre de estas versiones con diferencia, revisó todavía más a fondo la Versión Americana Revisada, intentando a la vez mantener la traducción en una forma litúrgica apropiada. Una revisión posterior de esta revisión de una revisión, la Nueva Versión Estándar Revisada de 1989, destaca por su sustitución del «lenguaje inclusivo» de los sustantivos y pronombres masculinos, traduciendo por «hermanos y hermanas» la palabra «hermanos» del texto original. En una categoría aparte, a causa de su individualismo e incluso coloquialismo (como cuando Jesús aparece ante sus discípulos después de resucitado y les saluda con un «¡Buenos días!», en lugar de «¡La paz sea con vosotros!»), está *La Biblia: una traducción americana* de 1923-1935, que con frecuencia se denomina con el nombre del traductor del Nuevo Testamento, Edgar J. Goodspeed.

La más reciente de las ediciones principales de una "nueva Biblia" es al mismo tiempo muy antigua en cuanto a formato y concepción: La Biblia de San Juan, creada en la abadía benedictina de San Juan Bautista de Collegeville, Minnesota, que ha venido siendo un centro de renovación litúrgica y bíblica dentro de la iglesia católica y más allá de sus confines. Como el monasterio ha explicado: «Cuando esté terminada, la Biblia de San Juan será la primera Biblia escrita completamente a mano en 500 años, desde que la aparición de los tipos móviles inventados por Johann Gutenberg, hace casi 550 años, revolucionaron la industria editorial. Antes de eso, las Biblias se copiaban a mano; desde entonces, prácticamente todas han sido impresas». Utilizando plumas de ganso y otros instrumentos tradicionales así como procedimientos y materiales que sólo la tecnología moderna ha hecho posibles, se están aplicando la artes antiguas y medievales de la caligrafía, el miniado y la ilustración para copiar el texto de la Biblia en tinta y en color, incluido el oro puro para las representaciones de lo Divino. Las páginas mismas, siguiendo el ejemplo tradicional, están hechas de vitela, cuidadosamente bruñida y alisada. Como muestran las partes que se han producido hasta el momento, el resultado final será verdaderamente una adaptación única de la tradición viva a la vida moderna, adecuada expresión de la Biblia como «un mensaje dirigido a toda la raza humana».

En los Estados Unidos, al igual que en la Gran Bretaña desde la Versión del Rey Jaime y también antes, el predominante papel cultural de la Biblia ha sido y es evidente incluso en el lenguaje cotidiano (aunque los hablantes a menudo no sean conscientes de estar haciendo una cita bíblica): «Tan sólo escapo con [no "por"] la piel de mis dientes»*, dice Job en la Versión del Rey Jaime; o «No hay nada nuevo bajo el sol», que no es un dicho de la "sabiduría popular", como lo identifica un libro de texto publicado recientemente, sino la palabra de Qohélet, el Predicador; «los que están en el poder» es la frase con la que el apóstol Pablo se refiere al gobierno, en este caso al del emperador Nerón; y «si una casa está dividida contra sí misma, no puede permanecer aquella casa» proviene originariamente de los evangelios, no de Abraham Lincoln (quien debía de saber de memoria largas secciones de la Biblia del Rey Jaime). En los siglos XIX y XX, sobre todo, la Biblia ha sido fuente de inspiración de incontables no-

---

* Expresión familiar del inglés equivalente a la española «escapar por un pelo». (*N. de la T.*)

velas históricas, y películas, en el último siglo. Desde una perspectiva histórica, un hecho que destaca de estas películas y novelas es el grado de familiaridad con las historias bíblicas de las que se da por hecho que participaban los lectores y espectadores, no sólo porque fueran tantos los americanos que asistían a la catequesis y a la misa del domingo, sino porque incluso aquellos que no iban a misa solían hacerse el propósito, con mucha frecuencia a voces, de leer la Biblia en casa. Cuando en 1952 se publicó la colección de *Grandes libros del mundo occidental*, su editor, Robert Maynard Hutchins, durante muchos años presidente y rector de la Universidad de Chicago, explicó: «Aquellos lectores que se sorprendan al ver que la Biblia se ha omitido de esta colección se sentirán reconfortados al saber que la única razón por la que esto se ha hecho es que las Biblias gozan ya de una amplia difusión, y se consideró innecesario llevar, a través de esta serie de libros, una Biblia más a los hogares en los que ya existen varias»; aun así, se incluyen referencias a la Biblia en su *Syntopicon* o índice.

Hasta tal punto tuvieron las Biblias una «amplia difusión» en América durante los siglos XIX y XX que los Estados Unidos se vieron «sumidos en un mar de fe», lo cual significa, entre otras cosas, «sumidos en un mar de Biblias». Las iglesias americanas (especialmente las protestantes) y las sinagogas instaban permanentemente a sus miembros a adquirir y leer la Biblia, haciendo a menudo de la entrega de su primera Biblia a los niños un rito de iniciación conectado con la confirmación o el *bar mitzvah*. Pero la distribución de Biblias a la mayor cantidad de personas posible se convirtió para las sociedades bíblicas en una vocación religiosa que comenzó en la Gran Bretaña en 1804 con la Sociedad Bíblica Británica y Extranjera, y, tras la Guerra de la Independencia, surgirían más de cien en los Estados Unidos. Si durante el período colonial las prensas universitarias de Oxford y Cambridge habían tenido el monopolio de la distribución de la Versión Autorizada, también en Norteamérica, ahora, al tocar a su fin este monopolio –a la vez que otros vestigios de la dominación británica, tales como la autoridad que, desde Inglaterra, ejercían los obispos anglicanos sobre las parroquias "episcopales" americanas–, las sociedades bíblicas de diversos estados, y en 1816 la Sociedad Bíblica Americana para la nación entera, tuvieron un éxito inmediato. Como menciona un manual de 1996, las estadísticas de la Sociedad Bíblica Americana a lo largo del tiempo sin asombrosas: «distribuyó casi 100.000 Biblias en los primeros cuatro años de funcionamiento. Por si esto fuera poco, en un período de tres años, entre 1829 y 1831, la SBA imprimió y distribuyó más de un millón de ejemplares de las Escrituras, en una época en que la población total de los Estados Unidos era de sólo 13 millones de habitantes. Y hoy día, esta sociedad bíblica todavía pujante informa de que en 1986 distribuyó casi 290 millones de Biblias y secciones de las Escrituras en un solo año.» La otra sociedad bíblica prominente en los Estados Unidos, los Gedeones, que los viajeros conocen bien debido a su campaña para colocar un ejemplar de la Biblia (protestante) en toda habitación de hotel, informaron de que entre 1991 y 1993 habían repartido más de 38 millones de ejemplares.

Estas estadísticas son sólo un índice del lugar esencial que ocupan las Sagradas Escrituras en la cultura y el fervor de la América protestante, y que iguala o supera lo que fue la representación y veneración de la Virgen María en el catolicismo latino a ambos lados del Atlántico, y la devoción a los iconos sagrados de la cristiandad ortodoxa de Bizancio y sus iglesias hermanas. Al igual que la imagen de la Virgen y los omnipresentes iconos, se diría que a veces la Biblia ha llegado a ser más un tótem que un sacramental. Los testigos en los juicios y los presidentes en la ceremonia de investidura prestaban el juramento: «¡Ayúdame, Señor!» con la mano derecha sobre la Biblia; el Salmo 23 (en la Versión del Rey Jaime, por supuesto) formó parte durante mucho tiempo de las lecturas con que se empezaba el día en las escuelas públicas; los Diez Mandamientos estaban expuestos en lugar preferente en los juzgados y otros sitios públicos; y en todas las guerras circulaban rumores sobre un soldado que milagrosamente había salvado la vida porque el Nuevo Testamento que llevaba en el bolsillo superior del uniforme había detenido la bala –el mismo poder milagroso que se había atribuido en épocas anteriores de la historia cristiana, allá en los tiempos de las espadas y las flechas, a las reliquias de los santos–. Y no sólo estaba presente la Biblia en la reunión inicial diaria de los colegios, sino que su influencia llegaba repetidamente también a las aulas. Uno de los más notables ejemplos de su autoridad en el ámbito escolar fue el famoso "juicio Scopes", de julio de 1925, sobre el tema de la evolución, del cual estaba prohibido hablar en las escuelas públicas de Tennessee por orden expresa de las leyes de dicho estado. El juicio enfrentó a William Jennings Bryan, antiguo secretario de estado, y conocido por ser un enérgico defensor de la interpretación literal de la Biblia, y concretamente del Génesis y su relato de la creación, y a Clarence Darrow, célebre abogado defensor y ateo declarado. El enfrentamiento entre estos dos personajes públicos se consideró, y probablemente sigue considerándose, emblemático de la autoridad dominante de la Escritura, interpretada en sentido literal, en la región de los Estados Unidos a la que un periodista y literato encargado de informar sobre dicho juicio, H.L. Mencken, llamó «el cinturón bíblico», actitud notablemente contraria a la que tenían hacia la Biblia los sectores más radicales de la elite intelectual.

El «juicio del mono» fue simplemente la manifestación que más divulgación alcanzó, en el «cinturón bíblico» y más allá de él, de un fenómeno que acabaría recibiendo el nombre de «fundamentalismo», etiqueta que para el público seglar y los medios de comunicación se ha convertido en una manera de amontonar y desechar cualquier clase de ortodoxia religiosa o tradición mínimamente autoritativa, hasta que al final el término parece tener poco o ningún significado específico. El nombre en sí procede de una serie de folletos titulados *The Fundamentals* [Los fundamentos] difundidos entre 1910-1915 donde, sintiéndose asediados, los defensores de la interpretación literal de la Biblia exponían sus argumentos en contra de los «modernistas» de las iglesias protestantes, y a favor de doctrinas tales como la creación del mundo en seis días de veinticuatro horas y el nacimiento virginal. En la medida que el término sigue teniendo cierta utilidad, el fundamentalismo se originó como movimiento en el seno de varias confesiones protestantes para hacer de la inspiración e infalibilidad de la Biblia la doctrina de la que depende toda la fe cristiana, y se opone, por tanto, a cualquier interpretación científica de la Biblia que pueda poner siquiera levemente en peligro su absoluta singularidad y autoridad o exigir que sus enseñanzas se acomoden a una visión científica del mundo.

Sin embargo, precisamente en la misma región en la que tenía lugar gran parte de esta resistencia bíblica, la Biblia se había convertido en una fuerza viva en un sentido muy diferente. Desde una perspectiva histórica, es difícil imaginar una cultura impregnada de mayor sentido bíblico que la de los esclavos africanos en América. Quienes poseían esclavos solían considerar un deber bautizarlos (sentimiento con el que, pese a su falta de solidez, intentaban justificar el sistema esclavista), en algunos casos con la idea de que esto les enseñaría a ser obedientes y sumisos, pues el libro de la Biblia dedicado al tema de la esclavitud, la epístola de Pablo a Filemón, es cualquier cosa menos un tratado sobre la emancipación, ya que Pablo pide a Filemón que acoja de nuevo a su esclavo fugitivo, Onésimo, «no ya como esclavo, sino como más que un esclavo: como un hermano querido», es decir, más que un esclavo, pero no menos un esclavo, y, significativamente, sin apremiar ni alentar a Filemón a que ponga a Onésimo en libertad. Pero la evangelización blanca de los esclavos africanos resultó tener unos efectos que los propietarios de esclavos jamás hubieran podido imaginar; con toda certeza, no podían contar con la posibilidad de que la Biblia se convertiría en una parte integrante de sus vidas, como quedaría plasmado con increíble profundidad en la música indígena de los «espirituales». El dolor subjetivamente sentido de los Salmos no sólo lograría convertir en poesía el lamento en la letra de canciones como «*Sometimes I feel like a motherless child, a long way from home* [A veces me siento como un niño sin madre, tan lejos de casa]», y adquirir el drama de la pasión realidad actual por la necesidad de hallar respuesta a aquella misma pregunta: «*Where were you when they crucified my Lord?* [¿Dónde estabas cuando crucificaron a mi Señor?], sino que, además, los temas de la cautividad y la liberación del libro del Éxodo expresaron en esta tradición una profundidad de sufrimiento y de fuerza desconocida hasta entonces, al menos en la historia cristiana:

> *Go down, Moses,*
> *'Way down in Egypt lan';*
> *Tell ole Pharaoh*
> *To let my people go.*

> [Baja, Moisés,
> ve a la tierra de Egipto,
> y dile al faraón:
> «¡Deja marchar a mi pueblo!»]

A pesar de insistir en «que cada uno se someta a las autoridades que están en el poder, porque no hay autoridad que no venga de Dios, y los que hay han sido puestos por Dios», la Biblia contenía también una promesa de libertad que serviría de consuelo a todos aquellos, negros y blancos, cuyas vidas transcurrían no en libertad, sino en lo que Herny David Thoreau llamó «silenciosa desesperación».

En este período, además de los africanos que llegaron encadenados al Nuevo Mundo, los que permanecieron en África y también los habitantes de Asia y de las islas representaban un nuevo y enorme público potencial para la Biblia. Se ha llamado al siglo XIX "el gran siglo" de las misiones cristianas, hasta el punto de que ocupa tres de los siete volúmenes de la monumental *Historia de la expansión del cristianismo*, de Kenneth Scout Latourette. El lugar fundamental que ocupó la Biblia en la teología y la devoción de las iglesias protestantes a partir de la Reforma del siglo XVI explica el hecho de que el traductor bíblico reemplazara al monje como agente principal también de la estrategia evangelizadora y misionera de estas iglesias. En una época en la que la cultura occidental empezaba a expandir su poder sobre el resto del mundo, en el proceso asociado con términos tales como «imperialismo» y «colonialismo», las misiones cristianas llevaron el mensaje evangélico, y por tanto los libros de los Evangelios y el resto de las Escrituras, a esos mismos lugares. Como consecuencia, la Biblia empezó a ser traducida, alcanzando un nivel sin parangón en su larga historia, a lo que con el tiempo serían cientos e incluso miles de nuevas lenguas. Muchas de ellas eran lenguas antiguas y venerables con una rica tradición literaria y poética indígena; otras habían existido hasta ese momento sólo de forma oral, y era necesario adaptarlas por primera vez a un alfabeto. Sería impresionante, como muestran algunos catálogos, listar estos cientos e incluso miles de traducciones modernas de la Biblia alfabéticamente, desde el albano y el athabasco hasta el zulú. Pero lo que es aún más interesante para nuestros propósitos es considerar lo que este nuevo programa de llevar la Palabra de Dios al mundo –al mundo entero– supuso para la historia de la Palabra.

El accidente lingüístico y aplastante realidad histórica de que el Nuevo Testamento fuera escrito en una versión posterior (aunque al parecer corrompida) de la misma lengua que habían hablado y escrito Sófocles y Platón y de que, aproximadamente dos siglos antes, el *Tanaj* se hubiera traducido al griego, significaban que, a lo largo de su historia, en la exposición de la Biblia, tanto judía como cristiana, había tenido una importancia primordial su relación con el helenismo. Los misioneros cristianos que llegaron a Asia y a África con sus Biblias durante los siglos XVII, XVIII y XIX llevaban en sus equipajes oraciones y liturgias, credos y catecismos –y las traducciones oficiales de la Biblia al latín, al alemán o al inglés– que habían sido moldeados en una multitud de sutiles e invisibles aspectos por la problemática y los supuestos del binomio al que, en el título de más de un libro escrito en el siglo XX, se ha llamado *La cristiandad y la cultura clásica*. Se trataba, como bien los describe el filósofo angloamericano Alfred North Whitehead, de «supuestos fundamentales que los seguidores de todos los diversos sistemas de aquella época inconscientemente daban por hechos; supuestos tan obvios que la gente no sabe realmente lo que está dando por hecho, puesto que nunca se le ha ocurrido a nadie que las cosas puedan ser de otra manera», hasta que, claro está, de pronto se trasladan a una cultura en la que nadie ha oído hablar nunca de tales supuestos.

Lo novedoso de la situación creó enormes dificultades en la administración evangélica y pastoral de las misiones cristianas, y temas como la poligamia serían fuente inevitable de confusión y controversias: ¿debía un converso deshacerse de todas sus esposas, salvo de la primera? Pero ¿y qué hay de la poligamia de Abraham, que no por ello deja de ser el único personaje del Antiguo Testamento a quien el Nuevo Testamento concede el título de «padre de todos los que tienen fe»? La tarea de traducir la Biblia a una nueva lengua, y por tanto a una nueva cultura, estuvo particularmente llena de este tipo de dificultades. Se cuenta que Ulfilas, el «apóstol de los godos» que vivió en el siglo IV, omitió el libro de los Reyes en su traducción de la Biblia aduciendo que los godos eran ya de por sí un pueblo suficientemente guerrero y lo último que necesitaban era que las sangrientas batallas descritas en las Escrituras de su nueva religión estimularan esa faceta suya. Y cada nueva traducción se arriesgaba a encontrarse con problemas similares. Incluso al margen de la mayusculización de convenciones que se han vuelto ya comunes a todas las Biblias inglesas independientemente de su procedencia, el lenguaje bíblico, tanto hebreo como griego, tiene un término genérico para referirse a «un dios» o «dioses» diferente del nombre específico de YHWH, que no sólo es exclusivo de Dios, sino tan sagrado para los devotos judíos que ni siquiera está permitido pronunciarlo y ha de ser sustituido por «el Señor», incluso en la traducción griega (e inglesa). Pero ¿cómo había de establecer el misionero esta diferencia en una lengua como el chino, que al parecer tenía solamente nombres propios para sus distintas deidades pero no contaba con ninguna palabra genérica para "dios"? O cuando el Nuevo Testamento habla sobre la «inmoralidad que ni siquiera los paganos toleran: la unión de un hombre con su madrastra», ¿qué lugar podía ocupar este elemento de lo que se consideraba la «ley natural» en una cultura en la que otras clases de «paganos» no sólo parecían «tolerar» semejante «unión» sino que incluso la creían necesaria, así como otras uniones más palmariamente incestuosas?

También podía suceder que una cultura de reciente conversión manifestara afinidades con el mensaje bíblico desconocidas hasta la fecha, de las cuales es un ejemplo extraordinario un credo compuesto por la tribu masai de África en la década de 1960, y cuyo artículo segundo, sobre Jesucristo, declara:

> Creemos que Dios cumplió su promesa al enviar a su Hijo, Jesucristo, un hombre de carne y hueso, de estirpe judía, nacido

en un pequeño poblado, que abandonó su casa y *anduvo siempre de safari* haciendo el bien, curando a la gente por el poder de Dios, enseñando acerca de Dios y del hombre, mostrando que el significado de la religión es el amor. Rechazado por su pueblo y torturado, murió con las manos y los pies clavados a una cruz. Permaneció sepultado en su tumba, *pero las hienas no lo tocaron*, y se levantó de la tumba al tercer día.

Después de diecinueve siglos de lectura cristiana de los evangelios en el griego original y en muchas nuevas lenguas por todo el planeta, hizo falta la experiencia llena de frescura de una nueva cultura africana para descubrir en ella el mensaje de Jesús, que, tras haber vivido «siempre de safari haciendo el bien», fue sepultado, colocado en un sepulcro de piedra sellado con una roca para proteger su cuerpo del peligro de las hienas carroñeras, un peligro que la Palestina del siglo I y el África del siglo XX conocían muy bien.

Un libro en el que la grandilocuente frase «el mundo entero» en realidad no significaba más que el mundo grecorromano que rodeaba el mar Mediterráneo, o como mucho el «corpus de la cristiandad» en la Edad Media, llegó a ser, por obra de los misioneros de los siglos XIX y XX, verdaderamente un mensaje para toda la raza humana, no sólo para Europa y América. Sin embargo, en un momento en que la reverencia hacia la Biblia y el universal reconocimiento de su singularidad y autoridad había empezado a declinar peligrosamente, sobre todo en Europa y América, y particularmente entre la intelectualidad, este cambio de contexto significó que también la Biblia debía ocupar su lugar en un auténtico panteón de escrituras sagradas.

Dos acontecimientos del último cuarto del siglo XIX pueden destacarse como símbolo de esta nueva situación. En 1875 el célebre estudioso del sánscrito y pionero en el estudio de las religiones comparadas Friedrich Max Muller publicó una traducción inglesa de *The Sacred Books of the East* [Los libros sagrados de Oriente], que, para cuando estuvo completado a finales de siglo, alcanzaba un total de cincuenta y un volúmenes. Tal como él había previsto, esta colección, que en las estanterías de las bibliotecas ocupaba un lugar contiguo al *Tanaj* judío y a la Biblia cristiana –que en sus orígenes fueron, también, libros sagrados de Oriente, como lo era el Corán– permitió y fomentó un método de estudio comparativo que enfatizaba las similitudes obvias y los supuestos préstamos entre las diversas escrituras sagradas. Y en 1893, con ocasión de la Exposición Universal de Columbia, que se celebró en Chicago para conmemorar el cuadringentésimo aniversario del viaje de Colón y su descubrimiento del Nuevo Mundo en 1492, se convocó un Parlamento de las Religiones del Mundo, que reunió a las tradiciones representadas por la mayoría de los libros sagrados, incluidas, para la Biblia, la judía y la cristiana. Esta agrupación suponía que la Biblia, como el *Rig-Veda*, podía legítimamente ser objeto de lectura y estudio «desde fuera» para seguidores de otras escrituras (o de ninguna) que quisieran «aprender *sobre* ella» como cuerpo de datos antropológicos e históricos, y no necesariamente «aprenderla» del modo que los creyentes del judaísmo y de la cristiandad habían hecho durante tantos siglos. Y esta intención al estudiar e imprimir la Biblia ha pasado a formar parte aceptada de la publicación y de la enseñanza.

Un buen ejemplo de cómo influiría este método comparativo en la lectura de la Biblia es la conocida historia del *Aqedah*, «el sacrificio de Isaac». Un *Targum* rabínico sobre este pasaje lo considera un relato sobre la fe como fidelidad y como obediencia, en el que una lealtad casi sobrehumana a Dios y a sus mandamientos hizo que el padre de la alianza estuviera dispuesto a ofrecer el sacrificio supremo, y ruega: «Y ahora que sus hijos pasan por momentos de gran aflicción, recuerda el *Aqedah* de su padre Isaac y oye la voz de su súplica. Óyeles y respóndeles y líbrales de toda tribulación». La exégesis cristiana, por su parte, además de incluir estos elementos, hace una interpretación tipológica del relato como anticipación y profecía de la crucifixión de Cristo, en la que Dios «no perdonó ni a su propio Hijo, sino que lo entregó por todos nosotros». Sin embargo, situado en el contexto más amplio del antiguo Oriente Próximo, se diría que en el relato del *Aqedah* resuena el eco de la extendida práctica del sacrificio infantil condenado en todo el resto de la *Torá*.

EL ODIO HACIA LA BIBLIA

Al mismo tiempo que estas actitudes de objetividad histórica o neutralidad investigadora hacia la Biblia se ponían de moda en algunos círculos occidentales, el siglo XX también sería testigo de algunas de las más virulentas expresiones de odio de que la Biblia había sido objeto en su larga historia. El triunfo del marxismo-leninismo en la Rusia ortodoxa después de la I Guerra Mundial, y con el tiempo también en el resto de la Europa del Este y en el Este centroeuropeo después de la II Guerra Mundial, inició una campaña para eliminar la Biblia de la memoria colectiva de generaciones enteras, de las escuelas, los hogares y las iglesias. A pesar de la constitución soviética, que teóricamente garantizaba la libertad religiosa, se prohibió la impresión de Biblias, la lectura de la Biblia estaba castigada, y las Biblias junto con los iconos –«las Biblias de los analfabetos» éstos últimos– se relegaron a un pasado de superstición. El nacionalsocialismo alemán, de inspiración supuestamente anticomunista, en nefasta complicidad con los elementos antisemíticos mantenidos a través del tiempo en algunas iglesias, fueron aún más lejos que el comunismo en su determinación de que los «cristianos alemanes» purgaran la tradición bíblica de sus cualidades «judías» y de crear la herética «cristiandad aria», en la cual nadie a quien pudiera identificársele una ascendencia judía sería ordenado sacerdote, a fin de que el «tribalismo judío» de la Escritura dejara paso a un método de interpretación del Nuevo Testamento que no dependiera del Antiguo Testamento. Aunque la Biblia alemana siguió imprimiéndose con el Antiguo Testamento incluido, éste había perdido su autoridad. Y entre las demás víctimas del holocausto nazi, los libros y rollos sagrados de la *Torá* junto con el *Talmud* perecieron también.

LA EDAD DE ORO
DE LA ERUDICIÓN BÍBLICA

Aun así, los siglos XIX y XX –y no sólo en Alemania también, sino especialmente en Alemania– fueron a la vez la edad de oro en la historia de la erudición bíblica, tanto en el seno como más allá de las comunidades históricas de los «pueblos del Libro». El renovado interés por las excavaciones arqueológicas del Oriente Próximo, que se atribuyó (más o menos acertadamente) a la inspiración de Napoleón, dado que fueron sus tropas las que en 1799 descubrieron la piedra de Rosetta, hizo que dichas excavaciones continuaran llevándose a cabo en los escenarios bíblicos a pesar de los numerosos cambios de régimen que se sucedieron en la región, incluida la instauración del estado de Israel en 1948. Entre los nuevos descubrimientos, no todos obra de arqueólogos profesionales, ninguno tuvo un efecto tan importante en el estudio de la Biblia como los Rollos del Mar Muerto hallados en Qumran durante las décadas de 1940 y 1950, y que contenían manuscritos no bíblicos, y bíblicos también. Por primera vez se tenía acceso a un sustancial cuerpo de manuscritos del *Tanaj* más antiguos que todos los textos con los que contábamos hasta el momento y que databan de una época anterior a la incorporación masorética de puntos vocálicos. Este descubrimiento ha redefinido el estudio de los textos de la Biblia hebrea, y en su día provocó una profunda controversia en torno a la *Torá*, el *Nebi'im* y el *Ketubim*, así como el Nuevo Testamento.

Para las investigaciones judías de la Biblia, este estudio y controversia llegaron tras un período de intenso debate entre los eruditos. En la década de 1920, coincidiendo con los incipientes comienzos del movimiento nazi, la Escuela Superior de Ciencia del Judaísmo de Berlín se afanaba en aplicar a la *Torá*, el *Talmud* y a otros textos de la tradición hebrea algunos de los mismos métodos de análisis e interpretación utilizados en el medio académico de la República de Weimar. Como hace ver el sugestivo relato de Gershom Scholem, en *From Berlin to Jerusalem* (1980), esta metodología racional, y a veces total y absolutamente racionalista, llevó paradójicamente a una apreciación intuitiva más profunda de los elementos no racionales de la tradición judía. Las especulaciones místicas de la *Cábala*, la extravagante imaginería de los comentaristas medievales del Cantar de los Cantares, e incluso los excesos del mesianismo apocalíptico asociados con el movimiento fundado por Shabbetai Tzevi, resultaron ser todos ellos sistemas de pensamiento y espiritualidad que fascinaron, histórica y fenomenológicamente, al «estudio científico del judaísmo». Un resultado beneficioso de este renovado interés por el estudio serio de la *Torá* y el *Talmud* dentro del judaísmo del siglo XX fue una notable ampliación de los conocimientos sobre la interpretación judía entre los investigadores no judíos. Pese a las ocasionales críticas de los exégetas, tanto judíos como cristianos, el cuarto volumen del *Commentary on the New Testament from Talmud and Midrash*, de Paul Billerbeck, ha hecho ver claramente que ya no hay excusa para seguir ignorando la tradición judía de los comentarios, ignorancia que ha caracterizado la lectura de la Biblia que durante tanto tiempo ha hecho la iglesia.

En el ámbito protestante, donde el estudio de la Biblia en el hebreo y griego originales había sido endémico desde el

Renacimiento y la Reforma, y se había consolidado en las facultades de teología de las universidades de la Gran Bretaña, Alemania y otros países, y posteriormente en los seminarios teológicos de los Estados Unidos, las investigaciones y publicaciones sobre la Biblia siguieron creciendo, dando lugar a la edición de revistas, monografías y colecciones monumentales. Con B. F. Westcott y F. J. A. Hort en la Gran Bretaña y Eberhard Nestle en Alemania, la crítica de los textos bíblicos alcanzó nuevas cimas, una de cuyas consecuencias sería la necesidad y posibilidad de hacer nuevas traducciones de la Biblia. Los volúmenes del *International Critical Commentary*, asignado cada uno de ellos a un competente estudioso especializado, aunaron todos estos progresos en una exégesis hecha verso por verso; algunos de estos volúmenes, como por ejemplo el de John Skinner sobre el Génesis y el de Alfred Plummer sobre el evangelio de Lucas, aportan datos gramaticales y filológicos de tal perspicacia que los actuales estudiantes de la Biblia siguen considerándolos indispensables. De estos manuales, el que tuvo mayor influencia fue probablemente el *Theological Dictionary to the New Testament*, de Gerard Kittel, originariamente publicado en alemán y, acto seguido, traducido al inglés. El formato del lexicón ayudó a hacer del estudio de las palabras un medio de examinar los conceptos y doctrinas bíblicos, y a establecer –de un modo muy beneficioso aunque a veces simplificado en exceso– una nueva «teología bíblica» en la que el marco supuestamente filosófico de la teología sistemática clásica habría de definir, según se pensaba, categorías nacidas del texto bíblico mismo y superpuestas a él. Entre los innumerables comentarios bíblicos del siglo xx, es de destacar la *Biblia Anchor* por ser fruto de la colaboración de estudiosos judíos, protestantes y católicos.

Dicha colaboración fue posible gracias a lo que debería llamarse, sin exagerar, un renacimiento bíblico, por no decir una auténtica revolución bíblica, en el seno de la iglesia católica romana en el siglo XX. La carta de este renacimiento fue la encíclica *Divino afflante Spiritu* promulgada por el papa Pío XII el 30 de septiembre de 1943. En ella, si bien por un lado se continuaba honrando la autoridad «jurídica» de la *Vulgata* latina en la iglesia latina, que el Concilio de Trento había alzado como baluarte contra la doctrina protestante de *sola Scriptura*, por otro se pedía –o, más bien, se mandaba– hacer un cuidadoso estudio del texto bíblico, «con un conocimiento de lenguas», y sobre todo del hebreo y el griego originales. En dicho estudio, además, el exégeta debía prestar especial atención al género literario característico de la literatura del Oriente Próximo, evitando una literalidad que no hiciera distinciones entre la poesía y la prosa o que leyera la historiografía bíblica como si se tratara de un periódico actual. De este estudio debían surgir traducciones de la Biblia a las lenguas vernáculas, accesibles para la gente común, que la iglesia no sólo no prohibía sino que apoyaba, siempre que fueran acompañadas de comentarios y ayudas que explicaran el texto. Todas estas advertencias del *Divino afflante Spiritu* recibieron contundente reafirmación en *Dei Verbum*, la *Constitución Dogmática sobre la Divina Revelación* del Concilio Vaticano Segundo del 18 de noviembre de 1965. «Todos los fieles cristianos –decretaba el Concilio– deberían tener fácil acceso a las Sagradas Escrituras», no sólo los clérigos y los teólogos, porque «son tales la fortaleza y el poder de la palabra de Dios, que ella es la fuerza y el pilar de la iglesia».

No parece arriesgado aventurar, a falta de datos estadísticos, que, tanto en el marco de la iglesia católica como en el mundo entero, han sido más las personas que han estudiado la Biblia en el siglo pasado que en los diecinueve anteriores; ahora bien, no debemos perder de vista que ese mismo siglo ha sido el siglo de dos guerras mundiales, de las persecuciones a gran escala y el genocidio, y el siglo del Holocausto. A veces se diría que la más representativa metáfora bíblica de esta era no ha sido la del éxodo libertador que acabó con la cautividad egipcia del pueblo de Israel, sino la de los cuatro jinetes del Apocalipsis: la guerra, el hambre, la corrupción y la muerte. Volviendo al tema que ha sido foco de nuestra atención a lo largo de estas páginas, puede decirse que la relación entre los dos «pueblos del Libro», judíos y cristianos, jamás en su desdichada historia había caído tan bajo como lo hizo en el Holocausto nazi. Sin embargo, como ya se ha mencionado en este capítulo, este siglo fue también un punto álgido en la historia de la Biblia, y las dimensiones que alcanzó esa paradoja histórica son precisamente el tema del que trata el siguiente y último capítulo.

DOCE

El extraño nuevo mundo
de la Biblia

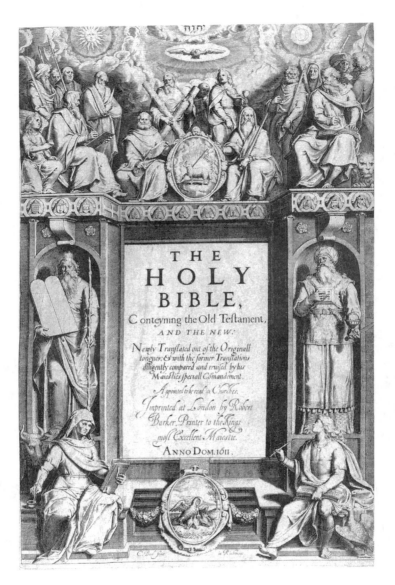

Portada de la primera edición de la Versión del Rey Jaime (1611). (De la colección de la Bridwell Library, Escuela de Teología Perkins de la Universidad Metodista del Sur.

Pablo, como hijo de su tiempo, se dirigió a sus contemporáneos; pero mucha más importancia que eso tiene el que, como profeta y como Apóstol del Reino de Dios, en verdad habló a todos los seres humanos de todas las eras. La diferencia entre entonces y ahora, entre aquello y esto, exige sin duda cuidadosa investigación y reflexión; ahora bien, el propósito de esa investigación sólo puede ser demostrar que dichas diferencias son, de hecho, puramente triviales.

 on estas palabras empieza el más influyente, o en cualquier caso el más explosivo, comentario bíblico del siglo XX, *The Epistle to the Romans* [La epístola a los romanos], publicada por Karl Barth en 1918. Se dijo de esta obra que era «una bomba caída en el patio de recreo de los teólogos», interrumpiendo groseramente sus juegos. La primera oración resume con gran acierto el método de interpretación histórico-crítica de la Biblia, tal como los estudiosos del siglo XVIII y especialmente del siglo XIX, incluidos algunos de los profesores del propio Barth, lo habían llevado a cimas sin precedentes, mostrando los muchos aspectos en los que a Pablo –o a Moisés, Jeremías o incluso a Jesús de Nazaret– debía considerársele «un hombre de su tiempo dirigiéndose a sus contemporáneos», haciéndoles partícipes de su visión del mundo y viéndose limitado por ello. Pero, luego, las oraciones siguientes van poco a poco aniquilando el método de «cuidadosa investigación» apuntando, más allá de ella y de todos sus resultados, a la realidad trascendente a la que Barth había llamado «el extraño nuevo mundo de la Biblia». Más o menos al mismo tiempo, el teólogo judío Martin Buber, autor de *I and Thou*, libro muy leído también por los cristianos, se dedicaba a componer traducciones de la *Torá* y comentarios sobre ellas que de modo similar hacían que las habituales antítesis modernas entre el *Talmud* y el método crítico parecieran irrelevantes y mayormente obsoletas.

No se pudo –ni se puede– dar marcha atrás en la investigación histórica, textual, literaria y filológica del *Tanaj* y del Nuevo Testamento; pero sí podemos y debemos ir más allá de ella, pues el *Tanaj* es más que una pieza de museo, más que un artefacto del culto tribal del Oriente Próximo que ha sobrevivido a través del tiempo, o que la única muestra literaria escrita en lengua hebrea que puede usarse como lexicón para hacer resurgir esta lengua en la edad moderna. No es que no sea todas estas cosas, sino que debería ser mucho más que eso. Y, de igual modo, no es adecuado definir el Nuevo Testamento como el simple depósito literario de una misteriosa religión helenística más, como el vestigio de una cosmología mitológica, ni como la lucha de una comunidad apocalíptica por redefinir su identidad tras verse su esperanza de la Segunda Venida, prometida (y esperada) por Jesús, tan cruelmente frustrada.

UNA «BELLEZA TAN ANTIGUA Y TAN NUEVA»

Año tras año en el mundo moderno, e incluso en una cultura que se denomina a sí misma posmoderna, las representaciones de *El Mesías* de Händel y de *La pasión según San Mateo* de Bach continúan atrayendo a un público que aprecia estas obras, un público compuesto tanto por creyentes como por no creyentes. Aunque con cierto esfuerzo, los estudiantes universitarios todavía consiguen aprender a leer, y en cierta medida hasta a entender, *La Divina Comedia* y *El Paraíso Perdido*. Las sentencias y relatos de la Biblia, con toda su variedad y riqueza, conservan su belleza y su encanto. Como dice el Salmo: «No es un pregón, no son palabras, no son voces que puedan escucharse, mas su sonido se extiende por la tierra entera y hasta el confín del mundo sus palabras». Incluso en una era pagana –o especialmente en una era pagana– la Biblia demuestra ser el antídoto por excelencia contra el escepticismo, e inigualable fuente de inspiración para poetas y filósofos, artistas y músicos, y para los incontables millones de personas que acuden a ella cada día y en sus momentos de desesperanza. Libro a libro, y a veces capítulo a capítulo, la Biblia nos proporciona el pie, también en los siglos xx y xxi, para descubrir la manera de afrontar la vida y la muerte, y para definir nuestras más profundas esperanzas. Es, parafraseando una máxima de la primitiva iglesia, un río en el que un mosquito puede nadar, y un elefante ahogarse.

En 1959 el poeta americano Archibald MacLeish, Bibliotecario del Congreso desde 1939 hasta 1944, recibió el premio Pulitzer de teatro por su obra *J.B.*, que es una evocadora y existencial recreación del libro de Job. Toni Morrison, premio Nobel de literatura en 1993, se inspiró en el Cantar de Salomón para escribir su novela del mismo título, publicada en 1977, y de nuevo en *Beloved*, de 1987. Pero el más destacado ejemplo literario del siglo xx de cómo la belleza tan antigua de la Biblia puede ser a la vez tan nueva es, casi con toda seguridad, la colosal narración épica de cuatro volúmenes *José y sus hermanos*, escrita entre 1933 y 1944 por Thomas Mann, que recibió el premio Nobel de literatura en 1929. «Esta obra piramidal», como él mismo la llamó, que empezó a escribir en la Alemania nazi y completó en los Estados Unidos, está marcada por su experiencia: Abraham, Isaac y Jacob, como patriarcas del pueblo judío, son en sus páginas los antecesores de todos nosotros; y en la cuarta y última parte, *José el proveedor*, que trata sobre cómo José salvó de morir de hambre al pueblo egipcio, Thomas Mann, como reconocería, utilizó el modelo del presidente Franklin D. Roosevelt y de su *New Deal* [Nuevo Pacto]. Basándose en una minuciosa investigación del *Talmud* y otros comentarios rabínicos, logró expandir los diez o doce capítulos de la *Torá* dedicados a la dramática historia de José hasta llenar casi dos mil páginas de profunda caracterización, análisis psicológico, esplendor espectacular e intrincada trama, que un manual bíblico y literario define como «la interpretación moderna definitiva de la historia de José [y] quizá el más importante comentario individual de la vida del José bíblico» jamás escritos.

La traducciones modernas de la Biblia, que continúan apareciendo a ritmo regular, sobre todo en inglés, han demostrado ser tan nuevas en cuanto a belleza literaria como precisas en su interpretación de un texto tan antiguo. Un notable ejemplo es la Nueva Biblia Inglesa de 1970, a la que sirvió de base una versión revisada de los textos apócrifos y del Nuevo Testamento, junto con la versión del *Tanaj* de la Sociedad Judía de Publicaciones. La obra empezó siendo una traducción literal preparada por eruditos en lenguas bíblicas, que después fue revisada por una comisión de escritores para darle el mejor inglés literario posible, y a continuación vuelta a revisar por los estudiosos para asegurarse de que dichas revisiones no habían causado daños al original. El resultado es una interpretación de auténtica fuerza y belleza, donde la poesía suena a poesía, el idioma anglosajón ha sustituido los latinismos y el «inglés melindroso» de traducciones anteriores, y la fuerza original de la gramática inglesa suena con una claridad nueva. Por ejemplo, debido a que las preposiciones inglesas tienden a ser tan endebles, la traducción más literal de la epístola a los Romanos en la Versión del Rey Jaime, «porque de él y por él y para él son todas las cosas» se reemplaza ahora por «Fuente, Guía y Meta de todo lo que es. ¡Gloria a Él para siempre!».

Parece que un espantoso desconocimiento de la Biblia se haya convertido en epidemia de nuestro tiempo, como resulta obvio cuando en un escenario o una cena alguien saca el tema de los ángeles, de la oración o de la inmortalidad del alma. No obstante, uno de sus efectos positivos (aunque cuesta imaginar qué otros efectos positivos pueda tener) es la emoción del descubrimiento, cuando personas por lo demás cultas se encuentran ante ella por primera vez, ya sea en un aula universitaria o durante una lectura en la intimidad. De repente les habla, como si nunca hubiera hablado a nadie hasta ese momento: «una belleza tan antigua y tan nueva». Siempre ha tenido ese poder, y aquéllos a quienes ha impactado se han sentido siempre desconcertados en cuanto a cómo sobrellevarlo.

Sin embargo, al igual que la belleza tan antigua y tan nueva de un icono bizantino o de un canto gregoriano, la majestuosa cadencia del libro de los Salmos y la conmovedora belleza de la Biblia corren, de hecho, el constante peligro de convertirse en su propio obstáculo. Precisamente el sonido familiar de la Biblia al cabo de tantos siglos puede atenuar su agudo filo y eclipsar su función principal, que es no sólo reconfortar a los afligidos, sino afligir a quienes viven confortables, incluidos quienes confortablemente se sientan en los bancos de la sinagoga o de la iglesia a escuchar sus palabras. Si es verdad que cada época se las ingenia para inventar sus propias herejías particulares, la nuestra parece especialmente vulnerable a un esteticismo (representado con especial emoción por el venerable público que escucha *Parsifal* de Richard Wagner el día de Viernes Santo, tal como aparentemente él deseaba) que encuentra su misterio último de la trascendencia, «el misterio que admira y fascina», en la belleza del arte y de la música, expresiones ambas que tienen la capacidad de transportarnos a una dimensión mística sin que necesitemos a la vez dar cuenta de nuestros pecados en la presencia del santo Dios y Juez justo de toda la humanidad.

Evocando una metáfora de Kierkegaard, la belleza del lenguaje bíblico es comparable al instrumental de un dentista: expuesto en perfecto orden sobre una mesa o colgado de la pared, intrigante por su complejidad tecnológica, reluciente el acero inoxidable de cada pieza... Hasta que llega el momento de que esos instrumentos sirvan al propósito para el que fueron diseñados. Entonces, de repente, mi reacción pasa de «¡qué brillantes y hermosos son!» a «¡sáqueme ese maldito aparato de la boca!». En cuanto empiezo a leerla con mirada nueva, tal vez gracias a la frescura de una nueva traducción, las palabras de la Biblia dejan de ser meros clichés y me hablan directamente a mí. Muchos que dicen no querer saber nada de la religión organizada aseguran que ellos ya son capaces de leer la Biblia solos en sus casas; pero cuesta no dudar de que muchos de ellos en realidad la lean demasiado, pues, si lo hicieran, el susto que les daría lo que de verdad dice les haría encontrar esas palabras más extrañas aún que el mundo de la sinagoga o de la iglesia.

UNA LENGUA EXTRANJERA

Las traducciones de la Biblia, ya sean antiguas o nuevas, elegantes o prosaicas, corren el riesgo también de "domesticar" artificiosamente el lenguaje del *Tanaj* o del Nuevo Testamento. En un sentido, ése es precisamente su propósito: «para que corra el que leyere en ella», como dice el profeta. Es el genio de Lutero lo que hace que, la mayor parte del tiempo, su traducción alemana de la Biblia no suene en absoluto a traducción, sino al alemán que Isaías o Mateo posiblemente hubieran hablado y escrito de haber

vivido en la Sajonia del siglo XVI. Cualquiera que haya traducido lo bastante, textos de cualquier tipo y en cualquier idioma, ha
tenido que aprender una y otra vez el principio, aparentemente obvio, de que el lector de una traducción no debería necesi-
tar un diccionario de la lengua original para comprenderla. Al
mismo tiempo, el traductor de cualquier texto, y en mayor medida el traductor de la Biblia, se encontrará con muchas palabras y frases difíciles de traducir. La instrucción litúrgica *Selah*
del libro de los Salmos aparece descrita en la Versión del *Tanaj*
de la Sociedad Judía de Publicaciones como «orientación litúrgica de significado incierto», y la palabra *Raca* de los Evangelios
se identifica en una nota a pie de página de la Versión Estándar
Revisada del Nuevo Testamento como «término inexplicable relativo al abuso». Ambos tecnicismos se han resistido con terque-
dad a dejarse traducir pese a los esfuerzos y el aprendizaje de
siglos y milenios enteros, después de los cuales siguen resultán-
donos esencialmente «extranjeros».

Pero el lenguaje de la Biblia es «extranjero», también, en un
sentido mucho más profundo. Todo maestro de una escuela hebrea o de una catequesis ha de darse cuenta de que gran parte
de la Biblia, ya se trate del *Tanaj* o del Nuevo Testamento, emplea con frecuencia modismos agrícolas que para los niños de
una ciudad moderna son prácticamente incomprensibles. Quizá
las palabras «el Señor es mi pastor» suenen muy familiares, pero
en realidad no significan mucho para un estudiante de la Biblia,
joven o viejo, cuya única relación con los pastores y su trabajo
es un jersey de lana o la ocasional chuleta de cordero; por otra
parte, tampoco aminoran ese sentido foráneo las representaciones sentimentales, tan frecuentes en el arte religioso, del pastor convertido en un personaje que ningún pastor de la antigüedad, ni ninguna oveja antigua o moderna, serían capaces de
reconocer. Y por si acaso el lector cristiano de la Biblia quiere
pensar que ésta es una cuestión que concierne sólo al «Antiguo

Testamento», cuando Jesús, refiriéndose a sí mismo, dice: «Yo soy el buen pastor. El buen pastor da su vida por las ovejas», invoca la misma metáfora agrícola, no para aludir a algún elemento periférico del mensaje cristiano, sino para referirse a la esencia misma del mensaje cristiano: que Cristo murió por el mundo. Tal vez el más extranjero de todo el lenguaje extranjero de la Biblia sea el lenguaje apocalíptico, el que aparece, por ejemplo, en los libros de Ezequiel y Daniel, y luego en la Revelación a Juan. Un capítulo tras otro, estos libros describen un caleidoscopio de bestias y estrellas, de colores y procesiones, todo lo cual debía de tener un significado para el autor e intentaba tener un significado para el lector, entonces y ahora. Las interpretaciones tan discordantes y a veces disparatadas a las que se ha sometido el lenguaje apocalíptico de la Biblia, tanto judío como cristiano, confirman esta impresión de extrañeza, incluso por los esfuerzos mismos dirigidos a aclararlo y explicarlo.

De todos modos, ¿no es precisamente esa extrañeza del lenguaje de la Biblia lo que la hace que atraiga nuestra atención hasta tal punto? Como dijo una vez Kierkegaard, ¡éste no es un mensaje que alguien me pueda contar mientras me afeito! El de la Biblia es un lenguaje que se ha de leer una y otra vez, examinándolo, meditándolo. Después de todo, a los ojos del corazón y de la fe es una carta de amor, una larga carta de amor. Cuando recibo una carta de un amigo amado, no me contento con leerla una vez y la desecho luego; no: reflexiono sobre lo que trata de decir, sobre lo que quiere hacerme llegar una determinada frase; y si alguien me ha escrito esa carta en otro idioma, por esa misma razón tendré que leerla más despacio. Los grandes comentaristas del texto sagrado se han distinguido de la multitud de exegetas mediocres por haber sabido explotar precisamente esa extrañeza para sondear bajo su superficie; ésa es también una de las razones tras toda empresa de interpretación alegórica, la de hallar «el sentido espiritual». Debido a que son tantas las palabras y frases de la Biblia que nada tienen que ver con nuestra forma habitual de hablar ni con los temas sobre los que hablamos, el intérprete de la alegoría busca la «clave» en ese texto, en otro, o en el Espíritu de Dios que responde a su plegaria. Incluso aparte de la alegoría, el lenguaje de la Biblia emplea constantemente distintos métodos para expresar una idea, enfocándola desde un ángulo u otro, enunciando lo mismo una y otra vez hasta que ya no es del todo lo mismo. Los Salmos son una colección especialmente prolífica en este tipo de lenguaje de apariencia repetitiva. Por ejemplo, los sucesivos versículos del Salmo I recogen el tema y las variaciones con una lógica interna de desarrollo que no se corresponde con las categorías de nuestras formas de pensar convencionales, y el Salmo 119, el capítulo más largo de la Biblia, representa estas variaciones sobre el tema utilizando en cada versículo un nombre distinto para referirse a la Biblia: «ley, decretos, preceptos, mandamientos, órdenes», etcétera. Si esta forma de hablar no estuviera tan alejada del lenguaje que uno habla y escribe, uno tendría la tentación de desestimarlo. Por eso precisamente, dado que el lenguaje apocalíptico del *Tanaj* y del Nuevo Testamento es en muchos aspectos el más foráneo de todos, la poesía y el arte de William Blake –no menos foráneos, con frecuencia– pueden hablar en un lenguaje sonoro y claro (aunque «claro» de una manera inusual).

UN UNIVERSO EXTRAÑO

Como han mostrado sobradamente las interminables y agotadoras disputas de los siglos XIX y XX sobre el primer capítulo del Génesis, no es fácil conciliar la imagen –o las diversas imágenes– del universo de la Biblia con la física o la biología modernas. Incluso con ayuda de la «suspensión de la incredulidad» de Coleridge, nos resulta sumamente difícil transportarnos con la imaginación a un orden natural en el que con regularidad se considera que son demonios, y no microbios, los causantes de la enfermedad. Ya fuera o no «nuestro querido amigo Lucas, el médico» el autor del evangelio que ahora lleva su nombre y del libro de los Hechos, lo cierto es que no hay una sola curación en estos dos libros, ni en el resto del Nuevo Testamento, que se atribuya sin ambigüedades a un médico humano o a una sanación natural. «El cielo se hallaba tan bajo en el mundo antiguo» que las fuerzas sobrenaturales, siniestras y benignas, nunca estaban demasiado lejos, mientras que nosotros instintivamente, incluso siendo creyentes judíos o cristianos, oímos hablar sobre esas fuerzas con suspicacia y escepticismo. Así, cuando el apóstol Pablo, en el momento álgido de su gran himno sobre la humillación y exaltación de Cristo, dice: «para que al nombre de Jesús doblen su rodilla los seres del cielo, de la tierra y del abismo», parece situarse de hecho en un escenario de tres plantas que coincide con la concepción del universo común a muchos de sus contemporáneos, pero que ni siquiera los partidarios de la más literal interpretación bíblica respaldarían en la actualidad.

La presencia en la Biblia de actitudes hacia la naturaleza y el universo puramente "precientíficas", desde nuestro punto de vista, es por otra parte mucho más que una mera cáscara que pueda desecharse para encontrar la almendra eterna en su interior; como pone de manifiesto el himno de Pablo, estas actitudes son inseparables de su mensaje fundamental. No obstante, cuando se contempla a la luz de la historia de los comentarios e interpretaciones bíblicos, judíos o cristianos, resulta obvio que esta concepción "precientífica" del universo ha tenido cabida junto a concepciones "científicas" muy diversas, que a través de los tiempos han conseguido siempre acomodarla; podemos decir, sin miedo a equivocarnos, que en general no ha habido ninguna cosmología científica o filosófica que no haya logrado establecer una relación de tolerancia, al menos, con el mensaje bíblico, y, al mismo tiempo, no ha habido ninguna con la que ese mensaje se haya acomodado a la perfección. Y lo que es más, la conciliación entre el mensaje bíblico y una u otra cosmología se ha completado, normalmente, casi en el preciso momento en que esa cosmología daba paso a su sucesora. Lo cierto es que es imposible inventar una formulación alternativa, utilizando el vocabulario de cualquier cosmovisión científica o filosófica, antigua o moderna, que pudiera resistir eternamente, como han resistido las sublimes palabras con que se abre el libro del Génesis: «Al principio Dios creó el cielo y la tierra». Es la irrelevancia misma de la cosmología bíblica lo que la ha hecho relevante una y otra vez.

UN «PUEBLO PECULIAR»

Cuando la Versión del Rey Jaime del Nuevo Testamento describe la nueva comunidad de la iglesia cristiana como «linaje escogido, real sacerdocio, nación santa, *pueblo peculiar*», no emplea la palabra «peculiar» en el moderno sentido coloquial de «excéntrico» o «raro», y la Biblia Inglesa Revisada interpreta correctamente estas denominaciones como «raza elegida, sacerdocio real, nación entregada, *pueblo adquirido por Dios*. Sin embargo, pensándolo bien, puede que «peculiar» en el sentido moderno de término tampoco sea del todo desacertado.

Los lectores antijudíos del *Tanaj*, incluso cuando se ha tratado de cristianos, han sentido cierto regocijo al poner en evidencia las características judías estereotipadas del pueblo que habita sus páginas. Por ejemplo, a veces parecía más importante el requisito de la circuncisión que el llamamiento divino a tener un corazón puro; o, como argumentaba un tratado bizantino en contra de los judíos, ¿por qué debería uno abstenerse de comer carne de cerdo y, sin embargo, comerse tranquilamente una gallina, que es mucho más sucia que un cerdo, si se consideran los sitios a los que va y lo que come?; y, en un sentido más general, muchos de los mandamientos y promesas del *Tanaj* conciernen a la vida presente y al cuerpo, y no a la vida eterna y al alma. Un himno como éste:

> Los hijos son un regalo del Señor;
> el fruto de las entrañas, una recompensa.
> Como flechas en manos del guerrero,
> así son los hijos de la juventud;
> dichoso el que llenó de ellos su aljaba,

transmite la sensación de que la tierra, y no el cielo, es el lugar donde se encuentra la bendición suprema de Dios y de que la vida eterna significa perpetuarnos en nuestros descendientes. Todo ello, además, suena a veces sumamente etnocéntrico: el «pueblo adquirido por Dios» es el pueblo elegido y sólo él; no es al individuo, ni siquiera al individuo piadoso, sino a la nación, a quien muchas de la promesas de Dios van dirigidas; y la arbitraria elección que hace Dios de su «linaje escogido» a veces se diría que viola incluso el más elemental sentido de la justicia.

En el Nuevo Testamento estos rasgos parecen haber empeorado, si cabe. Mientras sus enseñanzas hablan de una religión de otro mundo, con la promesa de la vida eterna en el cielo, tanto la arbitrariedad como el colectivismo se han exacerbado. La atormentada argumentación con la que Pablo expone la predestinación por obra de la voluntad soberana de un Dios que «tiene misericordia de quien quiere, y a quien quiere le endurece el corazón» le lleva a esta declaración perturbadora:

> ¿Qué tienes tú que decir en contra, si Dios, queriendo manifestar su indignación y dar a conocer su poder, soportó con gran paciencia a los que estaban preparados para la destrucción; y obró así para dar a conocer la riqueza de su generosidad con los

que eran objeto de su amor, los que él predispuso para la gloria, *a saber, nosotros, a los que él llamó,* no sólo de entre los judíos, sino también de entre los paganos?

El «linaje escogido» es un pueblo en verdad peculiar; y también una entidad considerablemente colectiva y corporativa. Así, aunque el Nuevo Testamento habla a veces sobre individuos –como cuando promete, en singular, «para que quien crea en él no perezca, sino que tenga vida eterna»– su lenguaje alcanza el punto álgido al hablar de esta promesa en la metáfora de la iglesia como «el cuerpo de Cristo»: al igual que ocurre con la mano o el ojo, que por sí mismos no son nada sino que deben formar parte de un cuerpo para cumplir su función, ocurre con los «miembros» de la iglesia. Y es que el término «miembros», que hoy día empleamos con regularidad y de manera un tanto insulsa para referirnos a aquellos «individuos» que forman parte de la tropa de los *boy scouts* o de un sindicato de trabajadores, significa en realidad «órganos» o «partes del cuerpo», y es la antítesis de cualquier alusión a los «individuos». Por lo tanto, más aún que el *Tanaj,* el Nuevo Testamento se dirige continuamente, no a los individuos, sino a las iglesias y a la Iglesia: «Vosotros sois la luz del mundo».

Repetidamente, sin embargo, en la historia judía y cristiana, descubrir que el marco adecuado para comprender la Biblia no es ni más ni menos que una comunidad entera no ha supuesto un obstáculo para leerla, sino que ha actuado como fuerza liberadora. De hecho, uno de los grandes avances del estudio bíblico durante el siglo XX ha sido que una definición de lo religioso como la que propone el filósofo William James –«los sentimientos, actos y experiencias de los *hombres individuales en su soledad,* cada instante que son capaces de percibirse a sí mismos en relación con lo que quiera que la divinidad sea para ellos»– ha llevado a reconocer que, en el *Tanaj,* «el pueblo de Dios» es el auténtico contexto de las promesas y los mandamientos de Dios: el Decálogo no está dirigido a los creyentes judíos individuales «en su soledad», sino a Israel como el pueblo de Dios, al que «el Señor vuestro Dios sacó de la tierra de Egipto», en todas las sucesivas generaciones; mientras que, para la cristiandad, el colectivismo inicialmente problemático de una metáfora como «el cuerpo de Cristo» ha pasado a formar parte de la inspiración para renovar el deber ecuménico ineludible de comprender la oración que pronunció Jesús antes de su crucifixión: «Que todos sean una sola cosa; como tú, Padre, estás en mí y yo en ti, que también ellos sean una sola cosa en nosotros», y leer la Biblia, tanto el Antiguo como el Nuevo Testamento, a la luz de esa comprensión. La unidad de Padre e Hijo, tal como se expresa en esa oración, es tan íntima –y en ello insiste la doctrina ortodoxa de la Trinidad– que en modo alguno representa para el monoteísmo bíblico la amenaza que los críticos pasados y presentes de esa doctrina a menudo han querido ver en ella, sino que, muy al contrario, de hecho lo ratifica. La confesión básica de la doctrina de la Trinidad, el Credo Niceno-constantinopolitano del año 381, comienza con las palabras: «Creemos en un solo Dios»; y ésa es la clase de unidad, más allá de todo individualismo e incluso de toda individualidad, que constituye el modelo divino de relación entre los discípulos de Cristo, una relación para la cual la metáfora de «el cuerpo de Cristo» es singularmente apropiada.

LA OBSESIÓN CON LA GEOGRAFÍA SAGRADA

Para el judaísmo, este reconocimiento hecho en el siglo XX ha estado ligado, en el siglo XX sobre todo, al serio problema de la relación entre «el pueblo de Dios» y «la tierra». El lenguaje de la

Torá presupone en su mayor parte la vida de Israel como el pueblo de Dios que habita en la Tierra Santa; el tema de «la tierra» es tan recurrente en todas las narraciones de los patriarcas, de principio a fin de la *Torá*, que resulta sencilla y llanamente obsesivo. Innumerables siglos antes del éxodo del pueblo de Israel, que abandona Egipto guiado por Moisés, Dios se aparece a Abram (que es como en un principio se pronunciaba y escribía su nombre), y le habla:

> No temas, Abram,
> yo soy tu escudo.
> Tu recompensa será muy grande,

queriendo decir: «[Voy a] darte esta tierra en posesión [...]. A tu descendencia doy esta tierra, desde el torrente de Egipto hasta el gran río, el Éufrates», y estableciendo los límites geográficos. Al final de las narraciones de los patriarcas, José, reunido y reconciliado ahora con sus hermanos, les promete: «Dios vendrá ciertamente [...] y os hará subir de esta tierra a la tierra que él prometió a Abraham, Isaac y Jacob».

La conquista de la tierra prometida es el tema del libro de Josué, y las victorias y derrotas al defenderla son el contenido de la mayoría de los libros históricos del *Tanaj*, pero siempre es *la* tierra el elemento central del relato. Una vez más, como si estuviera trazando un mapa para entregar a Josué, el Señor le ofrece los datos específicos de longitud y latitud: «Todo lugar que pisen vuestros pies os lo doy, como dije a Moisés. Vuestro territorio se extenderá desde el desierto y el Líbano hasta el gran río, el Éufrates [al este] –todo el país de los hititas–, y por el oeste hasta el mar Mediterráneo». Así pues, al comienzo del libro de Jueces, «el ángel del Señor subió de Guilgal a Betel y dijo: "Yo os saqué de Egipto y os traje a esta tierra que había prometido con juramento a vuestros padres"»; y en los últimos libros del *Ketubim* y, por tanto, del *Tanaj* entero, los libros de Crónicas, aún resuena el mismo tema:

> Recordad eternamente su alianza,
> la palabra con que
> se ha comprometido para siempre,
> la alianza que hizo con Abraham,
> que confirmó con juramento a Isaac;
> a Jacob se la dio como ley,
> y a Israel como alianza eterna:
> «Te daré la tierra de Canaán
> como porción de tu heredad».

La alianza y la tierra son términos complementarios; en realidad, en pasajes como éste parecen haberse convertido casi en sinónimos.

La pérdida de la tierra tendría como consecuencia, no sólo la oración de los exiliados al llegar la Pascua: «¡El próximo año en Jerusalén!», sino los esfuerzos de los comentaristas bíblicos, que trataban de encontrar en el *Talmud* consejo sobre cómo obedecer los mandamientos en una tierra distinta; esfuerzos que, básicamente, pueden considerarse una forma de trascender la obsesión con la geografía y de definir la «alianza eterna» –y no la tierra, a pesar de ser «santa» y «prometida»– como clave para seguir adelante. Hasta que en el año 1948 de nuestra era (año 5708 del calendario hebreo), los largos siglos de errar sin tierra patria tocaron a su fin con la creación del estado de Israel, que el sionismo religioso justificó basándose en las promesas bíblicas. Sin embargo, ése no fue el fin de los esfuerzos del pasado –ese año no se cumplió el advenimiento del Mesías–, esfuerzos que han encontrado su contrapartida moderna en aquellos comentaristas de la Diáspora que aún siguen tratando de definir la «observancia» de la *Halaká* de un modo que no esté ligado a «la tierra».

Los debates que han tenido lugar en el mundo de la comunidad judía, con posturas a favor y en contra del sionismo, a menudo han puesto de manifiesto las incongruencias geográficas halladas en los diversos pasajes de «trazado de mapas» de la *Torá* y el *Tanaj* en cuanto a dónde están situados los límites de la promesa. Al mismo tiempo, los habitantes del estado de Israel, que dicen descender también de Abraham, a través de su primogénito Ismael, no aceptan esas reclamaciones territoriales supuestamente basadas en una alianza y promesa divinas. Y los cristianos, para quienes el *Tanaj* era el Antiguo Testamento, no sólo empezaron a trazar desde un principio la distinción entre la tierra y la alianza, sino que dieron además un sentido "espiritual" a la tierra prometida y a Jerusalén; al igual que «la tierra» era el tema de los últimos libros del *Tanaj*, también el último libro del Nuevo Testamento anuncia, en su penúltimo capítulo, la visión de una tierra prometida que trasciende el nivel geográfico: «Y vi la ciudad santa, la nueva Jerusalén, que bajaba del cielo del lado de Dios, dispuesta como una esposa ataviada para su esposo».

UNA FORMA DE VIDA CONTRADICTORIA

«Tu palabra es una luz para mis pies, y una antorcha para mi camino». Para ser un libro que durante miles de años se ha usado como guía de vida, la Biblia, como resulta obvio cuando uno la examina con auténtica atención, es un libro que expresa a través de sus preceptos y ejemplos un modo de vida contradictorio, o varios modos de vida opuestos entre sí e irreconciliables, y que no es fácil hacer coincidir con la forma en que de hecho viven sus seguidores.

Particularmente en el *Ketubim*, los Escritos y los Libros Históricos, el *Tanaj* describe el modo de vida de un pueblo en perpetuo estado de lucha. Josué era mariscal de campo, como

300 HISTORIA DE LA BIBLIA

Moisés le nombró, diciéndole a él y al pueblo de Israel en su discurso de despedida: «Es el Señor tu Dios quien cruzará [el Jordán] delante de ti; es él quien destruirá estas naciones para que tú ocupes su territorio. Será Josué el que irá a la cabeza, como te ha dicho el Señor. El Señor hará con ellas lo que hizo con Sijón y con Og, reyes de los amorreos, y con sus países, los cuales destruyó». Tan despiadado era el cargo, que el rey Saúl recibió el mandato de Dios: «Ve, castiga a Amalec y destruye sin piedad todas sus cosas; mata hombres y mujeres, mayores y pequeños, bueyes y ovejas, camellos y asnos». Cuando Saúl no fue lo bastante firme e inflexible en el desempeño de sus sanguinarias funciones –llegando, de hecho, a perdonar la vida a algunas de sus víctimas–, Dios, como castigo, le destronó. En franca oposición a la imagen de los ángeles que la mayoría de la gente parece tener en la actualidad, el título de «el Señor de los Ejércitos» significa en el *Tanaj* «el Señor, héroe de la guerra», comandante de los ejércitos celestiales, de los cuales un solo «ángel del Señor salió e hirió en el campamento de Asiria a ciento ochenta y cinco mil; y al levantarse por la mañana vieron que todo eran cadáveres».

Ya en algunos pasajes del *Tanaj*, y después con mayor rigor en las anotaciones de los comentaristas judíos, el militarismo de este lenguaje bíblico fue entendido como una alegoría de lo que acabaría denominándose «la batalla entre la carne y el espíritu». Casi al final de su vida, «la palabra del Señor vino y le dijo [a David]: "Tú has derramado mucha sangre y has hecho muchas guerras. Tú no podrás edificar un templo a mi nombre pues has derramado mucha sangre sobre la tierra en mi presencia"». El constructor del templo no debía ser un guerrero, ni siquiera un guerrero que hubiera librado sus incontables batallas por Dios; en consecuencia con ello, «el Señor de los Ejércitos [...] pone fin a la guerra hasta el confín del mundo». Esta antítesis con el lenguaje y estilo de vida guerrero de la Biblia alcanza su punto culminante en la visión del profeta Isaías:

Él gobernará las naciones
y dictará sus leyes
a pueblos numerosos
que trocarán sus espadas en arados
y sus lanzas en hoces.
No alzará ya la espada
pueblo contra pueblo
ni se entrenarán ya más para la guerra.

Y por tanto, cuando en el Nuevo Testamento los ángeles del relato de la Navidad, en lugar de degollar a 185.000 enemigos por cabeza en el campamento asirio (o incluso romano), proclaman «paz en la tierra», su mensaje es continuación de aquella visión de Isaías que narra el *Tanaj*; y cuando el apóstol Pablo especifica que «las armas con que lucho no son humanas» y enumera las partes que componen «la armadura entregada por Dios», lo que hace es desarrollar el "sentido espiritual" del tradicional lenguaje militar.

El estilo de vida expuesto en el Nuevo Testamento plantea, no obstante, sus propios problemas, de los cuales bastará un par de ellos para ilustrar lo que nos interesa. Es indiscutible que las expectativas que obviamente albergaba la comunidad del Nuevo Testamento en cuanto a la proximidad del fin del mundo, así como las enseñanzas basadas en esas expectativas, modelarían su forma de vivir. Pablo puso en palabras ese sentimiento cuando dijo: «Nosotros, los vivos, los que estamos todavía en tiempo de la venida del Señor, no precederemos a los que murieron [...]; los muertos unidos a Cristo resucitarán los primeros. Después nosotros, los vivos, los que estemos hasta la venida del Señor, seremos arrebatados juntamente con ellos entre nubes por los aires al encuentro del Señor». La fuerza motivadora de esta expectación impregna toda la ética del Nuevo Testamento: «Se acerca el fin de todas las cosas. Sed sobrios y dedicaos a la oración».

Pero el fin de todas las cosas no llegó, y aún no ha llegado; luego ¿cómo han de entender los cristianos la definición que hace el Nuevo Testamento de una vida moral que, en mayor o menor medida pero, indudablemente, en una medida significativa, se basa en la premisa de que «el fin está ya cerca» y de que la presencia de Cristo está a punto de interrumpir la historia de la humanidad? Como resultado, se ha erigido toda una escuela de interpretación del Nuevo Testamento y de historiografía cristiana primitiva sobre la tesis de que esa «demora del fin» motivó precisamente la invención de elementos capaces de aportar estabilidad y continuidad, tales como la autoridad del obispo y del credo, para compensar a los cristianos por su desengaño.

Una parte sustancial de la respuesta cristiana ortodoxa a la cuestión del extraño mundo de la Biblia, y concretamente a este aspecto, ha sido la parte sacramental. La promesa y oración escatológicas con que finaliza el Nuevo Testamento: «El que afirma estas cosas dice: "Sí, yo voy a llegar en seguida". Amén. ¡Ven, Señor Jesús!», ya en el siglo II, y probablemente incluso antes, están incorporadas en la liturgia de la Eucaristía, donde Cristo está presente en cada celebración. Y es en esa presencia constante y continuada donde los creyentes han visto cumplida la promesa de Jesús –«No os dejaré abandonados; volveré a estar con vosotros»–, tanto en las grandes catedrales como en los pueblos remotos, siempre como anticipación del que será, al final del tiempo, el gran Día del Señor; pero, entre tanto, en modo alguno «abandonados», pues como Jesús promete en otro momento –interpretado en sentido sacramental–: «porque donde hay dos o tres reunidos en mi nombre, allí estoy yo entre ellos».

Estrechamente relacionado con las expectativas del fin del mundo y, aunque no "nuevo", sí más "extraño" aún, si cabe, en el estilo de vida de la Biblia está su ascetismo. A causa, por una parte, del escatológico «tiempo de tensión» y, por otra, de que «el mundo tal como lo conocemos está muriendo», Pablo aconseja: «así, el que casa a su hija hace bien, y *el que no la casa hace mejor*». Sea cual fuere el significado de las enigmáticas palabras de Jesús sobre los «eunucos que a sí mismos se hicieron tales por el reino de Dios» –y ha habido quienes en diferentes períodos de la historia cristiana lo han obedecido con escalofriante literalidad–, lo cierto es que, al igual que la advertencia de Pablo, confieren una posición privilegiada al estado de soltería y celibato. Y lo mismo puede decirse de las palabras del libro del Apocalipsis sobre «los ciento cuarenta y cuatro mil rescatados de la tierra. Éstos son los que no se han manchado con mujeres, porque son vírgenes». Sin embargo, para que el ascetismo no vaya a ser considerado simplemente una aberración del Nuevo Testamento respecto al estilo de vida supuestamente más saludable inculcado en el *Tanaj*, conviene mencionar que uno de los más grandes héroes del *Tanaj* fue Sansón, a quien se describe como «nazareo», es decir, aquel que cumple un «voto especial» de ascetismo, detallado en la *Torá*, y por el cual le está prohibido el uso de los frutos de la vid en cualquiera de sus formas, así como cortarse el cabello.

Al mismo tiempo los nazareos representan, en última instancia, el sistema cristiano para afrontar el imperativo de una vida ascética, y lo hacen institucionalizándolo. Y como la exigencia general de abnegación continuaba diciendo: «El que quiera venir en pos de mí, niéguese a sí mismo, tome su cruz y sígame», las más extremas exigencias del ascetismo se convirtieron en el código de conducta para los profesos, las monjas y los monjes que hacían votos de tipo nazareo –e incluso mucho más extremos– y se entregaban a una vida de pobreza, celibato y obediencia. Así, durante la mayor parte de la historia cristiana, y hasta el día de hoy, los creyentes comunes han vivido sabiendo que algunos de sus hermanos y hermanas se han comprometido a llevar una vida de castidad y oración; incluso cuando yo estoy tan ocupado con los importantes asuntos de la vida y con la vida que transcurre entre todos esos asuntos como para sacar tiempo que dedicar al «ayuno y la oración», existen estos atletas del ascetismo, cuyas vidas transcurren de hecho como si el mandato bíblico: «reza continuamente» significara realmente lo que dice. Sin embargo, a la vez que el estilo de vida ascético se sistematizaba en las normas y prácticas monásticas, la iglesia veía en la referencia bíblica al matrimonio como «misterio» el «misterio» como «sacramento», y sus enseñanzas comunicaban, por tanto, que la vida entera del hombre y la mujer unidos en matrimonio era uno de los siete sacramentos de la iglesia, y que, en cierto sentido, la vida monástica no lo era.

UN DIOS «COMPLETAMENTE OTRO»

«Por encima de todo (casi literalmente o, más que literalmente, *por encima* de todo), la Biblia es un nuevo mundo extraño, puesto que nos pone cara a cara ante un Dios que habla pero que, en el acto mismo de su autorrevelación, es, ahora y siempre, Completamente Otro:

> Porque mis planes
> no son vuestros planes,
> ni vuestros caminos mis caminos
> –dice el Señor–.
> Como se alza el cielo
> por encima de la tierra
> se elevan mis caminos sobre vuestros caminos
> y mis planes sobre vuestros planes.

Es decir, un Dios cuyo mismo ser y actuar es «inconmensurablemente más que todo lo que podamos preguntar y concebir». La única forma de hablar con precisión sobre el Dios de la Biblia es empleando términos en sentido negativo, tal como le es dado a conocer a Moisés cuando, al preguntar a Dios que le habla desde la zarza ardiente: «Bien, yo me presentaré ante los israelitas y les diré, "El Dios de nuestros padres me ha enviado a vosotros". Pero si ellos me preguntan: "¿Cuál es su nombre?", ¿qué les responderé?», la respuesta es que, a diferencia de los ídolos de las naciones, este Dios no tiene nombre. Por lo tanto, una de las grandes herejías contra las que se luchó en los primeros siglos de la iglesia era aquella que sostenía la presuntuosa afirmación de que podemos conocer el Ser de Dios igual que Dios lo conoce. El Ser de Dios, según la Biblia, es Completamente Otro.

Ahora bien, si esto es todo cuanto se puede decir del Dios de la Biblia, entonces, como sugiere el Nuevo Testamento, «somos los hombres más desgraciados». Pues sólo de este «Dios, Completamente Otro» puede el profeta Isaías proclamar: «Emmanuel, Dios con nosotros», y, parafraseando estas palabras de Isaías, puede el vidente del Apocalipsis en el último libro de la Biblia cristiana continuar la visión recién citada: «Y oí venir desde el trono una voz potente que decía: "Ésta es la morada de Dios con los hombres; él habitará con ellos, ellos serán su pueblo, y Dios mismo morará con los hombres. Enjugará las lágrimas de sus ojos y no habrá más muerte, ni luto, ni llanto, ni pena, porque el viejo mundo ha dejado de existir».

Epílogo

espués de todo esto:

después de todos los comentarios,
después de todas las controversias,
después de todos los sermones,
después de toda la erudición bíblica, ya sea judía,
    cristiana o laica,
después de todas las herejías y de todas las ortodoxias, ya sean
judías, cristianas o laicas,
después de todos los libros (incluido éste),
después de todas las plegarias y de todas las lágrimas,
después de todas las conversiones forzosas y de todos los
    pogromos,
y después del Holocausto,

después de todo ellos, la pregunta con la que comenzaba este libro continúa en pie: ¿De quién es la Biblia?

En última instancia, es una presunción decir que se "posee" la
Biblia. Como tanto la comunidad de la fe judía como la cristiana
han afirmado siempre, la Biblia es el Libro de *Dios* y la Palabra
de *Dios*, y por lo tanto no nos pertenece en realidad a ningu-

no de nosotros. El Salmo 119, que es un largo himno de alabanza a la palabra de Dios, insiste de principio a fin en que se refiere a «*sus* estatutos», «*sus* testimonios»; y cuando Jesús define lo
que significa ser discípulo suyo, lo hace con la misma insistencia:
«Si os mantenéis firmes en mi doctrina, sois de veras discípulos míos, conoceréis la verdad y la verdad os hará libres». Todo
a lo largo de la historia judía y cristiana, cada vez que, individual o colectivamente, los creyentes han reclamado la propiedad
de las Sagradas Escrituras como si tuvieran derechos soberanos
sobre ellas, la soberanía de Dios sobre los creyentes y sobre las
Sagradas Escrituras ha encontrado la manera, a veces dramática,
de reafirmarse, como las voces de los profetas hebreos y cristianos han demostrado repetidamente. Dado que el propósito del
Tanaj, y así lo atestigua el Nuevo Testamento, es «enseñar la verdad y corregir el error, o reformar las costumbres y la disciplina, a fin de que el hombre de Dios lleve una vida de rectitud», y
dado que el propósito del Nuevo Testamento también es, como
afirma de sí mismo, «que creáis», resulta obvio que yo no soy el
sujeto sino el objeto en mi encuentro con la palabra de la Biblia:
«Señor, tú me has examinado y me conoces». Hablar de poseer
la Biblia o incluso preguntar «de quién es la Biblia» es, desde esta
perspectiva, no sólo presuntuoso sino blasfemo; como mucho,
empleando las palabras que Edmund Burke refiere a la tradición,
somos, no los «dueños absolutos», sino sólo «poseedores temporales y usufructuarios» de ella.

Por otro lado, la de «poseedores temporales y usufructuarios» es una categoría que judíos y cristianos comparten en este
momento con la humanidad entera, debido, en parte, a la distribución sin precedentes que tuvo la Biblia en los siglos XIX y
XX, hasta el punto de que no hay en la actualidad prácticamente
ninguna lengua –y no debería haber (aunque, por otras razones,
la haya) prácticamente ninguna biblioteca– en la que no exista
una versión del *Tanaj* y del Nuevo Testamento. Pero el cambio

es cualitativo tanto como cuantitativo, y se remonta a la traducción *Septuaginta* del *Tanaj* al griego durante los siglos inmediatamente anteriores a nuestra era. Una vez dado este paso, «las naciones» (que es lo que gentiles o *goyim* significa) podían leer y leían la Biblia aun cuando no creyeran en ella, y así lo han seguido haciendo hasta el día de hoy. Pues, si bien es cierto que hay verdades en la Biblia que sólo los ojos de la fe pueden ver, también lo es que, a veces, los ojos sin fe han detectado aquellas que los creyentes convencionales, demasiado ocupados o desconcertados, no han sabido reconocer. Es difícil imaginar que el consenso moderno entre judíos y cristianos en cuanto al hecho de que la Biblia no es un manual de ciencia ni de historia, por ejemplo, se hubiera alcanzado de la forma como lo ha hecho de no haber sido por las irrespetuosas preguntas procedentes de personas ajenas a ella. La apreciación de la Biblia como obra literaria y la sensibilidad a sus «géneros literarios» son producto de la aparición de un público nuevo y "católico", en la acepción que esta palabra tiene de "universal", que la Biblia se ha ido ganando al ponerse a disposición de aquellos que querían simplemente aprender *acerca* de ella. Cada una a su manera, la comunidad judía y la cristiana han tenido que aprender a vivir con estos lectores "católicos" de un texto que ellas habían considerado siempre exclusivamente suyo.

Sin embargo, sería fatuo en extremo hacer ver que los lectores por antonomasia de ese texto pueden, incluso en la actualidad, ser otros que la comunidad judía y la cristiana; y así, desde la *Septuaginta* hasta la más reciente traducción a alguna lengua exótica, el impulso de poner la Biblia a disposición del público en general ha partido siempre de esas comunidades. Ahora bien, el interés histórico, literario o filológico por comprender su contenido ha sido y es muchísimo menos importante que la necesidad de entender a fin de obedecerla, y, por esta razón, el estudio del texto bíblico ha de ser siempre por excelencia la tarea de la (empleando la terminología medieval) *Synagoga* y la *Ecclesia*. Además, dentro de estas dos tradiciones, «aquellos que tienen la responsabilidad de enseñar», como los llama Tomás de Aquino, deben también responsabilizarse y cuidar de modo especial, no sólo de enseñar la Biblia, sino de aprenderla antes de enseñarla. Las extravagancias de la moda teológica, el interés de algunos profesores de teología en la formación de discípulos o su deseo de ser relevantes para la sociedad contemporánea pueden eclipsar a veces el preponderante papel que los comentarios del texto bíblico tienen y deben tener en la preparación de quienes serán los intérpretes profesionales de la tradición de la fe. Cada nuevo avance decisivo en la comprensión de la Biblia y cada nueva erupción de su relevancia a lo largo de las historias judía y cristiana han ido acompañados de la «expansión de una nueva luz que nace de la Palabra sagrada»; y aunque no es el único requisito para que esto suceda, no obstante es un requisito primordial que quienes hablan con y a la comunidad sean competentes a la hora de interpretar la Biblia, y lo hagan basándose en los textos originales: del mismo modo que esto sería ineludible para impartir una enseñanza sobre Virgilio o Dante, lo es para la enseñanza de la Biblia el conocimiento de los originales hebreo y griego.

Volviendo al *Mesías* de Händel, «porque, como por un hombre vino la muerte, por un hombre la resurrección de los muertos» es un texto sobre la serie de testamentos o alianzas que Dios hizo con la raza humana; y habla de dos de ellas: la que hizo a través de Adán y la que hizo a través de Cristo. Pero hay asimismo otras alianzas con la humanidad, hechas a través de Noé, de Abraham y de Moisés, y los cristianos han establecido una relación dialéctica entre cada una de ellas y la alianza por Cristo: la muerte a través de Adán, la vida a través de Cristo; la promesa a través de Abraham, el cumplimiento a través de Cristo; la ley a través de Moisés, y a través de Cristo el evangelio. Sin embargo, cuanto más profundizamos en el estudio de las Escrituras hebreas, más claramente debemos reconocer que, tomada por sí misma, esta dialéctica puede llegar a simplificar en exceso la cuestión, ya que también hay «vida» a través de Adán por el simple hecho de que somos humanos, «cumplimiento» en Abraham por todos los que son sus hijos, tanto judíos como cristianos o musulmanes, y el «evangelio» a través de Moisés por la liberación del caos que ofrece la *Torá*. En última instancia, nos encontramos, pues, ante una doctrina de múltiples testamentos, según los cuales el Dios único –el Dios de Abraham, de Isaac y de Jacob, que es también el Padre de Jesucristo– ha establecido, a lo largo de toda la historia de la salvación, una serie de alianzas, pero no ha roto ninguna de ellas ni la ha repudiado.

La tradición judía y la tradición cristiana son «dos comunidades religiosas diferenciadas, que comparten el mismo vínculo con la Escritura y sus interpretaciones», pero que emplean dos maneras distintas –aunque no necesariamente contrarias, y a veces incluso complementarias– de honrar ese vínculo y desarrollar esas interpretaciones. La nueva situación que han originado nuestras percepciones fundamentalmente distorsionadas, tanto de la diferencia como de la complementariedad, exige que, en los tiempos modernos, se recupere la antiquísima metodología interpretativa: la de los numerosos sentidos de la Escritura. En pocas palabras, esto viene a decir que un pasaje de la Biblia no tiene un único significado, y que las vanas disputas sobre si éstas son «vuestras Escrituras» o «nuestras Escrituras» resultan ser en la mayoría de los casos una discusión entre dos (o más) de esos múltiples sentidos. Cualquiera de los pasajes del *Tanaj*, o Antiguo Testamento, que se han citado en los capítulos precedentes podrían servir de ejemplo, pero también sirve uno que hasta ahora no se ha citado: «vosotros todos, los que pasáis por el camino, mirad y ved si hay dolor como el dolor que me atormenta, con el que el Señor me ha herido el día del fuego de su cólera». Tal como nos llega, y de acuerdo con su sentido literal e histórico, es una lamentación del profeta Jeremías a causa de la insensibilidad de los habitantes de Jerusalén en el siglo VI antes de nuestra era, quienes, tal como las Lamentaciones y el libro de Jeremías (junto con las adiciones clasificadas como apócrifas, o sin ellas) describen con todo detalle, dedicados a sus quehaceres cotidianos hicieron caso omiso de la palabra del Señor y de su profeta, como si nada tuviera que ver con ellos. Pese a no estar citada en ningún lugar del Nuevo Testamento como profecía mesiánica, este clamor del libro de las Lamentaciones es para los cristianos, por su sentido espiritual y profético, que ha recogido el *Mesías* de Händel, una acompañamiento de «Dios mío, Dios mío, ¿por qué me has abandonado?» como palabras pronunciadas tras establecerse el Primer Testamento, que ha adquirido un significado adicional y específico con el Segundo Testamento. Y seguro que no es extender injustificadamente sus múltiples sentidos, en vista de la enormidad del Holocausto y de la indiferencia generalizada hacia él en muchas partes del mundo, aplicarlo también a este caso particular; ni puede decirse que ninguno de estos múltiples sentidos excluya la posibilidad o la probabilidad de que en este mundo perdido surjan nuevas situaciones para las que estas palabras sean la única respuesta adecuada.

Si algo nos enseña la historia de las Escrituras judías y cristianas es que ninguna de estas dos comunidades sería nada sin ellas; y las Escrituras, por su parte, dependen de las comunidades no sólo para la conservación y transmisión de sus textos, que nunca ha sido tarea fácil, sino también para su interpretación y reinterpretación constante, labor aún más esforzada cuando se ha hecho en común. El *Tanaj* y el Nuevo Testamento están de acuerdo: «¡Lo que Dios ha unido, que no lo separe el hombre!».

Apéndice I:
Cánones respectivos del Tanaj y del Antiguo Testamento

Tanaj (judaísmo) y Biblias protestantes

(Los números indican el orden en el Tanaj *hebreo [JPS])*

Génesis (1)
Éxodo (2)
Levítico (3)
Números (4)
Deuteronomio (5)
Josué (6)
Jueces (7)
Rut (18)
I y II Samuel (8)
I y II Reyes (9)
I y II Crónicas (24)
Esdras   ⎱ (23)
Nehemías ⎰
[Apócrifos]
[Apócrifos]
Ester (21)
Job (16)

Vulgata (catolicismo romano) y *Septuaginta* (ortodoxia oriental)

(Los números indican el orden en el Tanaj *hebreo [JPS])*

Génesis (1)
Éxodo (2)
Levítico (3)
Números (4)
Deuteronomio (5)
Josué (6)
Jueces (7)
Rut (8)
I y II Reyes (9-10)
III y IV Reyes (11-12)
I y II Crónicas (13-14)
I Esdras   ⎱ (16)
II Esdras ⎰
Tobías (19)
Judit (18)
Ester (17)
Job (29)

Salmos (14)	Salmos (24)
Proverbios (15)	Proverbios (26)
Eclesiastés (20)	Eclesiastés (27)
Cantar de los Cantares (17)	Cantar de los Cantares (28)
[Apócrifos]	Sabiduría de Salomón (30)
[Apócrifos]	Eclesiástico / Ben Sirac (31)
Isaías (10)	Isaías (44)
Jeremías (11)	Jeremías ⎫
Lamentaciones (19)	Lamentaciones ⎬ (45)
[Apócrifos]	Baruc ⎭
Ezequiel (12)	Ezequiel (46)
Daniel (22)	Daniel (47)
Oseas ⎫	Oseas (31)
Joel ⎪	Joel (34)
Amós ⎪	Amós (32)
Abdías ⎪	Abdías (35)
Jonás ⎪	Jonás (36)
Miqueas ⎬ (13)	Miqueas (33)
Nahum ⎪	Nahum (37)
Habacuc ⎪	Habacuc (38)
Sofonías ⎪	Sofonías (39)
Ageo ⎪	Ageo (40)
Zacarías ⎪	Zacarías (41)
Malaquías ⎭	Malaquías (42)
[Apócrifos]	I y II Macabeos (20-21)
[Apócrifos]	III Macabeos [en Oriente sólo] (22)

Apéndice II: Nuevo Testamento

(Las cursivas indican que todavía se discutía la inclusión del libro en el siglo IV, pero que finalmente fue adoptado)

Mateo
Marcos
Lucas
Juan
Hechos
Romanos
I Corintios
II Corintios
Gálatas
Efesios
Filipenses
Colosenses
I Tesalonicenses
II Tesalonicenses

I Timoteo
II Timoteo
Tito
Filemón
Hebreos
Santiago
I Pedro
II Pedro
I Juan
II Juan
III Juan
Judas
Apocalipsis

Notas y ulteriores lecturas

«Ir más allá de esto, evítalo, hijo mío: componer muchos libros es una cosa sin fin, y mucho estudio fatiga el cuerpo», se lamenta Qohélet el Predicador en el *Tanaj* (Eclesiastés 12, 12). La primera mitad de su lamento (así como, muy a menudo, la segunda) se refiere por encima de todo a los libros sobre el Libro, que ciertamente parecen ser ya «una cosa sin fin» y que, aun así, continúan creciendo de un modo exponencial. Se han escrito monografías enteras sobre cada capítulo, a veces sobre cada párrafo, de esta breve historia –como sé bien, por haber escrito libros y artículos sobre el tema que trata casi cada uno de estos capítulos–. A riesgo de citarme a mí mismo, menciono algunas de estas obras, en el lugar apropiado, en las notas que siguen [indicando el número de página], aunque sin copiar de ellas; y (con premiso) he reciclado también, en los capítulos 2 y 6, parte del texto que originariamente apareció en mi artículo "Biblia" de la decimocuarta edición de la *Enciclopedia Británica*. Pese a que los libros sobre el Libro parecen «una cosa sin fin», sólo unos pocos han intentado exponer el tema de este libro: *The Cambridge History of the Bible* (3 volúmenes; Cambridge, Inglaterra, 1963-1969), del que se planea publicar una segunda edición, a la que se me ha invitado a contribuir con un capítulo sobre "La autoridad de la *Septuaginta*", y la obra de Christopher De Hamel, *The Book: A History of the Bible* (Londres, 2001). Tras completar el

manuscrito para este libro, leí (y revisé) los dos volúmenes de
F.E. Peters, *The Monotheists* (Princeton, Nueva Jersey, 2003), que
cita varios de los mismos textos. Incluso un breve examen per-
mitirá ver hasta qué punto es mi libro diferente de estos tres. Los
títulos que siguen amplían el contexto de las páginas precedent-
tes o continúan la investigación planteada en ellas.

Exceptuando las contadas ocasiones en que el texto de la
Versión Reina Valera Antigua está tan consolidado que resul-
taría artificial apartarse de él, los títulos y traducciones de escritos y de citas bíblicas provienen de la Santa Biblia, traducida de los textos originales bajo la dirección del doctor Evaristo
Martín Nieto, (Madrid, 1989), y de la versión Reina-Valera de
1960 –revisión de la Versión Reina-Valera de 1602– que publi-
caron conjuntamente la Sociedad Bíblica Británica y Extranjera
y la Sociedad Bíblica Americana. Se ha utilizado el Corán traducido por Álvaro Machordom Comins (Madrid: Edicion Georges
Massad, 1980.* (En algunas ocasiones he empleado letra cursiva
en las citas bíblicas).

Entre los muchos diccionarios bíblicos compuestos desde muy diversas perspectivas teológicas y literarias, hemos empleado el *Nuevo Diccionario Bíblico*, J.D. Douglas, Buenos Aires:
Editorial Certeza, 1991, que contiene además sugerencias para
posteriores lecturas.

---

* Las versiones utilizadas para las citas del original en inglés son: *Sacred Writings*,
editado por Jaroslav Pelikan (6 volúmenes; Nueva York, 1992): vol. I; *Tanaj* (traducción al inglés de la Jewish Publication Society; vol. II, *Apocrypha and New Testament*
(traducción: Biblia Inglesa Revisada), y ocasionalmente el volumen III, *Qur'an* (traducción al inglés de Ahmed Alí, originalmente publicado por Princeton University
Press). El diccionario: *The Anchor Bible Dictionary* en seis volúmenes, editado por
David Noel Freedman (Nueva York, 1992). (*N. de la T.*)

Prólogo

9   «Una virgen concebirá»: Isaías 7, 14.
9   «Que un niño nos ha nacido»: Isaías 9, 5.
9   «Eran nuestros sufrimientos los que llevaba»: Isaías 53, 4.
11   «Un inglés fluido aunque curioso»: Patrick O'Brian, *The Mauritius Command* (Nueva York, 1991), p.89.

INTRODUCCIÓN:
¿La Biblia, toda la Biblia y nada más que la Biblia?

La relación entre las interpretaciones judías y cristianas es uno de los temas que Julio Trebolle Barrera trata en *The Jewish Bible and the Christian Bible: An Introduction to the History of the Bible* [La Biblia judía y la Biblia cristiana: Introducción a la historia de la Biblia] (Grand Rapids, Michigan, 1998). Mi obra *Interpreting the Bible and the Constitution* [Interpretación de la Biblia y de la Constitución] (New Haven, Connecticut, 2004) establece paralelismos y contrastes entre los métodos de interpretación de estos dos textos normativos y «grandes códices». La obra de Robert M. Grant *The Bible in the Church* [La Biblia en la iglesia] (Nueva York, 1948) es un vivaz relato de la historia de la interpretación. Un tratamiento más ambicioso es el publicado por Alan J. Hauser y Duane E. Watson en *A History of Biblical Interpretation* [Historia de la interpretación bíblica] (Grand Rapids, Michigan, 2002).

17   «Sólo los eruditos eclesiásticos»: William Manchester, *The Death of a President* (Nueva York, 1967), 324n.
17   «Un profeta como tú levantaré»: Deuteronomio 18, 18-19; citado en el Nuevo Testamento: Hechos 3, 22.
18   «Tú eres Pedro»: Mateo 16, 18-19.

UNO: *El Dios que habla*

Dos estudios del lenguaje y la literatura radicalmente distintos son: *Great Code: The Bible and Literature* (Nueva York, 1982) de Northrop Frye, y *After Babel: Aspects of Language and Translation* (Nueva York, 1992) de George Steiner. Robert Alter y Frank Kermode examinan en *The Literary Guide to the Bible* (Cambridge, Massachusetts, 1987) muchas de las cuestiones discutidas en este libro. *The Gilgamesh Epic and Old Testament Parallels* (Chicago, 1946), de Alexander Heidel, es una crítica de los superficiales "paralelismos" con la Biblia que tanto abundan en la crítica moderna.

21   «En el principio [...] Dios dijo: "Que haya luz"»: Génesis 1, 1, 3.

21   «En el principio ya existía»: Juan 1, 1.

21   «Tienen boca»: Salmo 115, 5.

21   Once veces: Génesis 1, 3, 6, 9,11, 14, 20, 22, 24, 26, 28, 29.

21   El Dios que habla no escribe: Éxodo 31, 18.

22   «Hijos» [...] «piedras»: Mateo 3, 9.

22   «Eben-Ezer»: 1 Samuel 4, 1.

22   Voz de la zarza: Éxodo 3, 4-6.

22   «Dijo el Señor a Abram»: Génesis 12, 1.

23   «El Señor se apareció a Isaac y *dijo*»: Génesis 26, 2-5.

23   «El Señor estaba de pie junto a Jacob»: Génesis 28, 10-15.

23   «El profeta Jesús»: Mateo 21, 11.

23   «Jamás os enviamos un mensaje»: Corán 21, 7.

24   «Entonces la palabra del Señor vino»: 1 Samuel 15, 10; 2 Samuel 7, 4; 2 Samuel 24,11;1 Reyes 6,11;1 Reyes 20,4; 1 Crónicas 17,3;2 Crónicas 11,2.

24   «Al profeta»: Isaías 38, 4; Ezequiel 11, 14; Jeremías 1, 1-2.

24   «La palabra de Dios en persona»: Juan 1, 1-14.

24   «La palabra de Dios vino sobre Juan»: Lucas 3, 2.

24   «Lo que ha sido desde el principio»: 1 Juan 1, 1.

25   «La palabra que llegó a Jeremías»: Jeremías 30, 1-4.

25   «He aquí que esto»: Isaías 6, 6-7.

26   «Hizo además Jesús muchas otras cosas»: Juan 20, 30; 21, 25.

29   John Stuart Mill, *On Liberty*, cap. 2.

31   «Hoy se ha cumplido»: Lucas 4, 16-30.

31   Jesús «se inclinó y escribió»: Juan 8, 6, 8.

31   «Estudiar las Sagradas Escrituras»: Juan 5, 39.

31   «Nadie *habló* jamás»: Juan 7, 46.

31   «A diferencia de sus *escribas*»: Mateo 7, 29.

32   «Esto es mi cuerpo»: 1 Corintios 11, 24-25.

32   «Muchos otros han intentado componer»: Lucas 1, 1-2

32   Cirilo de Jerusalén: *Lecturas catequísticas* 5, 12.

33   «Hay más dicha en dar que en recibir»: Hechos 20, 35.

33   Basilio de Cesarea: *Sobre el Espíritu Santo* 6, 6.

34   «Al director del coro; con acompañamiento instrumental»: Salmo 4, 1.

35   «*Shiggaion* de David»: Salmo 7, 1.

36   «Aleluya. Cantad al Señor»: Salmo 149, 1.

36 «Id a todas partes»: Marcos 16, 15.
37 «Dios *dijo*»: Génesis 1, 1.
37 «En el principio ya existía la Palabra [hablada]»: Juan 1, 1.
37 «Quisiera estar ahora con vosotros»: Gálatas 4, 20.
37 Platón *Fedro*: 275D-276A.
38 «Dado que Qohélet era un sabio»: Eclesiastés 12, 9-10.
38 «Las escrituras redactadas hace mucho tiempo»: Romanos 15, 4.
39 «Toda escritura inspirada»: 2 Timoteo 3, 16-17.
39 Conversión de san Agustín: Agustín *Confesiones* 8, 12.29.
40 «Andemos decentemente»: Romanos 13, 13.
40 «La fe es por el oír»: Romanos 10, 17.
41 «En el principio»: Juan 1, 1-3, 14.

DOS: *La verdad en hebreo*

Mi lectura del *Tanaj* en el contexto de la historia del judaísmo está enormemente en deuda con la obra en dos volúmenes *The Jews: Their History, Cuture, and Religion* (Nueva York, 1960), publicada por Louis Finkelstein, y con *The Prophets*, de Abraham Joshua Heschel (Nueva York, 1962). La disertación que hago en este capítulo refleja la influencia de la obra de Brevard S. Childs *Introduction to the Old Testament as Scripture* (Filadelfia, 1979).

45 «En el principio Dios»: Génesis 1, 1.
45 «Y las estrellas»: Génesis 1, 16.
45 estrellas innumerables: Génesis 15, 5.
45 «Cuando contemplo»: Salmo 8, 4-6.
46 Alianza con Noé: Génesis 9, 8-17.
46 «Todas las familias de la tierra»: Génesis 12, 3.
46 «El padre de todos los que tienen fe»: Romanos 4, 11.
46 «Vete de tu tierra»: Génesis 12, 1.
47 «Un escriba experto en la enseñanza de Moisés»: Esdras 7, 6.
48 «El Dios de Abraham»: Éxodo 3, 6.
48 «En que Dios empezó a crear»: Génesis 1, 1.
49 «Dios en busca del hombre»: Abraham Joshua Heschel, *God in Search of Man: A Philosophy of Judaism* (Nueva York, 1955).
49 «Soy el que soy»: Éxodo 3, 14.
50 Cantar de Miriam: Éxodo 15, 20.
50 «Yo soy el Señor vuestro Dios»: Éxodo 20, 2-3.
50 «Éste es tu Dios»: Éxodo 32, 4.

63 Festival del Purim: Ester 9, 24-26.
63 «Mi Dios ha mandado a su ángel»: Daniel 6, 23.
63 Lista de familias y decretos: Esdras 4, 8-22.
63 «He encontrado el libro de la Ley»: 2 Reyes 22, 8.
65 «Esdras y Nehemías»: Esdras 7, Nehemías 7-10.
65 «Los libros»: Daniel 9, 2.
66 «Padre de *todos* los que tienen fe»: Romanos 4, 11.
66 «Vuestro padre Abraham se alegró»: Juan 8, 56.
66 Primogénito, Ismael: Génesis 25, 12-18.
67 «Recordar cuando Abraham dijo»: Corán 14, 35.
67 «Abraham creyó al Señor»: Génesis 15, 6.

TRES: *Moisés habla en griego*

La obra de Henry Barclay Swete *An Introduction to the Old Testament in Greek* (Nueva York, 1968), originalmente publicada en 1900, ha resultado durante más de un siglo una valiosa introducción, y *The Septuagint and Modern Study* (Oxford, 1968), de Edwin G. Jellicoe, expone diversas preguntas que la *Septuaginta* plantea también para los lectores no especializados. En las conferencias sobre Jerónimo que di en la American Academy de Roma, publicadas bajo el epígrafe *¿Qué tiene que ver Atenas con Jerusalén?*: «*Timeo*» *y el «Génesis» en contrapunto* (Ann Arbor, Michigan, 1997), he descrito el impacto verbal y filosófico que tuvo la *Septuaginta* tanto en el judaísmo como en el cristianismo. La mayoría de las traducciones modernas del *Tanaj* al inglés, y a algunas otras lenguas modernas, incluyen en sus notas numerosas interpretaciones de la *Septuaginta*.

71 «Roma a la griega»: Juvenal, *Sátiras* 2I: 59-67.
74 Nos informa de que Timoteo: Hechos 16, 1-3; 2 Timoteo 3, 15-16.
74 Un poeta desconocido: Salmo 137.
76 Citando la inscripción: Juan 19, 19-20.
77 «A las personas cultas que los despreciaban»: Friedrich Schleiermacher, *Religion: Speeches to Its Cultural Despisers* (1799).
79 «El Dios de Abraham»: Éxodo 3, 6.
79 «Escucha, Israel»: Deuteronomio 6, 4.
80 Sobre los *Targum*, ver capítulo 4.
80 «Él hace a los vientos»: Salmo 104, 5; Hebreos 1, 7.
80 «Virgen»: Isaías 7, 14; Mateo 1, 22-23.
81 Desde hacía mucho tiempo: Isaías 18, 7.

CUATRO: Más allá de la Torá *escrita: el* Talmud *y la Revelación continua*

Los tres volúmenes de la *Enciclopedia del judaísmo*, editada por Jacob Neusner y otros (Nueva York, 1999), contienen artículos muy ilustrativos sobre los textos que se discuten en este capítulo. Hay además abundante información recogida en la obra de H.L. Strack *Introduction to the Talmud and Midrash* (Edimburgo, Escocia, 1991). En *The Formation of the Babylonian Talmud* (Leiden, Países Bajos, 1970), de Jacob Neusner, se encuentra condensado un vasto cuerpo de conocimiento. La obra de Louis Ginzberg, en siete volúmenes, *Leyendas de los judíos* (Filadelfia 1909-1938) es una fuente inagotable, y *Major Trends in Jewish Mysticism* (Jerusalén, 1938) se ha convertido en un clásico de la edad moderna. C.D. Ginzberg, en *Introduction to Massoretico-Critical Edition of the Hebrew Bible* (Nueva York, 1966), nos da una idea de la magnitud de la empresa llevada a cabo por los masoretas.

103 Pablo en Antioquía: Hechos 13, 15.
103 «Y Esdras leyó [en hebreo]»: Nehemías 8, 8.
104 «Los descendientes de Jafet»: Génesis 10, 2.
105 «El Señor reina»: Salmo 96, 10; *Diálogo con Trifón*, Justino mártir,
     p. 73: Levítico 10, 6-9.
105 «Me doy prisa»: Salmo 119, 60.
106 «Junto a los ríos de Babilonia»: Salmo 137, 1.
106 «La ley [...] primera versión de los Diez Mandamientos»: Éxodo 20, 8-11.
106 «Seis días se trabajará»: Éxodo 35, 2-3.
107 «No podrás inmolar»: Deuteronomio 16, 5-7.
107 Mientras que un pasaje anterior: Éxodo 12, 1-28.
107 «Uniendo estas dos concepciones»: Jacob Neusner, *La Enciclopedia del
     Judaísmo*, 1, 361.
108 «El Señor dijo a Moisés»: Éxodo 12, 1, 9.
108 Pero después del éxodo: Deuteronomio 16, 7.
108 «Asaron al fuego»: 2 Crónicas 35, 13.
109 «Ehyeh-Asher-Ehyeh»: Éxodo 3, 14.
110 «Vosotros, hijos de Israel»: Amós 9, 7.
111 «Sem, Cam y Jafet»: Génesis 10, 1, 32.
112 «Cualquiera que conozca»: Leon Wieseltier, "Conversaciones centra-
     les" del Ethics and Public Policy Center (Washington, D.C., 2004), 27,
     7-8.

CINCO: *El cumplimiento de la Ley y de los Profetas*

Raymond E. Brown, en *The Sensus Plenior of Sacred Scripture* (Balti-
more, Md., 1955), y Jean Daniélou, en *From Shadows to Reality: Studies
in the Biblical Typology of the Fathers* (Westminster, Md., 1960) expo-
nen con detalle las diversas formas que el concepto de «cumplimiento»
adoptó en la interpretación cristiana de la profecía y su cumplimiento. El primer volumen de mi obra *The Christian Tradition: A History of
the Development of Doctrine*, que lleva por título *The Emergence of the
Catholic Tradition (100-600)* (Chicago, 1971), examina la transición
del judaísmo (y del helenismo) al cristianismo católico normativo.
La obra de George W.E. Nickelsburg *Ancient Judaism and Christian
Origins: Diversity, Continuity, and Transformation* (Minneapolis,
2003), con su magistral estudio de una vasta colección de textos judíos y cristianos, podía haberse citado también como referente del capítulo anterior.

117   «La cristiandad hace su entrada en el mundo»: Reinhold Niebuhr, *The Nature and Destiny of Man* (Nueva York 1941-43), 2, 35, cita Lucas 4, 21.

117   «El espíritu del Señor»: Isaías 61, 1-2.

118   «Sucedieron para que se cumpliese»: Isaías 7, 14; Mateo 1, 22-23.

118   Su huída a Egipto: Mateo 2, 15.

118   «De Egipto llamé a mi hijo»: Oseas 11, 1.

118   En una de las primeras tradiciones: Lucas 24, 25-44.

119   El apóstol Felipe y el "ministro" de la corte: Hechos 8, 26-39.

119   «Como cordero»: Isaías 53, 7-8.

120   Escueta biografía de Pablo: Gálatas 1, 13-14.

120   Conversión de Pablo: Hechos 9, 1-9.

120   Pablo, el «instrumento elegido»: Hechos 9, 15.

120   En su primera aparición pública: Hechos 9, 20.

120   Pablo en Atenas: Hechos 17, 17-31.

120   Pablo en Roma: Hechos 28, 17-23.

121   En el primer diálogo: Justino Mártir *Diálogo con Trifón el judío* p.29

121   Eusebio *Historia de la Iglesia* 1, 4, 14.

122   «Probado en todo»: Hebreos 4, 15.

123   Tentación de Jesús: Mateo 4, 1-11; Fedor M. Dostoievsky, *Los hermanos Karamazov*, tomo 5, cap. 5.

123   «Porque está escrito»: Deuteronomio 8, 3; 6, 16; 6, 13; Salmo 91, 11-12.

124   «Lo que ha sido escrito en el pasado»: Romanos 15, 4.

124   Los Diez Mandamientos: Éxodo 20, 2-14.

124   «No hay hombre justo en la tierra»: Eclesiastés 7, 20; Romanos 3, 9-10.

124   «Habéis oído hablar de la paciencia de Job»: Santiago 5, 11.

124   Pero la *Torá* [...] numerosos ejemplos: 1 Corintios 9, 7-9, citando Éxodo 32, 6, Números 25, 1-9, Números 21, 5-6, Números 16, 11-25.

125   Primer y Segundo Adán: Romanos 5, 12-17; Corintios 15, 45.

125   Primera y Segunda Eva: Ireneo de Lyon *Demostración de la predicación apostólica* 33-34; Lucas 1, 38.

125   «Sombra» y «realidad»: Colosenses 2, 16-17; Daniélou, *De las sombras a la realidad.*

125   «Sacerdote para siempre»: Salmo 110, 4; Hebreos 5, 6; «Cordero de Dios»: Juan 1, 29.

126   «Según las Escrituras»: 1 Corintios 15, 3-4.

126   «Que un niño nos ha nacido»: Isaías 9, 6.

127   «Lo cual fue dicho en alegoría»: Gálatas 4, 22-26; Génesis 21, 1-21.

127   «El término "ungido"»: *Anchor Bible Dictionary*, 4, 777.

128   «Siervo Sufriente»: Isaías 9, 6.

128 «Rey de la gloria»: Salmo 24, 9.
128 «Despreciado, desecho de la humanidad»: Isaías 53, 3.
128 Reinado del emperador romano Augusto: Lucas 2, 1.

SEIS: *La formación de un Segundo Testamento*

The Text of the New Testament (Nueva York, 1968), obra de Bruce M. Metzger, actual director del equipo que compuso la Versión Estándar Revisada de la Biblia, es un libro sensato y repleto de información. *Introduction to the New Testament* (Nueva York, 1997), de Raymond E. Brown, destacado investigador bíblico católico, e *Introduction to the New Testament* (Nueva York, 2000), de Helmut Koester, investigador germanoamericano protestante, resumen minuciosamente el actual estado de los estudios del Nuevo Testamento.

131 Los libros del Nuevo Testamento: Juan 20, 30-31.
133 Genealogía de Jesús: Mateo 1, 1-17.
135 El Sermón de la Montaña: Mateo 5-7; comentarios sobre él: Jaroslav Pelikan, *Divine Rhetoric: the Sermon on the Mount as Message and as Model in Augustine, Chrysostom, and Luther* (Crestwood, Nueva York, 2000).
135 «Sólo en su tierra [...] desprecian al profeta»: Mateo 13, 57.
136 «Gran "mandato"»: Mateo 28, 19-20
136 Su bautismo de manos de Juan el Bautista: Marcos 1, 9.
137 «Y no dijeron nada»: Marcos 16, 8.
137 Genealogía en Lucas: Lucas 3, 23-38.
137 Parábola del hijo pródigo: Lucas 15, 11-32.
138 «Tomó la firme resolución»: Lucas 9, 51.
138 Sobre todo el encuentro: Lucas 24, 13-32.
138 «Teófilo, cuyo nombre, que es cuanto sabemos de él»: Lucas 1, 1; Hechos 1, 1.
138 Prólogo del evangelio de Juan: Juan 1, 1-14.
139 «La paz os dejo»: Juan 14, 27; «oración del sumo sacerdote»: Juan 17.
139 «No se turbe vuestro corazón»: Juan 14, 1-2; «el Señor es mi pastor»: Salmo 23, 1.
139 «"Muchos" que ya»: Lucas 1, 1.
140 La Ascensión de Cristo: Hechos 1; venida del Espíritu Santo: Hechos 2.
141 «Tú eres Pedro»: Mateo 16, 18; también Lucas 22, 32 y Juan 21, 15-20.
141 Predicación y martirio de Esteban: Hechos 7.
141 Conversión de Pablo: Hechos 9; la visión de Pedro: Hechos 10.

SIETE: *Los pueblos del Libro*

Una guía completa y fiable para este capítulo, así como para las cuestiones que se discuten en el capítulo 4, es la obra de J.W. Bowler, *The Targums and Rabbinical Literature: Jewish Interpretations of Scripture* (Cambridge, Inglaterra, 1969). Moshe Idel clarifica muchos problemas en *Kabbalah: New Perspectives* (New Haven, Connecticut, 1988). Herman Hailperin, en *Rashi and the Christian Scholars* (Pittsburg, Pensilvania, 1963), muestra hasta qué punto penetraron los conocimientos rabínicos en la iglesia. La obra de J.N.D. Kelly, *Jerome* (Nueva York, 1975) es un reflexivo retrato del traductor cristiano de la Biblia al latín. *The Love of Learning and the Desire for God* (Nueva York, 1982), de Jean Leclerc, es una guía de la topografía bíblica de la cultura monástica. *The Study of the Bibles in the Middle Ages* (Oxford, 1952), de Beryl Smalley, es un clásico de la erudición. Los dos volúmenes de Henri de Lubac *Medieval Exegesis* (Grand Rapids, 1998-2000) constituyen una obra culta y excelente. *My Eternal Feminines* (New Brunswick, Nueva Jersey, 1990) examina el uso que Dante hizo de la Biblia.

157   «Un determinado verbo hebreo»: Salmo 121, 2.

158   «Sea o no [Agustín] el más extraordinario escritor»: Alexander Souter, citado en la obra de G.G. Willis *Saint Augustine and the Donatist Controversy* (Londres, 1950), XI.

160   «Un "ciceroniano" que un "cristiano"»: Jerónimo *Cartas* 22.

160   El Ave María: Lucas 1, 28, 1, 42.

163   «Todos los sentidos»: Tomás de Aquino, *Summa Teologica*, I.Q. 1, art. 10.

167   Beryl Smalley de Oxford: Smalley, *Study of the Bible in the Middle Ages*, XI.

167   «La letra nos dice»: Grant, *The Bible in the Church*, p.101.

167   «La Jerusalén celestial»: Gálatas 4, 26.

168   Blake, *Milton*, prefacio.

168   «La letra mata»: 2 Corintios 3, 6.

168   «Tú eres Pedro»: Mateo 16, 18.

169   «Babilonia devastadora»: Salmo 137.8-9.

169   «Así, no es voluntad»: Mateo 18, 14.

169   «Babilonia» en el libro del Apocalipsis: Apocalipsis 14, 8.

170   «Bienaventurados los pobres»: Lucas 6, 20.

170   «Las raposas tienen madrigueras»: Lucas 9, 58.

170   *Stigmata*: Gálatas 6, 17.

170   «El libro más leído»: Leclerc, *The Love of Learning and the Desire for God*, p.90.

171   «La voz de la tórtola»: Cantar de los Cantares 2, 12.

171   Metáfora matrimonial: Efesios 5, 25.

172   «No te harás»: Éxodo 20, 4-5.

172   Abraham en las llanuras de Mamré: Génesis 18, 1-2.

173   «Imagen del Dios invisible»: Colosenses 1, 15.

173   «Padre ancestral»: *Paradiso* 26, 92, 93.

173   «el cantor del Espíritu Santo»: *La Divina Comedia, Paraíso* 20, 38.

173   «La verdad que llueve»: *La Divina Comedia, Paraíso* 135, 38.

174   «No discutáis [...] con la gente»: Corán 29, 46.

175   «Conmemorad a Abraham en el Libro» y «Conmemorad a Moisés»: Corán 19, 41, 51.

175   «Llamada "Miriam"»: Éxodo 15, 20-21.

175   «La heroína del Corán»: Jaroslav Pelikan, *Mary Through the Centuries* (New Haven, Connecticut, 1996), p.67-79.

175 «Nuestro Dios y vuestro Dios es uno»: Corán 29, 46.
175 «Dios es la luz»: Corán 24, 35.
176 El hijo de Abraham con su esclava Agar: Génesis 16, 11.

OCHO: *Retorno a los orígenes*

La obra de Deborah Kuller Shuger *The Renaissance Bible* (Berkeley, California, 1994) es un retrato del humanismo bíblico. Paul Oskar Kristeller, en *Renaissance Thought: The Classic, Scholastic, and Humanist Strains* (Nueva York, 1961), pone en contexto el estudio de la Biblia. Roland Bainton hace en *Erasmus of Christendom* (Nueva York, 1969) un comprensivo y conmovedor relato del más grande erudito bíblico de su tiempo. Jerry H. Bentley examina en *Humanists and Holy Writ* (Princeton, Nueva Jersey, 1983) la "filología sagrada", al igual que lo hacen Jaroslav Pelikan, Valerie R. Hotchkiss, y David Price en *The Reformation of the Bible / The Bible of the Reformation* (New Haven, Connecticut, 1996), con numerosas ilustraciones de Biblias del Renacimiento y de la Reforma o libros sobre la Biblia. Elizabeth Eisenstein contempla la invención de Gutenberg como una fuerza revolucionaria en *The Printing Press as an Agent of Change* (Cambridge, Inglaterra, 1979), y Janet Thompson Ing continúa la investigación en *Johannes Gutenberg and His Bible* (Nueva York, 1988). La obra de C.A. Patrides y Joseph Wittreich *The Apocalypse in English Renaissance Thought and Literature* (Ithaca, Nueva York, 1984), a la cual contribuí con un capítulo, es una monografía sobre el papel que tuvo este libro de la Biblia en el Renacimiento. La obra *The Christian Interpretation of the Cabala in the Renaissance* (Nueva York, 1944), de Joseph L. Blau, despertó un nuevo (y continuado) interés en este tema.

181 «Los humanistas del Renacimiento»: Anthony Grafton, *Rome Reborn: The Vatican Library and Renaissance Culture* (New Haven, Connecticut, 1993), p.10-11.

182 «El renacer de la antigüedad»: Jacob Burckhardt, *The Civilization of the Renaissance in Italy* (1860; Nueva York, 1958), 1, 175-278.

189 «cuando un hombre sabe que lo van a colgar»: *Life of Johnson*, de Boswell, para el 19 de septiembre de 1777.

191 «Entonces me sentí como»: John Keats, "Upon first looking into Chapman's Homer".

195 «Creyente y "pacificador"»: Mateo 5, 9.

197 «Edificado sobre el fundamento de los apóstoles»: Efesios 2, 20.

197 Texto de la Primera Epístola de Juan: 1 Juan 5, 7-8.
199 «Babilonia la grande»: Apocalipsis 17, 5.
200 «Aquí hay dos espadas»: Lucas 22, 38.
200 «Mi reino»: Juan 18, 36.
201 «El Antiguo Testamento en hebreo»: *Westminster Confession* 1, 8.

NUEVE: *Nada más que la Biblia*

The Bible in the Sixteenth Century, editada por David Steinmetz
(Filadelfia, 1990), explora el terreno. Heinrich Bornkamm señala,
en *Luther and the Old Testament* (Filadelfia, 1969), que en la facultad de teología moderna Lutero sería profesor, no de doctrina teológica, sino del Antiguo Testamento. En *Principles and Problems of
Biblical Translation* (Cambridge, Inglaterra, 1955), W. Schwarz estu-
dia los métodos de traducción empleados por Lutero. Mi libro *Luther
the Expositor* (San Luis, Missouri, 1959) es un buen acompañante de
la edición americana de las *Obras Completas* de Lutero, de las cuales treinta tomos corresponden a sus comentarios sobre la Biblia. La
obra de David Price y Charles C. Ryrie *Let It Go Among Our People*
(Cambridge, 2004) es una historia de la publicación de la Biblia in-
glesa desde sus comienzos, y puede leerse conjuntamente con *God's
Secretaries: The Making of the King James Bible* (Nueva York, 2003), de
Adam Nicholson. En mi adolescencia leí *Luther's German Bible*, de J.
Michael Reu, y sigo acudiendo a él en la actualidad. He aprendido mucho del libro de Edgard A. Dowey *The Knowledge of God in Calvin's
Theology* (Nueva York, 1952) y de *Word and Spirit: Calvin's Doctrine of
Biblical Authority* (Stanford, California, 1962). En *Holy Writ or Holy
Church* (Nueva York, 1959), George Tavard relaciona la conexión establecida entre las Escrituras y la tradición en el Concilio de Trento con
cuestiones de mayor alcance. George Hunston Williams documen-
ta exhaustivamente en *The Radical Reformation* (Kirksville, Missouri,
1992) hasta qué punto puede la Biblia estar enfrentada a la tradición.
205 Concilio Vaticano Segundo *Congreso sobre Ecumenismo*, 21.
206 «Cuando Jesucristo, nuestro Señor y Maestro dijo: "Arrepentíos"»:
Mateo 4, 17.
214 «Jedidiah»: 2 Samuel 12, 25; Hephzibah: Isaías 62, 4.
215 «Monumento histórico de proporciones míticas»: David Price en *The
Reformation of the Bible / The Bible of the Reformation*, p.135
215 «*Logos*»: Juan 1, 1.

216 «*Tendréis en abominación*»: Levítico 11, 13-19.
219 «El texto favorito»: *Dictionary of Biblical Tradition in English Literature* (Grand Rapids, Michigan, 1992), XII, edición de David Lyle Jeffrey.
220 «Cuando no hay visión profética»: Proverbios 29, 18.
220 «Que cada uno se someta»: Romanos 13, 1.
220 «Dad al César»: Mateo 22, 21.
220 Emperador Constantino como "obispo de asuntos exteriores": Eusebio, *La vida de Constantino* 4, 24.
221 Práctica de la poligamia entre los patriarcas: Génesis 4, 19; 16, 3; 26, 34; 28, 9; 29, 28.
221 «La comunidad de bienes»: Hechos 4, 34-5, 11.
221 «Hacer uso "de toda diligencia posible"»: Primera Confesión Helvética, 26.
222 «Si algo puede decirse a ciencia cierta»: Maurice Powicke, *The Reformation in England* (Londres, 1941), 1.
223 «Dios es nuestro refugio y fortaleza»: Salmos 46, 1.
224 Pero en la Suiza protestante: *Voracious Idols and Violent Hands* (Nueva York, 1995), de Lee Palmer Wandel.
225 «Tonterías»: *The Thirty Nine Articles of the Church of England*, 22.
225 «Garantía de las Escrituras»: 2 Macabeos 12.45.

DIEZ: *El canon y los críticos*

The Enlightenment: An Interpretation (en dos volúmenes; Nueva York, 1966-1969), de Peter Gay, es una obra fundamental. Emil Kraeling rastrea hasta sus comienzos las vicisitudes de la crítica bíblica en *The Old Testament Since the Reformation* (Nueva York, 1955). Los dos volúmenes de Claude Welch *Protestant Thought in the Nineteenth Century* (New Haven, Connecticut, 1972-1985) son la obra inglesa clásica sobre este tema. *The Eclipse of Biblical Narrative* (New Haven, Connecticut, 1974) de Hans Frei, es un detallado análisis (o una autopsia) de lo que sucedió en los siglos XVIII y XIX. En mi epílogo de *The Jefferson Bible* (Boston, 1989) relaciono a Thomas Jefferson, el estudioso bíblico, con sus contemporáneos del Iluminismo.
232 «Hay cuatro tomos»: *The Reformation of the Bible / The Bible of the Reformation* (New Haven, Connecticut, 1996), p.109-10, de David Price.
235 «Antidogmática, antientusiasta»: Welch, *Protestant Thought* 1, 31.
236 «Buscan»: Gotthold Ephraim Lessing, *Natán, el Sabio* (1779), Acto III, escena 7.

238 Enunciado principal de la doctrina de la Reforma: Westminster Confession 1, 10.

242 «Al principio»: Génesis 1, 1.

243 «Moisés, el siervo»: Deuteronomio 34, 5.

244 «El libro de Moisés»: Marcos 12, 26.

247 «El sol se detuvo»: Josué 10, 12-13.

247 «Dios creó al hombre»: Génesis 1, 27; institución del matrimonio: Génesis 2, 21-24.

247 «Yo soy el Señor»: Éxodo 29, 2.

247 «Si Cristo no ha resucitado»: 1 Corintios 15, 14.

248 «Era ya casi la hora sexta»: Lucas 23, 44.

248 «Incluso este acontecimiento milagroso»: Edward Gibbon, *History of the Decline and Fall of the Roman Empire*, cap.15.

248 «Un decreto de César Augusto»: Lucas 2, 1-2.

248 Y pese al detallado relato: Éxodo 5, 14.

248 «En la historia»: Karl Barth, *Protestant Thought from Rousseau to Ritschl* (Nueva York, 1959), p. 311.

249 «El Antiguo Testamento»: Gay, *Enlightenment*, 1, 93.

250 «Más allá de la grandeza»: Citado en mi ensayo en *The Jefferson Bible*, 164-65.

250 «Eli, Eli»: Mateo 27, 46.

252 «Su sonido se extiende»: El *Mesías* de Händel; Salmo 19, 4; Romanos 10, 18.

252 «Musa celestial»: Milton, *El Paraíso Perdido*, tomo I, líneas 6-10, 24-26.

253 «Dios mío, Dios mío»: Mateo 27, 46.

253 «Cada vez que la escucho»: *The Journals of Father Alexander Schmemann* (Crestwood, Nueva York, 2000), p.55.

254 «Yo sé que mi Redentor vive»: Job 19, 25-26; «pues Cristo ha resucitado»: 1 Corintios 15, 20.

ONCE: *Un mensaje dirigido a toda la raza humana*

Hojear simplemente las obras *The English Bible in America: A Bibliography* (Nueva York, 1961), de M.T. Hills, y *The Book of a Thousand Tongues* (Nueva York, 1938), editada por E. North, basta para darnos una somera idea de la magnitud del material al respecto. *Early Bibles of America* (Nueva York, 1894), de John Wright, sigue siendo un libro digno de consultar. Por mi parte, he puesto en perspectiva mis propios puntos de vista sobre la interpretación de las

Escrituras, en un estudio comparado a nivel mundial, en *On Searching the Scriptures–Your Own or Someone Else's: A Reader's Guide to "Sacred Writings" and Methods of Studying Them* (Nueva York, 1992).

259 «Oh, Señor, mi fuerza»: Jeremías 16, 19-21; Zacarías 8, 20; Malaquías 1.11.

260 «Todas las razas y tribus»: Apocalipsis 7, 9.

260 «A todas las partes del mundo»: Macos 16, 15.

260 «Con salmos e himnos»: Colosenses 3, 16.

262 «¡Buenos días!»: Juan 20, 19, en *The Bible: An American Translation*.

263 «Tan sólo escapo»: Job 19, 20.

263 «No hay nada nuevo»: Eclesiastés 1, 9.

263 «Los que están en el poder»: Romanos 13, 1.

263 «Si una casa está dividida»: Marcos 3, 25.

264 «Sumido en un mar de fe»: Jon Butler, *Awash in a Sea of Faith: Christianizing the American People* (Cambridge, Massachusetts, 1990).

265 «Distribuyó casi 100.000 Biblias»: *The Encyclopedia of American Religious History* (Nueva York, 1996), 1, 69.

267 «No ya como esclavo»: Filemón 16.

268 «Que cada uno se someta a las autoridades»: Romanos 13, 1.

270 «Supuestos fundamentales»: Alfred North Whitehead, *Science and Modern World* (Nueva York, 1948), p. 49-50.

270 Poligamia de Abraham: Génesis 16, 3.

270 «Padre de todos los que tienen fe»: Romanos 4, 11.

271 «Inmoralidad que ni siquiera los paganos»: 1 Corintios 5, 1.

272 «En un sepulcro de piedra»: Mateo 27, 66.

272 «El mundo entero»: Lucas 2, 1.

273 «El sacrificio de Isaac»: Génesis 22, 1-19; Romanos 8, 32; Deuteronomio 12, 31.

279 Los cuatro jinetes del Apocalipsis»: Apocalipsis 6, 2-7.

DOCE: *El extraño nuevo mundo de la Biblia*

El título de este capítulo es también el título de un artículo originalmente publicado por Karl Barth en 1916 y reimpreso en *The Word of God and the Word of Man* (Nueva York, 1957). La historia de la controversia en torno a las expectativas del fin del mundo que presenta el Nuevo Testamento es el tema que Albert Schweitzer trata en *The Quest of the Historical Jesus* (Nueva York, 1961). El debate moderno sobre el tema de la "mitología" bíblica cobró nueva vida con Rudolf

Bultmann en un ensayo que aparece reimpreso en su *New Testament and Mythology* (Filadelfia, 1984). Robert L. Wilken examina cuidadosamente la «obsesión judeo-cristiana con la geografía sagrada» en *The Land Called Holy* (New Haven, Connecticut, 1992).

283 «Pablo, como hijo»: Karl Barth, *The Epistle to the Romans* (Londres,1933) 1.

284 «Una belleza tan antigua y tan nueva»: san Agustín, *Confesiones* 10, 27.

285 «No es un pregón, no son palabras»: Salmo 19, 3-4.

285 «Un mosquito pueda nadar y un elefante ahogarse»: Gregorio Magno *Moralia in Job.*

285 Historia de José en la *Torá*: Génesis 37-50.

286 «La interpretación moderna definitiva»: *Dictionary of Biblical Tradition in English Literature*, 416.

287 «Fuente, Guía y Meta»: Romanos 11, 36.

287 «El misterio que admira y fascina»: Rudolf Otto, *The Idea of the Holy* (Nueva York, 1928).

288 «Para que corra el que leyere en ella»: Habacuc 2, 2 (Versión Rey Jaime; Versión Reina Valera).

289 *Selah*: Salmo 3, 2; *Raca*: Mateo 5, 22.

289 «El Señor es mi pastor»: Salmo 23, 1.

290 «yo soy el buen pastor»: Juan 10, 11.

292 «nuestro querido amigo Lucas»: Colosenses 4, 14.

292 «El cielo se hallaba tan bajo»: Shirley Jackson Case, *The Origins of Christian Supernaturalism* (Chicago, 1946), I.

292 «Para que al nombre de Jesús»: Filipenses 2, 10.

293 «linaje escogido»: 1 Pedro 2, 9 (Rey Jaime / Reina-Valera).

294 «Los hijos son un regalo»: Salmo 127, 3.

294 Exposición que hace Pablo de la predestinación: Romanos 9, 18, 22-24.

295 «Para que quien crea en él»: Juan 3, 16.

295 «El cuerpo de Cristo»: 1 Corintios 12, 12-27; Efesios 1, 23; Colosenses 1, 18.

295 «Vosotros sois la luz»: Mateo 5, 14.

295 «Los sentimientos, actos y experiencias»: William James, *The Varieties of Religious Experience* (Nueva York, 1990), p.36.

296 «El Señor vuestro Dios sacó»: Éxodo 20, 2.

296 «Que todos sean una sola cosa»: Juan 17, 21.

297 «Te asignaré esta tierra»: Génesis 15, 1, 7, 18.

297 «Dios vendrá ciertamente»: Génesis 50, 24.

297 «Todo lugar que pisen vuestros pies»: Josué 1, 3-4.

Epílogo

310 «Señor, tú me has examinado»: Salmos 139, 1.
310 «Dueños absolutos» [...] «poseedores temporales»: Edmund Burke, *Reflections on the Revolution in France* (Harmondsworth, Inglaterra, 1986), pág. 192.
312 «Porque, como por un hombre vino la muerte»: I Corintios 15, 21.
313 «Dos comunidades religiosas diferenciadas»: ver pp. x-xi.
313 «Vosotros todos, los que pasáis por el camino»: Lamentaciones 1, 12.
314 «Dios mío, Dios mío»: Salmo 22, 1; Mateo 27, 46.
314 «Lo que Dios ha unido»: Mateo 19, 6.